Oliver Rosenbaum

Chat-Slang
Lexikon der Internet-Sprache

Oliver Rosenbaum

Chat-Slang

Lexikon der Internet-Sprache

über 4200 Begriffe verstehen
und anwenden

3., erweiterte Auflage

HANSER

Der Autor:
Dipl.-Ing. Oliver Rosenbaum, Trier

Internet: http://www.hanser.de

Alle in diesem Buch enthaltenen Informationen wurden nach bestem Wissen zusammengestellt und mit Sorgfalt getestet. Dennoch sind Fehler nicht ganz auszuschließen. Aus diesem Grund sind die im vorliegenden Buch enthaltenen Informationen mit keiner Verpflichtung oder Garantie irgendeiner Art verbunden. Autor und Verlag übernehmen infolgedessen keine Verantwortung und werden keine daraus folgende oder sonstige Haftung übernehmen, die auf irgendeine Art aus der Benutzung dieser Informationen – oder Teilen davon – entsteht, auch nicht für die Verletzung von Patentrechten, die daraus resultieren können.
Ebenso wenig übernehmen Autor und Verlag die Gewähr dafür, dass die beschriebenen Verfahren usw. frei von Schutzrechten Dritter sind. Die Wiedergabe von Gebrauchsnamen, Handelsnamen, Warenbezeichnungen usw. in diesem Werk berechtigt also auch ohne besondere Kennzeichnung nicht zu der Annahme, dass solche Namen im Sinne der Warenzeichen- und Markenschutz-Gesetzgebung als frei zu betrachten wären und daher von jedermann benutzt werden dürften.

Die Deutsche Bibliothek – CIP-Einheitsaufnahme

Ein Titeldatensatz für diese Publikation
ist bei Der Deutschen Bibliothek erhältlich.

Dieses Werk ist urheberrechtlich geschützt.
Alle Rechte, auch die der Übersetzung, des Nachdruckes und der Vervielfältigung des Buches, oder Teilen daraus, vorbehalten. Kein Teil des Werkes darf ohne schriftliche Genehmigung des Verlages in irgendeiner Form (Fotokopie, Mikrofilm oder ein anderes Verfahren), auch nicht für Zwecke der Unterrichtsgestaltung, reproduziert oder unter Verwendung elektronischer Systeme verarbeitet, vervielfältigt oder verbreitet werden.

© 2001 Carl Hanser Verlag München Wien
Gesamtlektorat: Franz Domaschke
Herstellung: Monika Kraus
Umschlaggestaltung: Zentralbüro für Gestaltung, Augsburg
Datenbelichtung, Druck und Bindung: Kösel, Kempten
Printed in Germany

ISBN 3-446-21617-0

Vorwort

Der Internetanschluss steht, doch dem ungebremsten Austausch mit der weltweiten Internet-Gemeinde stehen plötzlich ungeahnte sprachliche Hindernisse im Weg. Die Kommunikation im Internet folgt nämlich nicht immer den bekannten Regeln des Schriftverkehrs oder der gewohnten Unterhaltung. Hinzu kommt, dass nicht jeder, der ein englisches Handbuch lesen und verstehen kann, auch automatisch in der Lage ist, englischsprachigem Geplauder unter Computerfachleuten zu folgen. Ließen sich diese evtl. noch für Zwischenfragen unterbrechen, so unterscheidet sich die Kommunikation via Bildschirm in vielen Punkten erheblich von der gewohnten Unterhaltung zwischen Menschen im „Real-Life". Auch beim ungezwungenen Chatten (hier geht es seltener um technische Fachsimpelei) dürften Schulenglisch-Kenntnisse vieles im Unklaren lassen und daher nicht ausreichen.

Die „Unterhaltung" mittels Bildschirm und Tastatur ist etwas völlig anderes als ein gewohnter Plausch. Selbst der Wegfall des Blickkontaktes, beispielsweise während eines Telefonates, verhindert nicht die Übermittlung von Stimmungen oder Gefühlen. Hier jedoch: kein Blickkontakt, keine Stimme, nicht einmal eine aussagekräftige Handschrift. Wie soll man dann wissen, ob das Wort „Ruhe" in meditativer Absicht ruhig und leise eingetippt wurde oder ob jemand genervt „Ruhe" in seine Tastatur brüllt. Die Szene hat sich hierzu etwas einfallen lassen, und auch das „Lesen zwischen den Zeilen" bekommt einen neuen Stellenwert. Es verbreitet sich eine eigene Sprache, die sich aufgrund der Herkunft des Internet meist am amerikanischen Slang anlehnt. Es kann sehr wichtig sein, seinen Chat-Partner richtig zu verstehen – ein „Kommunikationschaos" ist sonst unvermeidbar.

Beim Chatten fallen viele Begriffe auf, die sich weder in Computerhandbüchern, noch im Englisch-Deutschen Wörterbuch finden lassen. Gemeint sind nicht einmal die technischen Fachausdrücke der EDV, sondern vielmehr ein sich in dieser Szene aus Hackern, Crackern, Freaks und fortgeschrittenen Anwendern etablierter Slang, gemischt mit Idioms und angelsächsischer Umgangssprache. Oftmals ist diese Sprache humorvoll, manchmal hintergründig und verklausuliert, nicht selten auch obszön. Ohne Grundkenntnisse dieses Vokabulars ist das Lesen von E-Mails oder die Teilnahme an Chats im Internet zumindest erschwert, peinliche Missverständnisse sind vorprogrammiert.

Das vorliegende Buch soll bei der elektronischen Kommunikation beispielsweise via E-Mail oder Chat eine Hilfestellung zu diesen Problemen geben. Es wurden vier sprachliche Bereiche hier berücksichtigt:
• Slangausdrücke (auch aus Hackerkreisen)
• Englische Idioms und Redewendungen
• Fachbegriffe (speziell zur Kommunikation per Chat)
• Dirty Words.

In der nun vorliegenden dritten Auflage wurden u. a. so genannte „Dirty Words" aufgenommen. In den Anfängen des Chattens verpönt, verboten und deren Nutzer sogar geächtet, werden sie nun hier erklärt, denn sie sind immer öfter zu finden. Während in den vorangegangenen Auflagen dieses Buches Idioms und Slang-Ausdrücke mit dem F-Wort noch umschrieben wurden, habe ich mich entschlossen, auch derbere Flüche zu übersetzen. „Fuck" ist dabei noch eher harmlos.

Einen Anspruch auf Vollständigkeit kann es leider auch in der dritten Auflage (mit über 4200 Einträgen) allerdings nicht geben. Wer hier jedoch nicht lediglich Begriffe nachschlägt, sondern einmal blättert und liest, wird sich schnell in dieser neuen Welt zurechtfinden können.
Auch wenn man sich nicht unbedingt mit Hackern oder Computerfreaks identifiziert, so ist diese „Kultur" untrennbar mit den neuen elektronischen Medien verknüpft und der Gebrauch von Emoticons und Midget-Smileys kann sogar Spaß machen. Sie wissen nicht, was Midgets sind? Dann schlagen Sie doch einmal in diesem Buch nach :-)

Oliver Rosenbaum,
im Oktober 2000

!
Das Ausrufungszeichen wird nicht selten als eine Art Vorsilbe für die Negation eines Wortes benutzt. Beispiel: „!expected" bedeutet demnach soviel wie „unexpected". Es kann aber auch „kein" bedeuten. Beispiel: „I have !car" heißt demnach „Ich besitze kein Auto".

$0.02
zwei Cents, Bedeutung: „Ich will meinen bescheidenen Beitrag dazutun, meiner bescheidenen Meinung nach". Auch bekannt als „my two cents".

&c
und so weiter (usw.), Abkürzung (Kunstwort) für lateinisch „et cetera", doch im englischen Sprachgebrauch durchaus üblich.

(...)
Klammern mit nichts anderem als Punkten dazwischen signalisieren: *"Kein Kommentar."*

(00)
Eigentlich ein Emoticon für den *Hintern*. Gemeint ist oftmals das berühmte Goethezitat des Götz von Berlichingen.

**
Der Stern wird oftmals als Multiplikationszeichen verwendet: Beispiel: 2*3=6. Wird er doppelt geschrieben, ist in der Regel eine Potenzierung gemeint: $2**3 = 2^3 = 8$
Alternativ wird auch das Carret-Zeichen „^ " verwendet (2^3).

*@!?$
Diese Zeichenkette signalisiert einen Fluch in Anlehnung an die Schreibweise in Comic-Heften und wird nicht lediglich allein stehend vorgefunden. Eingebaut in einen Satz, muss man sich das entsprechende Schimpfwort „denken".

never
In Sternchen gesetzte Begriffe sollen betont werden. Beispiel: „I'll *never* speak to him", ich werde wirklich niemals mehr mit ihm sprechen. Das gleiche gilt für die Unterlänge: _

+−?
Eigentlich eine Art →Emoticon, gemeint ist hiermit: *eine große Unsicherheit*.

...
Drei Punkte alleinstehend können schon einmal so viel bedeuten wie „*Schluss für heute.*" Häufiger ist jedoch gemeint: *usw.*

...---...
Dreimal kurz, dreimal lang, dreimal kurz. In Anlehnung an das Morsezeichen *SOS*. Gemeint ist: *ich brauche dringend Hilfe*.

.oO
In Anlehnung an Comics sind hiermit Gedankenblasen gemeint, soll heißen: *bitte nicht stören, denke gerade nach!*

/
slash, das Zeichen „ / ", wird beispielsweise in Internetadressen zur Bereichstrennung benötigt.
Beim Chatten leitet der Slash einen Befehl ein. Wird der Slash gefolgt vom Namen eines Teilnehmers beim Chatten eingegeben, so geht die darauf folgende Nachricht nur an diesen einen Teilnehmer. Siehe auch /dcc, /join, /list, /me, /msg, /nick.
Ein einsames eingetipptes „ / " bedeutet oftmals „Over to You", zu deutsch: *Du bist nun dran, ich übergebe an Dich*.

/dcc
Befehl der irc II - Client-Software für den Austausch von Dateien zwischen zwei Teilnehmern. Der Sender meldet sich mit:
/ dcc send Empfängername Dateiname
und der potentielle Empfänger antwortet mit
/ dcc get Sendername Dateiname.
/ dcc chat baut eine direkte Chat-Verbindung zwischen zwei Clients auf.

/dev/null
Synonym für bit-bucket, siehe dort; *das schwarze Loch* in dem Informationen oftmals verschwindet.

/join
Befehl der irc II - Client-Software zum Belegen eines ausgewählten Kanals. Hat sich ein Teilnehmer auf diese Art (/join #userkanal) für einen Kanal entschieden, erhalten alle anderen Teilnehmer die Meldung, dass sich jemand zugeschaltet hat (und wie sein nickname ist). Der neue Teilnehmer seinerseits erhält eine Liste aller bereits verbundenen Chatter.

/leave
Befehl zum Verlassen eines IRC-Kanals. Zwar ist man immer noch eingeloggt und kann mit / join einen anderen Kanal auswählen.

/list
Befehl der irc II - Client-Software. Hiermit erhält man eine Liste aller zur Zeit aktiven Kanäle. Jeder Kanal hat dabei einen Namen, der mit dem Zeichen # beginnt. Das entsprechende Thema wird zusammen mit der Anzahl der im Kanal befindlichen User angezeigt. Der Befehl erlaubt die Eingabe von Parametern, mit denen es möglich ist, nur diejenigen Kanäle anzeigen zu lassen, die beispielsweise von wenigstens 3 Teilnehmern belegt sind: / list min 3.

/me
Befehl der irc II - Client-Software um allen Teilnehmern eines Kanals eine Nachricht zukommen zu lassen. Der nickname (siehe dort) wird automatisch zugefügt, damit die Teilnehmer auch wissen, von wem die Nachricht stammt.

/msg
Befehl der irc II - Client-Software um einem speziellen Teilnehmer eine Nachricht zu senden, diese erscheint dann nicht auf den Bildschirmen der anderen Teilnehmer. Beispiel:
/ msg Name Nachricht.

/nick
Befehl der irc II - Client-Software. „nick" ist die Abkürzung für nickname (siehe dort), ein Pseudonym, das maximal aus neun Zeichen bestehend beim ICR angegeben werden kann. Der nickname erscheint statt des login-Names am Bildschirm der Chat-Partner.

/part
Wie / leave, siehe dort.

<!>
Betonung einer Aussage. Beispiel: Melde mich morgen <!> wieder.

<?>
Zweifel an einer Aussage. Beispiel: Melde mich morgen <?> wieder. Bedeutet hier also soviel wie „vielleicht".

<bobbit>
Oftmals gebraucht als Platzhalter für ausgelassenen Text in einer →followup (die Antwort auf eine Nachricht).

<ethnic>
Wenn rassistische Witze erzählt werden, steht hier oftmals für Personen oder Personengruppen „<ethnic>", um niemanden zu beleidigen.
Alternativ hierzu gibt es „jedr" oder „iyfeg", siehe auch dort.

<G>
das Zeichen für „big grin", zu deutsch *breites Grinsen*, sonst wie <g>, siehe dort.
Es kann sowohl die Aussage eines anderen Teilnehmers belächelt, werden, als auch die eigene. Im letzten Fall kann man einen Kommentar als humorvoll oder ironisch kennzeichnen. Emoticons hierzu sind:
   :-)))) oder aber   : - >

<g>
Zeichen für „grin", zu deutsch *grinsen*. Hiermit wird eine ironische oder hämische Bemerkung unterstrichen. Siehe auch <G>.

<handheb>
(deutsch) *Ich möchte auch mal was sagen!*

<mom>
Einen Moment bitte!

<sp?>
zu lesen als: „spelling correct ?", was soviel bedeutet wie: *stimmt diese Schreibweise, ist das richtig buchstabiert?*

<vbg>
Abkürzung für „Very big grin", siehe <G>.

>
Mit diesem Zeichen am linken Rand werden Zitate angezeigt. Der dann folgende Text ist also nicht vom Schreiber selbst, sondern wird zitiert.

@
Das Sonderzeichen *„commercial at"*, andere Bezeichnungen, teilweise im Slang, sind: cyclone, Klammeraffe, rose, snail, strudel, vortex, whirlpool, whorl, cat, ape, cabage.
Einige Anwender „missbrauchen" das commercial at, um Namen in denen der Buchstabe A vorkommt „schicker" aussehen zu lassen: H@mburg. Andere wiederum benutzen es für das Wort „at". Beispiel: „please call me @ 8 pm", zu deutsch *ruf mich um 20.00 Uhr an*. Alleinstehend kann mit @ auch schon mal *Achtung!!* (Attention) gemeint sein.

@-party
Bezeichnung für die Zusammenkunft von Internet Usern im realen Leben, Hackerslang. Das Zeichen @ dient u.a. zur Trennung in Internetadressen.

@>==>===
Eigentlich ein Emoticon, bedeutet eine Rose (überreichen).

[ ]
Eckige Klammern werden oftmals gesetzt, wenn eine Schreibweise unklar oder der Schreibende sich unsicher ist.
Beispiel: M[ae]ier   also Maier oder Meier
oder: Intel 80[3-4]86, es kann also der 80386 oder der 80486 gemeint sein.
Als Emoticon [Name] benutzt, also mit einem Namen als Inhalt, ist eine Umarmung der entsprechenden Person gemeint. Doppelte Klammern bedeuten dann eine besonders herzliche Umarmung [[Name]].

\

der Backslash, das Zeichen „\", der rückwärts geneigte Schrägstrich. Dieser wird beispielsweise zur Trennung der Pfade in der hierarchischen Dateistruktur unter MS-DOS benötigt.

\V/ oder \\//

zu deutsch: Star Treck-Gruß. die Finger beim vulkanischen Gruß.

^

Wenn das *Carret-Zeichen* innerhalb von Zahlen verwendet wird, ist in der Regel die Potenzierung einer Zahl gemeint.
Beispiel: $2\wedge 3 = 2^3 = 8$
In einigen Programmiersprachen ist die Schreibweise für die Potenzierung mit dem Zeichen ↑ angezeigt, also beispielsweise 2↑3. Da dieses Pfeilsymbol aber nicht im ASCII-Zeichensatz und damit auch nicht auf gewöhnlichen Tastaturen verfügbar ist, hat sich der Gebrauch des Carret-Zeichens eingebürgert.
In Kombination mit einem Buchstaben (siehe ^B, ^C usw.) ist in der Regel das mit dem Buchstaben gemeinsame Drücken der „Control"-Taste gemeint.

^B

bedeutet „Break". Der User wünscht eine *Unterbrechung* oder sogar einen *Abbruch* der Kommunikation. In Anlehnung an die Controltaste, die zusammen mit einzelnen Tasten bestimmte Aufgaben erfüllt.

^C

gemeint ist im Hackerslang: *Sofort unterbrechen!!*. Viele Programme lassen sich mit der Tastenkombination Control+C abbrechen.

^H ^H ^H

Hiermit ist gemeint, dass das darauffolgende Wort (oder Satzteil) das vorherige ersetzen soll. Beispiel: „... he is a real luser ^H^H^H^H user ...". Das Zeichen „^H" war in vielen älteren Textverarbeitungsprogrammen der Code für einen Zeichen-Rückschritt. Siehe hierzu auch „cancel character".
Es geht ähnlich auch mit einem Emoticon (siehe dort):
  : - *   (= Ich glaube das hätte ich wohl besser nicht gesagt)
Vergleiche auch „uups".

^O

bedeutet, dass jemand nicht mehr zuhören möchte oder kann, Hackerslang.

^P

heißt nichts anderes, als dass eine *Pause* (der Kommunikation) gewünscht wird.

^Q

Aufforderung zur Wiederaufnahme, beispielsweise nach „^S", siehe dort.

^S

Hackerslang, lässt sich in etwa so übersetzen: *Stop für eine Sekunde, kurze Unterbrechung* (danach kann es weitergehen).

_ !

Die Unterlänge, gefolgt von einem Ausrufungszeichen bedeutet soviel wie: genug für *heute*.

never

Zwischen Unterlängen gesetzte Begriffe sollen betont werden. Beispiel: „I'll _never_ speak to him", ich werde wirklich niemals mehr mit ihm sprechen. Das gleiche gilt für Sternchen.

007

seltene Bezeichnung für das Zeichen „%", auch „double oh seven".

03'14'96

14.03.96. In der englischen Schreibweise eines Datums wird – anders als bei uns – zuerst der Monat (z.B. 03, also für März) dann der Tag (hier der 14.) genannt, bzw. geschrieben.

1'000.00

die amerikanische Schreibweise für 1.000,00
Hier bildet – anders als bei uns – der Punkt die Dezimalstellentrennung und das Komma trennt Tausender, Million usw. zur besseren Lesbarkeit.

120 reset
Hackerslang für das Ausschalten eines Computers und das sofortige Wiedereinschalten, beispielsweise zum Neustart des Systems nach einem Absturz. Auch „power cycle" oder nur „cycle". Die Zahl 120 deutet auf die in den USA verwendete Netzspannung von 120 Volt hin.

2 L8 4 U
ein Kunstwort, zu lesen als „to late for you", also: *zu spät für Dich*.

2 pi
zweimal Pi, Hackerslang für eine bestimmte, aber unbekannte Zeitspanne (siehe auch T). Die Zahl Pi (π) ist eigentlich eine mathematische Konstante.

2.2.4
zu lesen als „two-too-four", also *zwei bis vier*. Kommt aus der Juristensprache beispielsweise für das Strafmaß 2 – 4 Jahre Gefängnis.

23
Magische Zahl der Illuminatoren, siehe Illuminatus!

24 / 7
siehe 24752

24752
bedeutet „immer": 24 Stunden x 7 Tage die Woche x 52 Wochen pro Jahr.

2600 The Hacker Quarterly
Name eines Hacker-Kultmagazin im Internet (siehe dort), benannt nach der Frequenz (2600 Hz) auf der man früher im Telefonnetz „schwarzfahren" konnte.

2K$
Hackerslang für: *2.000 Dollar*, wird natürlich auch in anderen Größen benutzt. Siehe „K".

3D-Chat
Bezeichnung für chats in dreidimensionalen virtuellen Chat-Räumen. 3-D Chats werden im WWW (Word Wide Web) mittels Browsern aufgesucht. Prinzipiell läuft ein chat dann hier genau so wie in gewöhnlichen chat-rooms (siehe dort) ab.
Beim „Eintritt" in den virtuellen Raum wird der Anwender zu einem sogenannten Avatar. Dies kann ein Photo des Anwenders oder einer Person, sein, die dieser gerne verkörpern möchte. Es gibt hier jedoch auch Standard-Avatare. In einem Fenster sieht man die Bilder aller Teilnehmer in einem chat-room. Die chat-Beiträge sind als Sprechblase neben dem entsprechenden Bild zu sehen. Zusätzlich lassen sich noch sogenannte Gestures (siehe dort) einsetzen, die nichts anderes als animierte Smilies sind.

3DO
Abkürzung für „3-dimensional optics", die *dreidimensionale Darstellung*.

4 a while
for a while, zu deutsch: *für einige Zeit*

4-letter word
allgemein für einen *unanständigen Ausdruck*. Man bezieht sich dabei auf den „Standard" für unanständige Flüche, das Wort →fuck (dieses hat eben vier Buchstaben).

414s
Name einer US-amerikanischen berühmt berüchtigten Hackergruppe.

4ever
forever, zu deutsch: *für immer*

4get it
forget it, zu deutsch: *vergiss es*

4U
für dich, zu lesen als „for you(r)", (Kunstwort).

6667
Portnummer vieler IRC-Server. Wenn man sich an einen IRC-Server (siehe dort) wendet, muss neben der Internet-Adresse eine Portnummer angegeben werden. Diese ist in der Regel „6667". Beim Zugang über Telnet ist diese übrigens „6677".

8
eine Unendlichkeit, eine alleinstehende Acht kann (liegend wie ein Smiley gelesen) schon man „infinity" bedeuten.

80 column mind
veralteter Hackerslang: Bezeichnung für einen User, der bis heute noch der Lochkartentechnik nachtrauert (diese hatten 80 Spalten).

88
diese beiden Ziffern stehen oftmals für HH = Heil Hitler (H = achter Buchstabe des Alphabets) Vorsicht: Rechtsradikale!!

8ung (deutsch)
seltenes deutsches Kürzel für *Achtung*.

A

A
Im Zusammenhang mit Ziffern könnte der Buchstabe „A" auf eine Hexadezimalzahl hinweisen (siehe hex).
Beispiel $1A_{(hex)} = 26_{(dez)}$

a/p
die Einkaufsrechnung, Abkürzung für „account purchase".

aamof
Abkürzung für „as a matter of fact", zu deutsch: *Tatsache ist ...*

aar
gegen jede Gefahr, Abkürzung für „against all risks" (Akronym).

abbrev
Abkürzung, „abbrev" ist selbst eine gängige Abkürzung für das Wort abbreviation.

abecedarian
alphabetisch geordnet, nach dem Alphabet sortiert

Abel
Wort für den Buchstaben „A" im amerikanischen Buchstabieralphabet (Phonetic Alphabet). Im deutschen Buchstabieralphabet ist dies „Anton" und international sagt man „Amsterdam". Auch schon mal verwendet wird „Alfa", was aus der Zivilluftfahrt kommt.

abend
der anormale Programmabbruch, Kurzform für „abnormal end of task" (Slang). Diese Abkürzung ist bewusst so gewählt, die klingt wie das deutsche Wort „Abend", gemeint ist Feierabend. Nach einem so tituliertem Programmabbruch läuft nichts mehr.

abend (to ...)
ein Programm abbrechen (Slang), siehe auch „abend".

above-board (to be ...)
offen und ehrlich sein (Idiom)

abridgement
die Kurzfassung

absend minded (to be ...)
geistig weggetreten sein (Idiom)

abstürzen (deutsch)
Dieser Begriff ist schon in den täglichen Sprachgebrauch übergegangen. Natürlich fällt der Computer nicht vom Tisch, wenn er „abstürzt", aber das Ergebnis ist bekanntlich das gleiche, er reagiert nicht mehr.

access
der Zugang, der Zugriff (zum Internet). Der Zugang erfolgt in der Regel über einen *Provider* (siehe dort).

access denied
die Meldung, dass der *Zugriff verweigert* wurde.

access key
der Zugriffsschlüssel, das Passwort

access privileges
die Zugriffsberechtigung, diese muss in der Regel durch den *access key* nachgewiesen werden.

accidental error
der unbeabsichtigte, zufällige Fehler

account
Zugangsberechtigung, zu einem (UNIX-)Rechner oder einer Mailbox (siehe dort). Dies umfasst mindestens den Benutzernamen und das Passwort.

ACK
die Quittung, Abkürzung für „Acknowledge" (siehe dort). Wird gerne gebraucht, um lange, umständliche Erklärungen zu vermeiden. Beispiel: „Ack. Ack. Ack. Ack. I get it now."
Die Abkürzung kommt eigentlich aus dem technischen Bereich, ACK ist die Bezeichnung für das Quittierungssignal bei der Datenübertragung über eine serielle Schnittstelle. Der Ausdruck „ACK" wird oftmals in einer E-Mail gebraucht, wenn eine frühere E-Mail noch nicht beantwortet wurde und bedeutet soviel wie „are you there?". Die humorvolle Antwort lautet dann nicht selten NAK (siehe dort), was dann soviel bedeutet wie „No. I'm not here".

Acknowledge
die Quittung, die Bestätigung eines Empfängers bei der Datenübertragung. Das Quittungssignal ist Bestandteil eines Protokolls. Siehe auch „ACK".

acknowledge character
das Bestätigungszeichen

ACME
der Mist, der Blödsinn (Hackerslang), umgangssprachlich bedeutet „acme" eigentlich das genaue Gegenteil.

act a part (to ...)
eine Rolle spielen (Idiom)

act on impulse (to ...)
spontan handeln (Idiom)

ADA
Name einer Programmiersprache. ADA ist keine Abkürzung, sondern lediglich der Name einer Dame.
Charles Babbage (1792 – 1871) entwickelte das Gedankenmodell einer „Analytical Engine", eines Computers. Moralisch und finanziell unterstützte ihn damals eine Edeldame namens Augusta Ada Countess of Lovelace. Ihr hat man diese Programmiersprache gewidmet.

add up figures (to ...)
Zahlen zusammenzählen, addieren

add-on
der Zusatz (zu einem Programm)

address
die Adresse (gemeint ist hier in der Regel die elektronische Adresse, also die E-Mail- oder Internet-Adresse).

address as (to ...)
anreden als

admin
Abkürzung für „*Administrator*".

adn
Abkürzung für „any day now", zu deutsch: *irgendwann in den nächsten Tagen*

adult
erwachsen, ausgewachsen

advTHANKSance
Hackerslang. Die letzte Zeile einer Anfrage, bedeutet: thanks in advance, zu deutsch: *Danke im Voraus*.

Alternative Schreibweise: „aTdHvAaNnKcSe" oder eben schlicht „thanks in advance".

AEG
Eigentlich die Abkürzung für „Allgemeine Elektrizitäts-Gesellschaft", in Hackerkreisen schon mal als *„Auspacken, Einschalten, Garantiefall!"* gemeint.

afaic
soweit ich betroffen bin, sofern ich gemeint bin ..., Abkürzung für „as far as I'm concerned" (Akronym).

afaik
soviel ich weiß ..., Abkürzung für „as far as I know", (Akronym). Eine Information, die mit afaik beginnt ist in der Regel mit Vorsicht zu genießen. Der Absender der Nachricht erklärt hiermit, dass er sich nicht unbedingt sicher ist, ob die folgende Aussage auch stimmt.

afaiui
Akronym für „As Far As I Understand It ...", *soweit ich das verstanden habe ...*

afb
Abkürzung für „away from brain", beleidigende Bemerkung, die soviel bedeutet wie *geistig weggetreten*.

afj
der Aprilscherz, Abkürzung für „april fool's joke".

afk
bin mal eben nicht an meinem Rechner, Abkürzung für „away from keyboard", (Akronym), manchmal auch in der Bedeutung: *Finger weg von der Tastatur*, was sich ja nicht gegenseitig ausschließt.

AfterNet
Name eines →IRC-Netzes. Mit 4 Servern in den USA und 2 in Europa gehört das AfterNet zu den sehr kleinen IRC-Netzwerken. Dementsprechend schaffen es auch nur wenige Kanäle, mehr als 10 Leute zu versammeln, und auch das nur am Wochenende. Adresse: *www.afternet.org*

AFTP
Abkürzung für „anonymous FTP". FTP (siehe dort) steht für „file transfer protocol" und bezeichnet ein Übertragungsprotokoll. Dieses ist besonders für Netzwerkteilnehmer ohne besondere Zugangsberechtigung zum Internet gedacht. Solche Benutzer haben in der Regel keinen Zugang zu Systembereichen.

agree to differ (to ...)
mit der anderen Meinung einverstanden sein (Idiom)

AI
Abkürzung für „Artificial Intelligence", zu deutsch: *„Künstliche Intelligenz"*, was eigentlich eine recht unzureichende Übersetzung des Begriffes ist. Artificial bedeutet zwar „künstlich geschaffen" aber Intelligence ist nicht so ohne weiteres mit dem deutschen Wort „Intelligenz" gleichzusetzen. Intelligence bedeutet eigentlich: Sammeln, Auswerten und Mitteilen von Nachrichten (Beispiel: CIA = Central Intelligence Agency).

AIDS
Im Hackerslang bedeute diese Abkürzung: „A Infected Disk Syndrome", wobei „A" für die verschiedensten Dinge stehen kann, nicht lediglich Apple oder Amiga.

AIDX
Hackerslang für *AIX*, das Unix-Betriebssystem für IBM-Rechner.

AIJ
Abkürzung für „Am I Jesus?", zu deutsch: *bin ich Jesus?*

air a grievance (to ...)
etwas Unangenehmes zur Sprache bringen (Idiom)

air an opinion (to ...)
eine Meinung äußern (Idiom), siehe auch „imho".

airplane rule
die Flugzeug-Regel. Diese besagt, dass ein Flugzeug mit zwei Motoren doppelt so viele Motorprobleme haben kann, wie ein Flugzeug mit lediglich einem. Im übertragenen Sinne könnte man sagen, dass einfache Hardware/Software in der Regel robuster als komplexe ist.

Airtime Reseller
Unternehmen, das als *Wiederverkäufer von Nutzungsrechten an Mobilfunknetzen* auftritt und ggf. auch das Inkasso betreibt. Weitgehend identisch mit dem Service Provider.

aisb
Abkürzung für „as I said before", zu deutsch: *wie schon gesagt ...*

aisi
Abkürzung für „as I see it", zu deutsch: *wie ich das sehe ...*

aiw
mit anderen Worten, Akronym für „as it were".

aka
auch bekannt als ..., Abkürzung für „also known as", gemeint ist in der Regel eine weitere Adresse, unter der ein User zu erreichen ist. (Akronym). Aka kann natürlich auch im herkömmlichen Sinne von „auch bekannt als" eingesetzt werden.

Akronym
Die Abkürzung eines aus mehreren Wörtern bestehenden Begriffes. Die gebräuchlichsten sind hier aufgelistet (siehe zum Beispiel „imho"). Seltenere oder eigene Erfindungen sind oftmals nicht zu verstehen oder sind Absprachen in einem kleineren Userkreis.
Das Charakteristische an einem Akronym – im Gegensatz zu einer Abkürzung – wird beim Chatten überhaupt nicht deutlich, dies ist nur bei gesprochenen (nicht geschrieben) Akronymen möglich.
Hier ein Beispiel: **bot** ist ein typisches Akronym (back on topic). Wäre es eine Abkürzung würde man sagen [bi-oh-ti], tatsächlich sagt man aber [bot].

aktives Routing
Bezeichnung für das Transportieren von Daten innerhalb eines Netzes durch Bestimmen des kürzesten, schnellsten billigsten oder nächstbesten Routweges. Das Gegenteil hierzu ist das passive Routing, bei dem der Pfad im Header der Daten bereits enthalten ist.

Alfa
siehe Abel

alias
das Pseudonym, der Kurzname; das „alias" steht beispielsweise stellvertretend für eine Adresse oder eine URL und spart dem Anwender die fehlerträchtige komplette Adressangabe. Es hat sich eingebürgert (zumindest in den USA) als Alias den Vornamen gefolgt vom ersten Buchstaben des Nachnamens anzugeben.
Beispiel einer E-Mail-Adresse: 049651168533@t-online.de
Alias hierzu: Oliver.R@t-online.de

all and sundry
alle (Slang)

all caps
alles in Großbuchstaben, Abkürzung für „all in capitals". Wenn man einer Aussage besonderen Nachdruck verleihen will, schreibt man sie in Großbuchstaben. Auch kann man hiermit Lautstärke (Schreien) zum Ausdruck bringen. Sich in Chats gegenseitig anbrüllen ist jedoch nicht gewünscht UND VERSTÖSST GEGEN DIE NETIQUETTE.

all dressed up to the nines
ganz schön aufgetakelt sein (Idiom)

all ears (to be ...)
ganz Ohr sein (Idiom)

all Greek to me (it is ...)
es kommt mir spanisch vor (Idiom)

all hell breaks loose
der Teufel ist los (Idiom)

all in a day's work
das ist doch selbstverständlich (Idiom)

all my eye and Betty Martin
Unsinn verzapfen (Idiom)

all power to your elbow!
viel Glück bei deiner Sache (Idiom)

all talk no action
viel Gerede und nichts dahinter (Idiom)

all-elbows
die Ellbogen einsetzen, rücksichtslos. Die Bezeichnung wird oftmals für speicherresidente Programme oder Treiber benutzt, welche die Ressourcen eines Computers übermäßig, also ohne Rücksicht auf andere Software, für eigene Zwecke beanspruchen.

alpha particles
die kosmische Strahlung, gemeint ist im Hackerslang etwas, was beispielsweise für auftretende Fehler verantwortlich gemacht werden kann. Alternative Begriffe sind „cosmic showers" und „cosmic rays".

alphabetic character
das alphabetische Zeichen

alphanumeric
alphanumerisch (Buchstaben und Zahlen gemischt)

alphanumeric character
das alphanumerische Zeichen (Buchstabe oder Zahl)

alphaterminal
Terminals sind Bildschirmarbeitsplätze, die über die serielle Schnittstelle entweder direkt oder über einen Terminalserver mit dem Großrechner verbunden sind. Im Gegensatz zum Grafikterminal kann ein Alphaterminal nur Zeichen darstellen. Wird ein Terminal beispielsweise lediglich zur Datenbankabfrage eingesetzt, ist in der Regel keine Grafikfähigkeit notwendig. Auch PCs lassen sich als Terminals einsetzen.

Alphazeichen (deutsch)
Name des Zeichens „@", siehe auch „commercial at". Es kursieren jedoch etwa zwanzig weitere Namen (deutsche bzw. englische) für dieses Zeichen.

AltaVista
Name einer Suchmaschine der Fa. DEC für das Internet (bzw. das WWW).

AM
Im Zusammenhang mit Zahlungsverkehr: Abkürzung für „*American Express*", die *American Express - Scheckkarte*.

am (lateinisch)
vormittags, Abkürzung für „ante meridiem". Im der englischen Umgangssprache zur Unterscheidung der Uhrzeit üblich: 10:00 am entspricht 10^{00} vormittags und 10:00 pm (pm = post meridiem, siehe dort) entspricht 10^{00} abends (also 22^{00}).

amend (to ...)
ändern, (z.B. von Daten oder eine neue Programmversion erzeugen)

America OnLine
amerikanischer Online-Provider, vergleichbar mit CompuServe (siehe dort). America OnLine bietet seinen Mitgliedern ein weitgefächertes Angebot, bestehend aus E-Mail, Auditorien, Computer-Support, Online-Zeitungen und Kommunikationsmöglichkeiten wie Online-Cafés und natürlich den Zugang zum Internet.

amiss (to take something ...)
etwas übel nehmen (Idiom)

amoeba
Spitzname des inzwischen veralteten Homecomputers *Commodore Amiga*.

amp off (to ...)
im Hintergrund laufen (ein Programm), Hackerslang.

amper
Abkürzung für „*Ampersand*", das Zeichen „&".

ANFAWFOS
Abkürzung für „And Now For A Word From Our Sponsor", zu deutsch: *und jetzt ein Spruch von unserem Sponsor*

angle brackets
Bezeichnung für das Größer- bzw. Kleinerzeichen, wenn sie gemeinsam als Klammer benutzt werden „< >". Eigentlich sind diese Zei-

chen keine Klammerzeichen, sondern die mathematischen Zeichen für „kleiner als" bzw. „größer als".
In regulären Zeichensätzen gibt es ähnlich aussehende Klammern „〈 〉".

angry fruit salad
Bezeichnung für übermäßig bunte Programmoberflächen, Hackerslang.

annoying (behavior)
das störende Verhalten (bei einem chat), kann zum Ausschluss führen, siehe auch „netiquette".

anonymous
Zugang eines Netzwerkteilnehmer ohne besondere Zugangsberechtigung zum Internet. Solche Benutzer haben in der Regel keinen Zugang zu Systembereichen. Mit Eingabe der Kennung „anonymous" (= Loginname) umgeht der Anwender die gewöhnlichen Zugangskontrollen des jeweiligen Systems und erhält Zugang zu den der Allgemeinheit zur Verfügung stehenden Dateien auf dem Remote-System. Das Passwort ist einfach die e-Mail Adresse des Anwenders. Viele Programme (z.B. NetScape) führen diese Anmeldung aber automatisch durch.

AnotherNet
Name eines →IRC-Netzes. AnotherNet ist nicht nur etwas anders, sondern mit genau zwei Servern im Westen der USA auch etwas kleiner als andere Netzwerke. AnotherNet erlaubt keine Kanäle mit Themen wie Sex, Drogen, Gewalt und auch keine „Warez-Channels". Adresse: *www.another.net*

ANSI
ist die Abkürzung für *„American National Standards Institute"*, einer Gesellschaft ähnlich dem deutschen Normenausschuss (DIN), die schon in den Anfängen der elektronischen Datenverarbeitung wichtige Normen entwickelt hat, die weltweite Anerkennung fanden. Die Bezeichnung ANSI taucht daher oft bei Schnittstellen oder elektronischen Bauteilen auf.

antedate
zurückdatieren, voraussehen

antediluvian
vorsintflutlich, völlig veraltet

any port in a storm
besser als nichts (Idiom)

AOL
Abkürzung für America OnLine, amerikanischer Online-Provider, vergleichbar mit CompuServe (siehe dort). AOL bietet seinen Mitgliedern ein weitgefächertes Angebot, bestehend aus E-Mail, Auditorien, Computer-Support, Online-Zeitungen und Kommunikationsmöglichkeiten wie Online-Cafés und natürlich den Zugang zum Internet.

aos
eins hinzufügen und nichts dabei auslassen (überspringen), eines nach dem anderen, Abkürzung für „add one and do no skip", (Hackerslang) kommt von einem Maschinensprachebefehl heute veralteter PDP-10 Computer.

ape
der Affe, alternative Bezeichnung im Hackerslang für das Zeichen „@ ". Der korrekte Name ist „commercial at". Im Deutschen hat sich die Bezeichnung „Klammeraffe" durchgesetzt.

Äpfel (deutsch)
die Fa. Apple

apogee
die Erdferne, Name eines bekannten Softwarehauses, welches sich erfolgreich auf Spiele-Software spezialisiert hat.

app
das Anwendungsprogramm, Abkürzung für „application program", Slang. Ein Anwendungsprogramm ist beispielsweise die Textverarbeitung oder das Zeichenprogramm im Gegensatz zum Betriebssystem oder Utility-Programmen.

appearances are deceiving
der Schein trügt (Idiom)

apple-cart (to upset the ...)
etwas durcheinander bringen (Idiom)

apple-pie order (to be in ...)
aufgeräumt sein (Idiom)

applet
das kleine Anwendungsprogramm, siehe auch app.
Ein Java-Programm, das in eine HTML-Seite eingebunden wird und mit einem Browser ausgeführt werden kann. Dieses Applet beinhaltet wichtige Hinweise darauf, von welchem Rechner oder Server das Programm geladen und wie es auf der Web-Seite realisiert werden soll. Ein Browser, der sich nicht auf Java versteht, wird dieses Applet einfach ignorieren: An der Stelle des Java-Applets zeigt sich einfach nichts. Ein Java-fähiger Browser hingegen kontaktiert den Server, um alle wichtigen Informationen für das Applet auf den heimischen Rechner zu übertragen.

Appletalk
hat nichts mit „sprechenden Äpfeln" zu tun. Appletalk ist ein Netzwerkprotokoll der Firma Apple. Siehe auch „protocol".

appoint (to ...)
bestimmen, festsetzen

approx
Abkürzung für approximate: *ungefähr*, zugleich seltenere Bezeichnung für das Tildezeichen.

appz
Hackerslang für *„Raupkopien"*. Es gibt auch gleichnamige ICR Channels in denen solche illegale Software zum Tausch angeboten wird. Siehe auch „warez".

april fool's joke
der Aprilscherz, ein „april fool's posting" oder eine „april fool's e-mail" ist also nicht ganz ernst zu nehmen.

arc
Abkürzung für „Archive", das Archiv. ARC ist zugleich die Dateiendung (unter MS-DOS) für Dateien, die mit dem Komprimierungspro-

gramm PKARC (oder einem hierzu kompatiblen) erzeugt wurden. Diese Archive können in der Regel mehrere Dateien enthalten.

Archie
Name eines elektronischen Informationssystems zur Lokalisierung von Informationen im Internet (siehe dort). Archie besteht im wesentlichen aus einem Suchprogramm und einer Datenbank, der Software Description Database, die Informationen über wichtige Software enthält.

archive
die Zusammenfassung mehrerer Dateien zu einer einzigen komprimierten Datei (siehe auch „arc") nennt man *Archiv*.

archive site
Bezeichnung für einen Server, der Daten zum Abrufen vorhält.

Area
Im FidoNet (siehe dort) bezeichnet man mit Area ein „öffentliches schwarzes Brett" zum Nachrichtenaustausch.

arg
das Argument, Abkürzung für engl. „argument", damit ist sowohl ein Argument in einer Diskussion, als auch das in der Mathematik gemeint.

arg (to ...)
argumentieren (Slang)

argue the toss (to ...)
streitsüchtig (Idiom)

argument's sake (for ...)
um des Gespräches willen (Idiom)

armor-plated
kugelsicher, Bezeichnung im Hackerslang für ein extrem stabiles Programm. Siehe auch „bulletproof".

arrangements (to make ...)
Vorkehrungen treffen

arrow keys
die Cursorsteuertasten (die Pfeiltasten auf der Tastatur)

arse
Arsch, umgangssprachlich

article
der Artikel; der Text, den ein Anwender ins Netz geschickt hat.

artificer
der Urheber

Artikel
Usenet-Jargon für die Beiträge der Mitglieder von Diskussionsgruppen (elektronische Foren). Die Artikel sind für die Netzöffentlichkeit bestimmt und werden von den Usenet-Computern reihum im Internet weitergereicht und in einer Newgroup einsortiert.

arty farty
eine kulturbeflissene Person (Slang)

as
Abkürzung für „another subject", zu deutsch: *ein anderes Thema*

as black as your hat
pechschwarz (Idiom)

as blind as a bat
stockblind sein (Idiom), Emoticon hierzu:
B-l   Blindenbrille

as crafty as a cartload of monkeys
verschmitzt sein (Idiom)

as daft as a brush
dumm wie Bohnenstroh (Idiom), Emoticons hierzu:
<:I   Dummkopf
:-]   noch ein Dummkopf

as deaf as a doorpost
taub sein (Idiom)

as different as chalk and cheese
vollkommen unterschiedlich (Idiom)

as drunk as a lord (to be ...)
volltrunken sein (Idiom)

as dull as ditch-water
langweilig (Idiom)

as follows
folgendermaßen

as happy as a pig in muck
sich sauwohl fühlen (Idiom)

as it were
mit anderen Worten (Idiom)

as large as life
in natürlicher Größe (Idiom)

as mad as a March hare (to be ...)
wild wie einer junger Hund sein (Idiom)

as safe as houses
ein sicherer Ort (Idiom)

as sobber as a judge
nüchtern wie ein Richter (Idiom)

as thick as two short planks
dumm wie Bohnenstroh (Idiom), Emoticons hierzu:
<:I Dummkopf
:-] noch ein Dummkopf

asafp
wie asap nur stärker, Abkürzung für „as soon as fucking possible". (Akronym)

asap
so schnell wie möglich, Abkürzung für „as soon as possible". (Akronym)

asbestos
eigentlich *Asbest*, der Begriff wird aber für alles gebraucht, was feuerhemmend ist. Dies können im übertragenen Sinne auch Worte (siehe „flame") sein.

asbestos longjohns
die Asbest-Unterhosen, Begriff aus dem Hackerslang. Asbestos longjohns werden gebraucht, wenn eine „flame" erwartet wird. Im Deutschen würde man sagen „sich warm anziehen".
Andere gleichbedeutende Begriffe sind: asbestos underwear, asbestos overcoat.

asbestos overcoat
siehe „asbestos longjohns".

asbestos underwear
siehe „asbestos longjohns".

ASCII
Abkürzung für „American Standard Code for Information Interchange", Amerikanischer Standardcode für den Informationsaustausch, der Code für die Darstellung von Ziffern, Buchstaben und Symbolen. Eine ASCII-Textdatei kann lesbar auf dem Bildschirm oder dem Drucker ausgegeben werden (im Gegensatz zu einer Programmdatei).

ASCII art
die Kunst mit ASCII-Zeichen. In Ermangelung von grafischen Fähigkeiten wurden in den Anfängen der EDV und noch lange Zeit auch bei der DFÜ Grafiken lediglich mit ASCII-Zeichen erzeugt. Übrig geblieben sind heute eigentlich nur noch die Emoticons.
Hier ein typisches Beispiel für ASCII art:

```
 IVVVVI
 I    I
 I    I
 I (o)(o)
 C    _)
 I ,---I
 I  /
 /------\
```

ASCII-Art funktioniert übrigens oftmals nicht mit Proportionalschrift.

ASCIIbetical order
Hackerslang: eine Sortierung nicht in alphabetischer Reihenfolge, sondern in der Reihenfolge der ASCII-Zeichen-Tabelle.

aside from
außerdem

ass
das Hinterteil, der Arsch (Slang)
Emoticons hierzu: **(olo)** oder **(_I_)**

ass about (to ...)
Unfug treiben (Slang).

asshole
der Anus (Slang). Emoticon hierzu: **(o!o)**

asspeddler
Prostituierte beiderlei Geschlechts (Slang, Dirty Word)

asterisk
seltene Bezeichnung für das Zeichen „*", siehe auch „wildcard".

astray (to go ...)
sich irren (Idiom)

asynchronous
asynchron; wenn zwei Vorgänge in ihrem zeitlichen Ablauf nicht starr miteinander verbunden sind, bezeichnet man sie als asynchron. Das Gegenteil hiervon ist „synchron", siehe dort.

AT
Abkürzung für „*Attention*". Die Befehle des AT-Modem-Befehlssatzes beginnen alle mit AT.
AT ist aber auch die Abkürzung für „Advanced Technology".

at
Länderkennung in einer Internetadresse für *Österreich (Austria)*, wird auch schon mal als Abkürzung für den Ländernamen in chats benutzt.

at ease
ungezwungen

at large
in der Gesamtheit

at will
nach Belieben

AT&T
amerikanischer Hardwarehersteller, der Name AT&T ist die Abkürzung für „American Telephone and Telegraph".

at-law
gesetzlich

AT-Modem
Bezeichnung für einen Befehlsstandard. Da alle diese Befehle mit der Zeichenfolge AT beginnen, nennt man diese Sprache den AT-Standard. AT ist die Abkürzung für „Attention" und soll das Modem darauf aufmerksam machen, dass unmittelbar danach das eigentliche Kommando folgt. Nahezu jede Kommunikationssoftware unterstützt den AT-Befehlssatz mit einem entsprechenden Modem-

Treiber. Der AT-Standard unterstützt nicht nur den Kommunikationsaufbau, sondern regelt durch eine Vielzahl von Parametern die Zusammenarbeit zwischen Modem und dem PC.

atb
Akronym für „all the best", *alles Gute*.

aTdHvAaNnKcSe
Hackerslang. Die letzte Zeile einer Anfrage, bedeutet: thanks in advance, zu deutsch: *Danke im Voraus*. Alternative Schreibweise: „advTHANKSance" oder eben schlicht „thanks in advance".

atomic
Hackerslang für *„unteilbar"*. Kann auch bedeuten: ein Vorgang funktioniert im Ganzen korrekt oder überhaupt nicht.

atsl
Abkürzung für „along the same line", zu deutsch: *auf derselben Linie*

attach importance to (to ...)
auf etwas Wert legen (Idiom)

attach importance to something (to ..)
etwas Bedeutung zumessen (Idiom)

attachment
die Anhängung einer Datei an eine Nachricht.

attn
Abkürzung für „Attention", *Achtung*.

attoparsec
Abkürzung für atto-parallax second, Hackerslang. Diese „Maßeinheit" berechnet sich wie folgt:
atto ist die Vorsilbe bei der Multiplikation mit 10^{-18},
eine Parallax-Sekunde ist etwa 3,26 Lichtjahre lang. Daraus folgt:
eine attoparsec ist 3.26×10^{-18} = 3,1 cm.

au
Länderkennung in einer Internetadresse für *Australien*, wird auch schon mal als Abkürzung für den Ländernamen in chats benutzt. Siehe auch „down under". Die Australier werden schon einmal als „aussy" bezeichnet ([ossi] gesprochen).

auok?
Alles klar bei Dir?, Akronym für „are You OK?".

aussy
Slangausdruck für *die Einwohner Australiens*. Siehe hierzu auch au.

AustNet
Name eines →IRC-Netzes. Wie der Name bereits andeutet, ist Australien die Heimat dieses mittelgroßen IRC-Netzwerks. Es gibt Server in Australien, Neuseeland, Singapur und in den USA. Das AustNet ist eines der modernsten IRC-Netzwerke.
Adresse: *www.austnet.org*

Auto Call Back
Zur Verhinderung nichtautorisierter Zugriffe in ein Wählnetz gibt es Modems, die mit einer automatischen Rückruffunktion ausgestattet sind.

Auto-Dialing
Bezeichnung für die Fähigkeit eines Modems eine Teilnehmernummer wählen zu können.

autological
selbstbeschreibend, selbstdokumentierend, eine Wortschöpfung (z.B. ein Programm kann autological sein). Das Gegenteil von autological ist „heterological", siehe dort.

automagically
Kunstwort aus „automatic" und „magic", gemeint ist schon „automatisch", aber in einer Art und Weise, die jemandem ein wenig magisch vorkommt. Der Begriff wird gerne auch dann gebraucht, wenn man sich nicht die Mühe machen will, etwas genauer zu erklären. (Hackerslang)

av.
der Durchschnitt, Abkürzung für „average".

avatar
andere Bezeichnung für „superuser" bzw. „root", siehe dort.
Als „Avatar" wird jedoch auch die optische Umsetzung eines Pseudonyms in 3D-Chats (siehe dort) bezeichnet. Dies kann ein Photo des Anwenders oder einer Person, sein, die dieser gerne verkörpern möchte. Es gibt hier jedoch auch Standard-Avatare. In einem Fenster sieht man die Bilder aller Teilnehmer in einem chat-room. Die chat-Beiträge sind als Sprechblase neben dem entsprechenden Bild zu sehen. Zusätzlich lassen sich noch sogenannte Gestures (siehe dort) einsetzen, die nichts anderes als animierte Smilies sind.

awgthtgtata
Abkürzung für „are we going to have to go through all this again?", zu deutsch: *müssen wir das Ganze nun ALLES nochmal durchexerzieren?*

awhfy
ist das noch lustig? Abkürzung für „are we having fun yet" (Akronym). Manchmal auch im Sinne von „ist das noch ernst gemeint?"

awkward question (to parry an ...)
einer unliebsamen Frage ausweichen (Idiom)

awol
abwesend ohne Urlaub, Abkürzung für „absent without leave",.(Akronym)

Awol (to go ...)
Akronym für „Absence without official leave", *sich heimlich davonschleichen* (Idiom)

axe to grind (to have an ...)
(nur) seine eigenen Interessen verfolgen, ein persönliches Interesse haben (Idiom)

ayor
auf eigene Verantwortung, Abkürzung für „at your own risk". (Akronym)

B

B
Im Zusammenhang mit Ziffern könnte der Buchstabe „B" auf eine Hexadezimalzahl hinweisen (siehe hex).
Beispiel $1B_{(hex)} = 27_{(dez)}$

b&w
Abkürzung für „bells and whistles", wörtlich übersetzt: *Glocken und Pfeifen*, gemeint ist jedoch *unnötiges „Drumherum"*, Hackerslang.

B-Line for something (to make an ...)
schnurstracks auf etwas zugehen (Idiom)

b/c
Abkürzung für „because"

b/e
der Wechsel, Abkürzung für „bill of exchange".

b/o
die Filiale, Abkürzung für „branche office".

B1FF
Hackerslang für einen →newbie, der sogar zu dumm ist, BIFF richtig zu schreiben. Im „Jargon File", das als Public Domain seit 1975 ständig fortgeschrieben und ins Internet gestellt wird, steht hierzu:
EVRY BUDY LUVS GOOD OLD B1FF CUZ HE"S A K00L DOOD AN HE RITES REEL AWESUM THINGZ IN CAPITULL LETTRS LIKE THIS!!!
Typisch für einen B1FF ist beispielsweise das ständige Verwechseln von o, O und 0.

B4
vorher, zu lesen als „before"(Slang). Siehe auch Schreibweisen wie beispielsweise „U2".

B4NOW
zu lesen als „Bye for now", *vorerst mal tschüss*. Auch: bfn.

B52
Ursprünglich die Typenbezeichnung amerikanischer Langstrecken-
bomber, dann der Name für hochgesteckte Frisuren (in den 60er
Jahren). heute Name einer Kultband.

baaaz
Ausdruck für *eine leichte Verärgerung*. Die Anzahl der aaa's ist
abhänglg von dem Grad der Verärgerung. Der Gebrauch lediglich
eines „a" (baz) ist jedoch selten.

baby bells
Abfällige Bezeichnung für die (kleinen) regionalen Telefongesell-
schaften in den USA.

Babylonia
Name eines Virus (siehe dort), der sich über Chats versendet und
sich im Internet eigenständig aktualisieren kann. Er zerstört in der
Regel Dateien.

back door
Bezeichnung für ein „Loch" in einem Sicherheitssystem (Hacker-
slang), Alternative „trap door", siehe auch dort.
Backdoors werden in der Regel bewusst von Programmieren in
Software eingebaut um in bestimmten Situationen Sicherheitsabfra-
gen umgehen zu können.

back on beyond
an entfernter Stelle (Idiom)

back on topic
zurück zum Thema (Idiom)

back out (to ...)
einen Rückzieher machen (Slang)

back seat (to take a ...)
zurückhaltend sein (Idiom)

back to the drawing board
etwas neu anfangen, einen Fehler beheben (Idiom)

backbone
das Rückgrat. Gemeint ist hiermit meist ein zentraler Rechner, der u.A. in der Lage ist definitiv festzustellen, ob es sich um eine gültige oder ungültige Adresse im Netzwerk handelt.
Ein Backbone ist ebenfalls der „Hauptstrang" in einem Netzwerkverbund.

background (to do something in ...)
etwas nebenbei erledigen.

backhanded compliment
das unehrliche Kompliment (Idiom)

backroom boys
im Hintergrund arbeitende Wissenschaftler (Idiom)

backslant
seltene Bezeichnung für das Zeichen „\", den Backslash (siehe dort).

backslash
das Zeichen „\", der rückwärts geneigte Schrägstrich. Dieser wird beispielsweise zur Trennung der Pfade in der hierarchischen Dateistruktur unter MS-DOS benötigt.

backspace and overstrike
Ausruf um kundzutun, dass jemand etwas falsches getan oder gesagt hat (kommt aus den Kreisen der APL-Programmierer).
Siehe hierzu auch ^H.

backward combatability
Geringschätziger Ausdruck für *Abwärtskompatibilität* von Hardware oder Software (Hackerslang), die korrekte Bezeichnung ist „backward compatibility".
Combative heißt soviel wie streitbar.

backwhack
seltene Bezeichnung für das Zeichen „\", den Backslash, siehe dort.

bad
Abkürzung für „broken as designed", Bedeutung: ein Programm ist „bad", wenn es *schlecht gemacht* ist (Outfit, Design), weniger sind echte Fehler hiermit gemeint. (Hackerslang)

bad joint
die schlechte Verbindung (z.B. defekter Stecker)

bad luck (that's ...)
das ist Pech (Idiom)

bad news
schlechte Nachrichten oder *eine unangenehme Person* (Slang).

bad thing
die schlimme Sache, großgeschrieben (Bad Thing) handelt es sich um eine besonders schlimme Sache, die keinerlei Entschuldigung oder Nachbesserung zulässt.
Hierzu zählen beispielsweise rassistische Bemerkungen oder Kinderpornografie im Internet.

bagbiter
Schimpfwort für ein Programm, das nicht die gewünschten Features aufweist, oder einen Computer der während der Arbeit seinen Geist aufgibt, aber auch für einen User, auf den man besonders wütend ist (Hackerslang).

Baker
Wort für den Buchstaben „B" im amerikanischen Buchstabieralphabet (Phonetic Alphabet). Im deutschen Buchstabieralphabet ist dies „Berta" und international sagt man „Baltimore". Auch schon mal verwendet wird „Bravo", was aus der Zivilluftfahrt kommt.

baker's dozen
Dreizehn (Idiom)

ball is in the court (the ...)
jetzt bist du dran, jetzt bist an der Reihe (Idiom)

ball point pen
der Kugelschreiber

ballistic (to go ...)
verrückt werden, ausrasten

ballot one's members (to ...)
Mitglieder geheim abstimmen lassen (Idiom)

balls
die Hoden (Slang, Dirty Word)

bampf
Klangwort aus der Comic-Szene. Ein Hörer, der unsanft auf eine Telefongabel geschmettert wird, lässt dieses Geräusch ertönen (zumindest im Comic).
In einer weitere Bedeutung ist Bampf als Akronym zu sehen für „bad-ass mother fucker", Hackerslang, wird hier nicht übersetzt.

ban
Der Bann; gemeint ist die Möglichkeit eines Operators einzelne ICR-Clients oder ganze Domains von einem Channel zu verbannen. Die offizielle Meldung lautet dann „Sorry you are banned from channel".

banana label
Bananen - Klebeetikett, wird für Etiketten verwendet (z.B. solche für Disketten) die nicht oder nicht dauerhaft haften.

banana problem
Begriff für einen Vorgang, den jemand nicht sinnvoll zu beenden weiß. Hackerslang aus einem Comic, Zitat: ich weiß wie man eine Banane schält, aber ich weiß nie, wann ich aufhören muss.

bananas (to go ...)
aus dem Häuschen geraten, verrückt werden, durchdrehen (Idiom)

Bananentaktik
Bezeichnung für die Vorgehensweise von Softwareherstellern, ihr Produkt erst beim Kunden „reifen" zu lassen. Mit anderen Worten: der Anwender wird für die Fehlersuche eingespannt.

bandwidth
die Bandbreite (eigentlich ein technischer Begriff für den Frequenzbedarf einer Nachricht bei der Datenübertragung), wird von Hackern

aber auch für einen User gebraucht um dessen *Aufnahmefähigkeit* zu klassifizieren.

bang
anstelle eines Ausrufungszeichens kann man das Wort „bang" an einen Satz anhängen, um einer Aussage mehr Nachdruck zu verleihen. Beispiel: rtfm bang – lies endlich das verd... Handbuch !!!
„bang" ist aber auch die Bezeichnung für eine explizite Wegangabe, wie eine Nachricht (MSG) in einem Netzwerk von Rechner A zu Rechner B gelangt.

bang goes ...
und das war's, Ende und aus, (Idiom)

bang on (to ...)
Hackerslang für das *Austesten* von Hardware oder Software. Siehe auch „pound on".

bank
der Geschlechtsakt (Slang, Dirty Word)

bank on it (don't ...)
verlasse dich bloß nicht darauf (Idiom)

bankick
siehe kick

banner
Bezeichnung für den *Eröffnungsbildschirm* einer Software, meist mit dem entsprechenden Firmenlogo und den Copyrightangaben. Siehe auch „burst-page".

bar
Begriff im Hackerslang, der für alles herhalten muss, was eigentlich noch keinen Namen hat. Es gibt noch weitere Begriffe dieser Art, die oftmals dann auch gemeinsam gebraucht werden: foo, bar, baz. Man spricht hierbei von metasyntaktischen Variablen. Siehe auch metacharacter.
Beispiel in einem Gespräch: imagine two users: foo und bar. Foo calls bar and ...".

bar
Name für das Sonderzeichen „ | ".

bar fly
starker Trinker, regelmäßiger Barbesucher (Slang).

bare metal
Hackerslang für die Hardware eines Computers, ohne jegliche Software, also auch ohne Betriebssystem o.ä.

bare metal programming
das Programmieren eines Computers auf unterster Maschinenebene. Die *Programmierung in Maschinensprache*.

bare ten minutes (a ...)
knappe zehn Minuten (Idiom)

barf
widerlich, wörtlich übersetzt heißt to barf: *kotzen*. (Slang)
barf wird auch schon mal als metasyntaktische Variable benutzt, siehe auch meta-character.
Alternativer Begriff: „cough and die", siehe dort.

barfmail
eine sehr unangenehme Mail

barfucious
(Hackerslang) gleiche Bedeutung wie *barfulous*, siehe dort.

barfulous
wird von etwas behauptet, das jemanden dazu bringt, sich im übertragenen Sinne übergeben zu müssen (Hackerslang). Siehe auch „barf".

bark against the moon (to ...)
aussichtslos auf etwas schimpfen (Idiom)

Barney
metasyntaktische Variable speziell für Personen, daher anders als „foo" (siehe dort). Wer „Fred" als Variable nutzt, nimmt anschließend

„Barney". Kommt von den Flintstone-Comics: Fred Flintstone und Barney Rubble (im Deutschen: Fred Feuerstein und Barney Geröllheimer).

baroque
barock, Bezeichnung im Hackerslang für voluminöse Programme, deren Umfang in einem krassen Missverhältnis zu deren Funktionalität steht. Die Steigerung von baroque ist elephantrine bzw. monstrosity, siehe dort.

Baryon Partikel
Begriff der Startreck-Gemeinde. Baryon Partikel entstehen nach deren Verständnis beim überlichtschnellen Raumflug und sammeln sich in Raumschiffen, wo sie regelmäßig entfernt werden müssen. Gemeint ist hier *Datenmüll auf der Festplatte.*

bas!
sei ein netter Kerl, Abkürzung für „be a sportsman" (Akronym).

bash
seltene Bezeichnung für das Zeichen „\", den Backslash, siehe dort.

basinful (to have got a ...)
eine Menge Probleme haben (Idiom)

bastion host
Bollwerk (techspeak). Ein Computer, der den Datenaustausch zwischen einem privaten LAN und dem Internet kontrolliert. Er dient in erster Linie zum Schutz der Unternehmensdaten vor fremden Zugriff über das Internet hereinkommend und protokolliert auch alle ausgehenden Anfragen.

batch
der Stapel, auch Abkürzung für *Batchprogramm*. Im Hackerslang bedeutet batch soviel wie *nicht interaktiv*, in Anlehnung an ein Batchprogramm (die Stapelverarbeitung). Programme die „batch" sind lassen beispielsweise keine Eingriffe des Anwenders zu.

batch mode
die Stapelverarbeitung, im Hackerslang arbeitet jemand im „batch mode", wenn er sture, stupide Arbeiten ausführt.

batch total
die Zwischensumme

bathtub curve
Allgemeine Bezeichnung für die grafische Darstellung (Kurve) der Ausfälle von Computersystemen in Abhängigkeit von der Zeit. Anfänglich ist die Ausfallrate extrem hoch, geht dann gegen Null, um anschließend wieder steil anzusteigen. Sie ähnelt damit dem Querschnittsprofil einer Badewanne (Hackerslang).

Baud
(bd) Einheit aus der Nachrichtentechnik, benannt nach Jean Baudot (1845-1903), einem französischen Fernmeldeingenieur. Dieser erfand 1874 einen mit Codeworten gleicher Länge codierten elektrischen Telegraphen.Das hiervon abgeleitete Maß „Baud" gibt die Schrittgeschwindigkeit in der Nachrichtenübermittlung (also der Datenübertragung) an. 1 Baud entspricht dabei einem Schritt pro Sekunde. Sinngemäß ergibt sich ein Kilobaud zu 1000 Schritten pro Sekunde. Bei der Übertragung von Binärzahlen, was beim Computer die Regel ist, gilt: 1 Baud = 1 bps (bit per second) sofern es sich um eine einzige Leitung handelt. Dieser Wert entspricht aber noch keinem vollständigen Zeichen, da diese in der Regel mit Bytes (also 8 bits) kodiert sind. Die Übertragung eines Zeichens dauert also etwa 8 mal so lange.

baud barf
Bezeichnung für den *Datenmüll*, den man erhält, wenn beispielsweise Modemeinstellungen inkorrekt sind (Hackerslang). Siehe auch „barf".

baw
Abkürzung für „bells and whistles", wörtlich übersetzt: *Glocken und Pfeifen*, gemeint sind im Slang: *„unnötiges Drumherum"* (Akronym).

baz
Begriff im Hackerslang, der für alles herhalten muss, was eigentlich noch keinen Namen hat. Es gibt noch weitere Begriffe dieser Art, die oftmals dann auch gemeinsam gebraucht werden: foo, bar, baz. Man spricht hierbei von metasyntaktischen Variablen. Siehe auch „bar" bzw. „meta-character".

bbiab
Abkürzung für „be back in a bit", zu deutsch: *bin gleich zurück*

bbiab
Akronym für „be back in a bit", *bin sofort wieder da.*

bbl
bin später wieder zurück, Abkürzung für „be back later", (Slang).

bboard
Abkürzung für *Bulletin Board*, siehe dort (Slang).

BBS
das schwarze Brett, Abkürzung für „Bulletin Board System". Im Internet (siehe dort) ist ein BBS ein computergestütztes und meist frei zugängliches Nachrichten- und Telekonferenzsystem. Hier lassen sich Nachrichten hinterlegen und von anderen Usern abgelegte Nachrichten abrufen.

bc
veraltet, Abkürzung für „before Christ", zu deutsch eigentlich: „vor Christus". Veraltete Software oder Systeme erhalten gerne einen solchen Zusatz (Slang)

bcnu
auf Wiedersehen, Abkürzung für „be seeing you!", (Slang)

BDSG (deutsch)
Abkürzung für „*Bundesdatenschutzgesetz*".

be
Länderkennung in einer Internetadresse für *Belgien*, wird auch schon mal als Abkürzung für den Ländernamen selbst in chats benutzt.

be in a fix (to ...)
in der Patsche sitzen (Idiom)

beam (to ...)
Hackerslang für den elektronischen Datentransport, kommt von dem schon klassischen Ausspruch aus den Star Trek Filmen: „beam me up, Scotty!".

bear company
Gesellschaft leisten

beast of a thousand processes
Hackerslang für das *Internet* (siehe dort).

beat about the bush (to ...)
auf den Busch klopfen (Idiom)

beat off (to ...)
onanieren (Slang, Dirty Word)

beaver
das weibliche Geschlechtsteil (Slang, Dirty Word)

become fond of (to ...)
lieb gewinnen (Idiom)

beep
„*Piep*", gemeint ist der Signalton eines Computers.

beg the question (to ...)
einer Frage ausweichen oder eine Auseinandersetzung um etwas führen, das eigentlich eine Tatsache ist (Idiom)

beg your pardon!
Entschuldigung

beg your pardon?
wie bitte?

behave yourself!
benimm dich!

behind the scenes
hinter den Kulissen (Idiom)

behind the times
rückständig (Idiom)

beige toaster
Abfällige Bezeichnung für einen *Macintosh-Computer* (Hackerslang). Der Name enthält zwei Anspielungen: zum einen die Farbe (beige) des Gehäuses der ersten Modelle, zum anderen erinnerten die Auswurfschlitze für die Disketten denen eines Toasters – zumindest sehen das die Hacker so.

bell
das ASCII-Zeichen 7, Control-G.

bells and whistles
wörtlich übersetzt: *Glocken und Pfeifen*, gemeint ist jedoch *unnötiges „Drumherum"*, Hackerslang.

bells, whistles and gongs
Steigerung von „bells and whistles", Hackerslang.

below one's breath
etwas flüstern (Idiom)

benchmark
Maßeinheit für die Verarbeitungsgeschwindigkeit eines Computers, die sich jedoch nicht unbedingt sehr genau ermitteln lässt und daher in Verruf gekommen ist. Der Hacker sagt: es gibt drei Arten zu lügen: lies, damn lies and benchmarks. Der Begriff Benchmark kommt nicht aus dem Hackerslang.

benchmark problem
das Bewertungsproblem

berklix
Bezeichnung für *„Berkeley UNIX"*, Hackerslang. Siehe „unix".

beside the mark (this is ...)
das hat nichts mit dem Thema zu tun (Idiom)

beside the point (that's ...)
das ist eine andere Geschichte, das gehört nicht zur Sache, dies tut nichts zur Sache (Idiom)

best of my belief (to the ...)
ich bin der festen Überzeugung (Idiom)

best of one's knowledge (to the ...)
nach bestem Wissen und Gewissen (Idiom)

bet your boots
verlass dich drauf (Idiom)

beta
Software durchläuft in der Regel zwei Teststadien: eine Alpha- und eine Beta-Testphase. Während die erstere im Softwarehaus selbst durchgeführt wird, findet der Betatest außer Haus statt, oftmals durch firmenfremde Personen wie beispielsweise Fachredakteure.
Hacker benutzen den Begriff „beta" jedoch für alles was sich in irgend einer Weise als „im Test befindlich" definieren lässt.

Betazoide
Begriff der Startreck-Gemeinde. Gemeint sind Bewohner des Planeten Betazed, deren telepathische Fähigkeit in der Pubertät entwickelt wird. Weibliche Betazoiden mittleren Alters durchlaufen angeblich eine Phase ernorm gesteigerter sexueller Triebe.

betreten (deutsch)
Das *Einloggen* in einen laufenden Chat nennt man auch „betreten".

Better Manually (It's ...)
Synonym im Hackerslang für die Firma *IBM* (eigentlich die Abkürzung für: International Business Machines).

better of someone (to get the ...)
jemanden übers Ohr hauen (Idiom)

Betty Martin (all my eye and ...)
Unsinn verzapfen (Idiom)

Between Malfunctioning (It's ...)
Synonym im Hackerslang für die Firma *IBM* (eigentlich die Abkürzung für: International Business Machines).

between me, you and the gatepost
unter uns gesagt (Idiom)

between you and me
unter uns gesagt (Idiom)

betwixt and between
in der Mitte (Idiom)

beyond doubt
zweifellos (Idiom)

beyond my depth (this is ...)
das geht über meinen Horizont (Idiom)

beyond question
außer Zweifel

beyond the pale
nicht akzeptabel (Idiom)

BF
Abkürzung für „boyfriend", *der Freund.*

bfhd
Abkürzung für „big fat hairy deal", zu deutsch: *sehr haarige Angelegenheit* (a la Kater Garfield)

bfn
tschüss für heute, (Akronym) Abkürzung für „bye for now"

bg
Abkürzung für „big grin", *breites Grinsen, belächeln*, im Gegensatz zum „small grin" stärker. Es kann sowohl die Aussage eines anderen Teilnehmers belächelt, werden, als auch die eigene. Im letzten Fall kann man einen Kommentar als humorvoll, oder ironisch kennzeichnen. Emoticon hierzu **:-))))**
Siehe auch <g> bzw. <G>.

bg ist aber auch eine Länderkennung in einer Internetadresse für *Bulgarien*, wird auch schon mal als Abkürzung für den Ländernamen in chats benutzt.

bible
die Bibel, gemeint ist im Hackerslang beispielsweise das Referenzhandbuch des Betriebssystems oder eines wichtigen Programmes.

BiCapitalization
Hackerslang für Großbuchstaben innerhalb Produktnamen wie beispielsweise in CompuServe oder NetWare. NeXt, FrameMaker usw. Vergleiche mit „upper case", „versalien" und „studlycaps".

Bierdeckel (deutsch)
humoristische Bezeichnung für eine CD-ROM, deren Inhalt mehr Masse als Klasse darstellt. Sie eignet sich nur noch als Unterlage für ein Bierglas.

biff (to ...)
eine eingehende Nachricht ankündigen (Hackerslang). Biff ist im englischsprachigen Raum zudem ein geläufiger Hundename, und Hunde bellen bekanntlich, wenn der Briefträger kommt. Sie kündigen damit an, dass Post kommt.

big blit
großer Blitz. Hiermit wird der schnelle Transfer einer großen Datenmenge bezeichnet (Hackerslang).

big blue
Hackerslang für die Firma *IBM*, siehe auch „mother blue".

big endian
veraltete Bezeichnung für eine andere Adressierungsart, als die im Internet (siehe dort) übliche. Hierbei wurde die Reihenfolge der Adressierungselemente umgekehrt.

big grey wall
Hackerslang für Handbücher und Programmdokumentationen, die so umfangreich sind, dass sie den Anwender zunächst vor einer großen Wand stehen lassen. Der Begriff lässt sich auf den Einband der Handbücher von VMS-Rechnern zurückführen. Diese waren zunächst orange, später blau und für die Version 5 grau und vor allen Dingen recht umfangreich.

big grin
breites Grinsen, belächeln, im Gegensatz zum „small grin" stärker. Es kann sowohl die Aussage eines anderen Teilnehmers belächelt, werden, als auch die eigene. Im letzten Fall kann man einen Kommentar als humorvoll, oder ironisch kennzeichnen. Siehe auch <G>. Emoticon hierzu **:-))))**

big iron
das große Eisen, Hackerslang für ältere Hardware (selten) aber auch für neuere Supercomputer, in jedem Fall aber für große, raumfüllende Maschinen.

big money
Alternative Bezeichnung im Hackerslang für das Zeichen „$ ".

big mouth (to have a ...)
Sprüche klopfen (Idiom)

big production of ...(to make ...)
viel Aufhebens machen wegen ... (Idiom)

big red switch
der große rote Schalter, gemeint ist der *Netzschalter* des Computers. Die ersten IBM-PC's hatten einen auffallend großen roten Netzschalter. Wenn jemand aufgefordert wird, den big red switch zu betätigen, kann das bedeuten: *gib doch auf*.
Es kann den Angesprochenen auch sehr abwertend als Anfänger hinstellen, wenn man ihm den Netzschalter auf diese Art erklärt.

big room
Hackerslang für *draußen*. Da ein Hacker von morgens bis abends und vor allen Dingen auch nachts vor seinem Computer sitzt, kennt er nur sein Zimmer. Die übrige Welt ist „das große Zimmer.

big wheel
eine starke Persönlichkeit, (Slang) siehe auch „wheel".

big-wig
die große Nummer (Idiom)

Big7
Bezeichnung für die *sieben großen* Gruppenhierarchien im Usenet: comp, sci, misc, soc, talk, news und rec, (siehe jeweils dort).

bigblt
der große Blitz, Kurzform von „big blit", der schnelle Transfer einer großen Datenmenge, oftmals auch „big blit".

bignum
große Zahlen (z.B. unsinnig große Zahlen). Abkürzung für „big numbers". Im Zusammenhang mit manchen Programmiersprachen sind auch Zahlen >32000 gemeint.

bigot
Bezeichnung (Hackerslang) für einen User, der sich fanatisch einem Programm, einem Computertyp oder einer Herstellerfirma verschrieben hat. In fast schon religiöser Weise verherrlicht und verteidigt er das Produkt gegen anders denkende.

billy boy
Slang für *Kondom*, siehe „condom"

Biofilter
Begriff der Startreck-Gemeinde, gemeint sind *Antivirenprogramme*. Biofilter untersuchen zu beamende Objekte auf Mikroben und ähnliches um einer Verseuchung vorzubeugen.

bion
glaube es oder lass es sein, Abkürzung für „believe it or not" (Akronym)

bird-brained
unsinnig, Spatzenhirn! (Idiom)

birds of feather flock together
Leute mit gleicher Einstellung, Gleichgesinnte (Idiom)

bit
Abkürzung für „binary digit", die kleinste von einem Computer darstellbare Einheit. 8 bits sind ein Byte (siehe dort).
Umgangssprachlich wird „bit" auch ganz allgemein für *Informationen* aus dem Bereich der Computer gebraucht, Beispiel: „ich brauche ein paar bits über dieses neue Modell".

bit bashing
Hackerslang für die Programmierung auf Maschinenebene mit der Manipulation einzelner Bits, Flags oder Nibbels. Eine Alternative hierzu ist der Begriff „bit diddling", siehe dort.

bit bucket
der „Bit-Schlucker", wenn Bits beispielsweise bei einer Datenübertragung verloren gehen, landen sie im sogenannten bit-bucket, dem „schwarzen Loch", so sagt man jedenfalls (Hackerslang).
Siehe auch „black hole".

bit decay
die Bit-Fäule, der Bit-Zerfall, wenn beispielsweise ein Programm aus irgendwelchen Gründen nicht mehr läuft, obwohl es zuvor einwandfrei arbeitete und eigentlich keine Änderung vorgenommen wurde, sagt man, dass seine Bits am verfallen sind (Hackerslang) in Anlehnung an den Begriff „particle decay", vergleiche auch „bit rot".

bit diddling
Hackerslang für die Programmierung auf Maschinenebene mit der Manipulation einzelner Bits, Flags oder Nibbels. Eine Alternative hierzu ist der Begriff „bit bashing", siehe dort.

bit hose
Hackerslang für *dickes Kabel*. Auch „etherhose", wenn es ein Ethernet-Kabel ist.

bit rot
die Bit-Verrottung; wenn beispielsweise ein Programm aus irgendwelchen Gründen nicht mehr läuft, obwohl es zuvor einwandfrei arbeitete und keine Änderung vorgenommen wurde, sagt man, dass seine Bits am verrotten sind (Hackerslang). Siehe auch „bit decay".

bit twiddling
Hackerslang für die Programmierung auf Maschinenebene mit der Manipulation einzelner Bits, Flags oder Nibbels. Eine Alternative hierzu ist der Begriff „bit bashing", siehe dort.

bit-blitting
Bezeichnung für das *punktweise Kopieren* eines Bildausschnittes auf einen anderen Bildschirmbereich.

bit-player (he is a ...)
er ist ein Schauspieler für kleinere Rollen (Idiom)

bitblt
Abkürzung für „bit block transfer", die *Übertragung großer Datenmengen*. Wird im Hackerslang auch als Verb gebraucht.

bite my ass
das Zitat von Götz von Berlichingen.

bite the dust (to ...)
draufgehen, ins Gras beißen (Idiom)
Emoticon hierzu: **8-#**   Tod. Bei der DFÜ ist ein User schon „tot", wenn keine Daten mehr fließen.

bite the hand that feeds you (to ...)
den Ast absägen, auf dem man sitzt (Idiom)

Bitnet
Akronym für „Because It's Time - Network". Von IBM errichtetes und unterhaltenes Netzwerk für Universitäten und Forschungsstätten.

Das BITNET Relay war das Chat-System der 80'er Jahre und das Vorbild für das Internet Relay Chat. Nachrichten werden durch sog. Relays (im IRC sind es die Server) verteilt. Wer heute noch am BITNET Relay teilnehmen möchte, benötigt dafür einen BITNET-Zugang.

bits
die Informationen, siehe auch „bit". Vorwiegend sind hiermit Informationen in elektronischer Form (also beispielsweise auf Diskette) gemeint. Beispiel: „ich brauche mehr bits über diese Firma"

bitty box
der Kleincomputer, gemeint sind frühere *Homecomputer* wie beispielsweise Atari, Osborn, Sinclair, VIC-20, TSR-80 und auch die ersten IBM-PCs sind bitty boxes (Hackerslang).

bixie
anderer Name für Emoticons (siehe dort). Bixies unterscheiden sich von den Emoticons in erster Linie dadurch, dass sich nicht wie diese um 90° gedreht interpretiert werden müssen. Beispiele:

<@_@>	Smiley (mit zwei großen Augen),
"|"	User schläft,
°v°	ich verstehe,
°_°	ich bin sprachlos

black as your hat (as ...)
pechschwarz

black books (to be in one's ...)
bei jemandem schlecht angeschrieben sein (Idiom)

black hole
das schwarze Loch, wenn Teile einer Nachricht aus unerklärliche Weise bei der Übertragung verloren gehen, so spricht der Hacker vom schwarzen Loch, welches sie wohl aufgenommen haben muss.

black magic
die schwarze Magie, allgemeine Bezeichnung für eine funktionierende Technik, die jedoch niemand so richtig versteht (Hackerslang).

blackball
jemanden erpressen (Slang)

blacklist
Wahlsperre (techspeak) Bezeichnung einer Sicherheitsvorkehrung die von der Deutschen Telekom für Modems vorgeschrieben wird. Sie soll verhindern, dass ein Modem im Dauerwählbetrieb eine Leitung über längere Zeit blockiert.

blank
das Leerzeichen, ursprünglich aus der Lochkartentechnik. Eine Spalte der Lochkarte, die kein Zeichen enthielt blieb „blank".

blarney (it's all ...)
alles blah blah ... (Slang)

blast (to ...)
eine große Menge von Daten, die im Netzwerk auf die Reise gehen (Hackerslang).

blat (to ...)
Alternative Schreibweise zu „blast", siehe dort.

blatherer (a big ...)
einer großer Schwätzer, Dummschwätzer, jemand der Bildschirmseiten füllen kann, ohne eine Aussage zu machen oder jemand der einer Antwort immer die komplette Ausgangsfrage voranstellt. Die eigentliche Antwort ist dann um so kürzer und uninteressanter.

blaze a trail (to ...)
einen neuen Trend setzen (Idiom)

bleep
„Piep", gemeint ist der Signalton eines Computers, Hackerslang.

blessing in disguise
etwas offensichtlich Negatives, das sich aber als positiv erweist (Idiom)

bletch (to ...)
Alternative zu „barf", siehe dort.
Abgeleitet aus dem Jiddischen „brechen" (sich übergeben). Hackerslang, oftmals benutzt als „Ugh, bletch".

bletcherous
quallig, ekelig, eine Hardware oder Software kann bletcherous sein, wenn die Bedienung nicht nur umständlich ist, sondern auch Überwindung kostet (Hackerslang).

blind alley
die Sackgasse (Idiom)

blind as a bat (as ...)
stockblind sein (Idiom), Emoticon hierzu:
B-I   Blindenbrille

blind carbon copy
die Absenderkennzeichnung einer E-Mail oder eines Rundschreibens, bei dem die Eintragung im Kopf der Nachricht gelöscht ist, so dass kein Empfänger weiß, welche Teilnehmer außer ihm diese Nachricht erhalten.

blind impulse
einer plötzlichen Eingebung folgend (Idiom)

blink
Hackerslang für die offline-Benutzung eines Navigators zur Minimierung der Online-Kosten.

blinkenlights (deutsch/englisch)
die Kontrollleuchten (Hackerslang), ganz bewusst in Anlehnung an die deutsche Sprache. Der Begriff geht auf ein englisches Plakat in Pseudo-deutscher Sprache zurück mit folgendem Satz:
„ACHTUNG! ALLES LOOKENSPEEPERS! Das computermachine ist nicht fuer gefingerpoken und mittengrabben. Ist easy schnappen der springenwerk, blowenfusen und poppencorken mit spitzensparken. Ist nicht fuer gewerken bei das dumpkopfen. Das rubbernecken sichtseeren keepen das cotten-pickenen hans in das pockets muss; relaxen und watchen das blinkenlichten."

Die Version deutscher Hacker lautete dann so:
„ATTENTION. This room is fullfilled with special electronische equippment. Fingergrabbing and pressing the cnoeppkes from the computers is allowed for die experts only! So all the "lefthanders" stay away and do not disturb the brainstorming von here working intelligencies. Otherwise you will be out thrown and kicked anderswhere! Also: please keep still and only watch astaunished the blinkenlights."

blit (to ...)
Hackerslang für das *Verschieben größerer Datenmengen* innerhalb des Computers (z.B. von der Festplatte in den Hauptspeicher), siehe auch „big blit".

blivet
Hackerslang mit vielen unterschiedlichen Bedeutungen: bezogen auf Hardware ist ein „blivet" beispielsweise ein Bauteil, das sich nicht reparieren oder austauschen lässt, wenn es ausfällt. Bezogen auf Software ist eine heimtückische Fehlfunktion gemeint, die beispielsweise nur dann auftritt, wenn es ganz besonders störend ist: z.B. bei der Vorführung eines Programmes.

BLOB
Akronym für „Binary Large OBject", Hackerslang für große zusammenhängende Datenmengen, die gespeichert werden müssen, wie beispielsweise Bilddaten oder Soundfiles. Als Verb gebraucht, meint „to blob", eine große Datenmenge versenden – nicht selten in boshafter Absicht.

block on (to ...)
auf etwas warten, Hackerslang

blockhead (to be a ...)
ein Brett vor dem Kopf haben (Idiom)

bloody
verdammt (Slang)

blow a fuse (to ...)
die Geduld verlieren (Idiom)

blow away (to ...)
wegblasen, das (versehentliche) Löschen von Dateien, beispielsweise durch ein ungewolltes Formatieren des Datenträgers, Hackerslang.

blow it
eine Chance verspielen (Slang)

blow job
Gemeint ist *Fellatio* (Slang, Dirty Word)

blow the expense
koste es was es wolle (Idiom)

blow the gaff (to ...)
die Katze aus dem Sack lassen (Idiom)

blt (to ...)
Hackerslang für das Verschieben größerer Datenmengen innerhalb des Computers (z.B. von der Festplatte in den Hauptspeicher), Synonym für „to blit", siehe dort.

blue boxing
Bezeichnung für eine illegale Methode der Umgehung von Telefongebühren, Hackerslang.

blue moon (once in a ...)
alle Jubeljahre, selten (Idiom)

blue movie
der Pornofilm (Slang).

blue murder (to yell ...)
Zeter und Mordio schreien (Idiom)

blue pencil
Bezeichnung für Markierungen auf dem Bildschirm, die nicht für den Ausdruck (auf Papier) gedacht sind, sondern nur Orientierungen für den Benutzer darstellen.

blue wire
(Hackerslang) Bezeichnung für nachträgliche Korrekturen gedruckter elektronischer Platinen in Form von Überbrückungskabeln.

blueprint
die Blaupause, der Entwurf

blurgle
eine weitere metasyntaktische Variable wie „foo". Siehe auch metacharacter. Wird verwendet für Begriffe oder Text, der sowieso klar oder aus dem Kontext bekannt ist. In etwa vergleichbar mit „bla bla ..." aus dem Deutschen. Auch „blurgle" wird oftmals wiederholt.

BNFSCD
Abkürzung für „But Now For Something Completely Different", *nun zu etwas ganz anderem*.

boa
Hackerslang für Kabel, die sich nicht ohne weiteres gerade verlegen lassen, sie winden sich wie eine Schlange oder ein Halspelz.

board
Kurzform für „electronic circuit board", die *Leiterplatte*. Oftmals sind die Hauptplatine (motherboard) oder Erweiterungssteckkarten für den PC gemeint.

boat anchor
der Anker, gemeint ist ein unwiderruflich zerstörtes Hardwarebauteil oder eine Person, die lediglich im Wege steht (Hackerslang).

bobbit
Oftmals gebraucht als Platzhalter für ausgelassenen Text in einer →followup (die Antwort auf eine Nachricht). Schreibweise: <bobbit>

bodysurf code
Hackerslang für ein schnell gemachtes, nicht durchdachtes Programm.

bof
Gleichgesinnte, Abkürzung für „birds of a feather". Eine bof-session ist beispielsweise eine Zusammenkunft gleichgesinnter Teilnehmer. Vorsicht: Je nach Kontext kann etwas ganz anderes gemeint sein: bof kann auch als Abkürzung für „boring old fart" stehen, was dann soviel heißt wie *langweiliger alter Furz*.

bofh
Akronym für „bastard operator from hell", Hackerslang. Bezeichnung für Systemadministratoren, die absolut intolerant gegenüber →lusern sind.

bogged down
etwas zurückhalten, nicht weitermachen können (Idiom)

bogon
Bezeichnung im Hackerslang für jemanden, der dummes Zeug (bogus) spricht. Emoticon hierzu **:=0**
Auch: unsinnige Datenpakete in einem Netzwerk.

bogon filter
Bezeichnung für den mehr oder weniger erfolgreichen Versuch „bogon" (siehe dort) aus dem Datenstrom herauszufiltern.

bogon flux
Maßeinheit im Hackerslang für die Menge von „bogon" (siehe dort), die ein User von sich gibt.

bogue out (to ...)
unerwartet bogus (siehe dort) werden, Hackerslang.

bogus
Bezeichnung für „*falsch, unsinnig, unglaubwürdig*". Bogus bedeutet etwa soviel wie *Hokuspokus*.

boiling with anger
vor Wut kochen, außer sich sein vor Wut (Idiom)

boink (to ...)
Sex haben (Slang), kann aber auch bedeuten sich das erste mal im *real life* treffen, wenn man sich über das Netz kennen gelernt hat. Der Begriff kommt von den so genannten „Boinkon"-Parties.

bolt from the blue (like a ...)
wie ein Blitz aus heiterem Himmel, völlig unerwartet (Idiom)

bomb (to ...)
anderer Begriff für „crashen", siehe dort; Hackerslang.

bone of contention
die Ursache einer Meinungsverschiedenheit (Idiom)

bone to pick
ein Hühnchen rupfen, eine Rechnung begleichen (Idiom)

boobs
die Brüste (Slang, Dirty Word)
Emoticon hierzu: **(o)(o)**

booze (to ...)
Alkohol (trinken)

boss the show (to ...)
eine Sache schmeißen (Idiom)

bot
Kurzform für „robot". Bots werden im IRC eingesetzt, um Kanäle dauernd besetzt zu halten und um die OPs von der Arbeit zu entlasten. Außerdem sind sie häufig Wächter gegen Angriffe von War Scripts. Bots erscheinen als ganz normale IRC-Benutzer auf dem Kanal und können auch Op-Status erhalten. IRC ist es egal, ob hinter einem angemeldeten Benutzer tatsächlich ein echter Mensch steckt oder nicht.
Auf vielen Kanälen überwachen Bots den Kanal auf verbotene Dinge. Beispielsweise können sie auf Schlüsselworte reagieren und etwa Benutzer "kicken", die Software oder Bilder tauschen wollen, wenn dies auf dem Kanal nicht erwünscht ist. Die vielleicht wichtigste Anwendung für einen Bot als Channel-Op ist es, den Kanal einfach

besetzt zu halten und alle Leute, und nur die, mit Op-Status zu versehen, die in einer internen Liste des Bots als reguläre Channel-Ops geführt werden.

bot
zurück zum Thema, Abkürzung für „back on topic" (Akronym).

bottleneck
der Flaschenhals, gemeint ist eigentlich der Engpass in einem System. Dies können überlastete Leitungen sein oder auch zu langsam arbeitende Server oder Modems.

bought it on the never-never (to ...)
auf Raten gekauft (Idiom)

bounce message
eine Nachricht, die nicht zugestellt werden kann.

bow out (to ...)
sich von etwas zurückziehen (Slang)

box
Hackerslang für *Computer*. Im Deutschen gibt es eine ganze Reihe weiterer phantasievoller Namen: Gurke, Eimer, Erbse usw.

boxed comments
Kommentare, die durch Einrahmungen hervorgehoben werden.
Beispiel:
```
****************************************
*                                      *
*            Welcome                   *
*                                      *
****************************************
```

boxology
Hackerslang für aus ASCII-Zeichen zusammengesetzte Grafiken.
Siehe auch ASCII-art.

boys' room (to go to the ...)
zur Toilette gehen (Slang), im Deutschen sagt man interessanterweise „für kleine Mädchen".

bozotic (to be ...)
blöde sein, es kann auch „bozolike" heißen. In beiden Fällen stammt die Bezeichnung von dem Clown namens Bozo einer Fernsehserie in den USA. Hierzu gibt es auch ein Emoticon
*:o)

bq
außer Zweifel, Abkürzung für „beyond question" (Akronym).

br
Länderkennung in einer Internetadresse für *Brasilien*, wird auch schon mal als Abkürzung für den Ländernamen in chats benutzt.

brain dump
Bezeichnung für den Vorgang, wenn jemand zu einem Thema alles erzählt, was er weiß (auch wenn es niemand hören will).
Dieser Begriff aus dem Hackerslang ist von dem technischen Ausdruck des „hex dump" abgeleitet.

brain fart
das Ergebnis eines Denkfehlers (→braino). „fart" heißt übrigens *Furz*. (Hackerslang)

braino
der Denkfehler (Slang), Vergleiche mouse, typo, thinko.

BrasIRC
Name eines →IRC-Netzes. Rund 50 Server in Brasilien und einer in Florida bilden dieses brasilianische IRC-Netzwerk. Ohne portugiesische oder wenigstens spanische Sprachkenntnisse kommt man hier allerdings nicht weit.
Adresse: *www.brasirc.com.br*

brass tacks (to get down to ...)
zurück zur Realität kommen (Idiom)

Bravo
siehe Baker

brb
bin gleich wieder da, Abkürzung für „be right back" (Akronym). Entschuldigung vor einer kurzen Unterbrechung eines Chats.

break break
dringender Ausruf, zur *Unterbrechung* eines Chat. Typisches Beispiel für die Unterstreichung eines Anliegens durch Wortwiederholungen. Dies kann auch mehr als nur zweimal sein.

break fresh ground (to ...)
etwas Neuartiges tun (Idiom)

breast the waves (to ...)
gegen den Strom schwimmen (Idiom)

brennen (deutsch)
(techspeak) Bezeichnung für das Beschreiben von CD-Rs, also das Einspeichern von Informationen in einen optischen Datenträger bzw. Speicher. Die Bezeichnung für ein schreibfähiges CD-Laufwerk ist demnach Brenner. Geschrieben wird mit Hilfe des Laserstrahls, der die Informationen „einbrennt".

Brett (deutsch)
Kurzform für ein öffentliches *„schwarzes Brett"* zum Nachrichtenaustausch (Zerberus). In anderen Netzen spricht man von Echo, Gruppe oder Newsgroup (siehe dort).

brick (to be a ...)
ein Prachtkerl sein (Idiom)

brick short of a load (a ...)
knapp verfehlt (Idiom)

bright as a button (to be ...)
ganz schön helle sein (Idiom)

bring about (to ...)
zustande bringen (Idiom)

bring home the bacon (to ...)
sich bezahlt machen (Idiom)

bring to book (to ...)
zur Rechenschaft ziehen (Idiom)

broad
eine Frau, ein Mädchen (Slang, abwertend)

broad hint (to give a ...)
mit dem Zaunpfahl winken (Idiom)

broad view (to take a ...)
eine großzügige Auffassung vertreten (Idiom)

broad-minded (to be ...)
tolerant sein (Idiom)

broadcast storm
tritt ein, wenn ein fehlerhaftes Datenpaket (siehe dort) viele hosts dazu bringt, gleichzeitig zu antworten.

broadcasting
die Verbreitung, die Verteilung (von Nachrichten).

broadly speaking
ganz allgemein gesagt (Idiom)

brochureware
Bezeichnung (Hackerslang) für geplante, aber (noch) nicht existente Produkte (Hardware, Software). Wenigstens gibt es aber schon einmal Broschüren, in denen das Produkt beworben wird. Vergleiche hierzu auch „vapoware".

broke (to be ...)
abgebrannt sein (Idiom)

broken reed (he is a ...)
auf ihn kann man nicht zählen (Idiom)

Broken Windows
Hackerslang für „Open Windows".

broket
Bezeichnung für eines der Zeichen „ < " bzw. „ > ", wenn sie als *Klammern* benutzt werden. Eigentlich sind dies überhaupt keine Klammern, sondern die mathematischen Zeichen für „kleiner als", bzw. „größer als". Siehe auch „angle brackets".

Bros.
Abkürzung für „*brothers*" in Firmenbezeichnungen (Gebrüder).

browned off (to be ...)
die Nase voll haben (Idiom)
Emoticon hierzu: **:^)**

browser
Hilfsmittel (to browse = schmökern), wie sie im Internet vorkommen. Diese erlauben das flüchtige Durchsehen von Datenbeständen am Bildschirm. Man sieht nicht nur die nackten Texte, sondern auch die dazugehörigen Zusatzinformationen und Hinweise auf weiterführende Knoten.

BRS
Abkürzung für „big red switch", zu deutsch: *„großer roter Schalter"*, gemeint ist der Netzschalter des Computers. Die ersten IBM-PC's hatten einen auffallend großen roten Netzschalter. BRS kann soviel bedeuten wie „schalt besser aus".

brute force
die brutale Gewalt. Es gibt brute force - Methoden oder Programme, die beispielsweise ein Problem durch gnadenloses Ausprobieren zu lösen versuchen.

BS (deutsch)
Abkürzung für „*Betriebssystem*", entspricht der Abkürzung OS (= Operating System) im Englischen.

bta
Abkürzung für „but then again", zu deutsch: *dann allerdings wieder*

btaim
Abkürzung für „be that as it may".

btobd
Abkürzung für „be there or be dead", zu deutsch: *bleib' da oder du bist tot*. Nicht wörtlich, aber doch ernst zu nehmende Drohung, denn bei der DFÜ ist ein User schon „tot", wenn keine Daten mehr fließen. Emoticon hierzu **8-#**

btobs
Abkürzung für „be there or be square", zu deutsch: *bleib' da oder du bis platt* (quadratisch), *sei da oder lass es,* ähnlich wie „btobd", Hackerslang.

btt
Abkürzung für „behind the times", *rückständig sein* (Idiom).

btw
übrigens, nebenbei gesagt, Abkürzung für „by the way" (Akronym).

BUAF
Abkürzung für „Big Ugly ASCII Font", so wie sie von ältesten DOS-Programmen für Überschriften oder Programmnamen verwendet wurde:

Bubblejet
Name eines Tintenstrahldruckers der Fa. Canon. Gleichzeitig wird damit eine Technik bezeichnet die eben bei diesen Druckern eingesetzt wird. Beim Bubblejet wird wie bei Nadel- oder herkömmlichen

Tintenstrahldruckern jedes Zeichen aus einzelnen Punkten, also einer Matrix zusammengesetzt. Das Bubblejetprinzip basiert auf einem physikalischen Phänomen: bei dem Erhitzen der Tinte entstehen immer kleine Blasen (bubbles).

Büchse (deutsch)
Im deutschen Hackerslang ist der *Computer* eine „Büchse". Andere Bezeichnungen sind Kiste, Eimer, Gurke oder Erbse.
Siehe auch „box".

buck
Alternative Bezeichnung im Hackerslang für das Zeichen „$ ".
Mit „bucks" sind in der Regel Dollars gemeint.

bucket
Bezeichnung für „das schwarze Loch, in dem die Bits verschwinden".
Siehe auch „bit bucket", Hackerslang.

bucky bits
Hackerslang für die Reserven, die als letzte Rettung mobilisiert werden können. Ursprünglich waren „bucky bits" diejenigen Bits, die die durch Tastenkombinationen erzeugten Zeichen repräsentieren. Mit Shift-, Control-, Alt-, und AltGr-Taste kann man ebenfalls auf eine große „Reserve" an Zeichen zugreifen.

buffer chuck
eine Variante des →buffer overflow

buffer overflow
der Zwischenspeicher-Überlauf, dieser eigentlich technische Begriff wird im Hackerslang auch im Zusammenhang mit Personen benutzt, beispielsweise wenn man nicht mehr aufnahmefähig ist.

bug
die Wanze, der Käfer, Bezeichnung für einen Fehler im System (oder im Programm). Die Wahl eines solchen Wortes für einen Fehler hat historische Gründe. Die ersten Computer waren raumfüllende Maschinen, mit Röhren, Hunderten von Metern Kabel und vielen elektromechanischen Bauteilen. Ein Käfer, der in diese Geräte gelangte, konnte schon einmal einen Kurzschluss oder andere schwere Störungen verursachen und dies geschah nicht selten. Ein Fehler im

Programm wurde also zunächst einmal auf einen Käfer im System zurückgeführt.
Software kann mit Hilfe eines Programmes, dem sogenannten „debugger" von bugs befreit werden.

bug-compatible
Bezeichnung für ein Programm, das mit allen Mitteln zu älteren Programmen kompatibel gehalten wurde (Hackerslang).

bug-for-bug compatible
ähnliche Bedeutung im Hackerslang wie „bug-compatible", darüber hinaus wurden jedoch sogar bereits bekannte Fehler der Vorgängerversion übernommen.

bulk data
die Massendaten

bulk information
die große Informationsmenge

bulk-mail
Bezeichnung für eine E-Mail, die gleichlautend an eine große Zahl von Adressaten geschickt wird.

bull in the china shop (like the ...)
wie ein Elefant im Porzellanladen (Idiom)

bull session (a ...)
eine aufgeregte Diskussion (Idiom)

bull-at-a gate
mit Gewalt (Idiom)

bulletin board
das schwarze Brett. Im Internet (siehe dort) oder in Mailbox-Systemen ist ein „bulletin board" ein computergestütztes und meist frei zugängliches Nachrichten- und Telekonferenzsystem. Hier lassen sich Nachrichten hinterlegen und von anderen Usern abgelegte Nachrichten abrufen.

bulletproof
kugelsicher, Bezeichnung im Hackerslang für ein extrem stabiles Programm. Siehe auch „armor-plated".

bullshit
der Blödsinn (Slang).

bullshit artist
jemand der stark übertreibt (Slang).

bum
Bezeichnung für eine *kleine Verbesserung* (Kick) an einem Programm. Wird auch als Verb (to bum = verbessern) gebraucht. Die Wahl der Mittel ist beim Erzielen der Verbesserung eher untergeordnet, so dass auch kleinere Nachteile in Kauf genommen werden (Hackerslang). „bum" heißt umgangssprachlich auch *Arsch*.

bunch of baloney
eine Menge Unsinn (Idiom)

bunch of five (the ...)
die Faust (Idiom)
Emoticon hierzu: <u>||||</u>-

burble
Hackerslang, Bedeutung ähnlich wie „flame" (siehe dort) jedoch mit total unbegründetem Inhalt.

burn (to ...)
(techspeak) Bezeichnung für das Beschreiben von CD-Rs, also das Einspeichern von Informationen in einen optischen Datenträger bzw. Speicher.

burn the candle at both ends (to ...)
Tag und Nacht arbeiten (oder feiern), Idiom. Siehe auch „day-mode" und „night-mode".

burn the midnight oil (to ...)
bis spät in die Nacht arbeiten (Idiom). Siehe auch „night-mode".
Emoticon hierzu: %-)

burn-in period
technische Bedeutung: *Testphase von Hardware*, hierbei laufen Geräte eine bestimmte Zeit ununterbrochen. Treten in dieser Zeit keine Fehler auf, so wird das Gerät an den Kunden ausgeliefert. Bedeutung im Hackerslang: wenn einer User (Hacker) das Gefühl für die Zeit vor seinem Rechner verliert. Er vergiss dann zu essen, schlafen und die Welt um sich herum (siehe auch „real word").

burst mode
der Stoßbetrieb

burst transmission
die Hochgeschwindigkeitsübertragung.

burst-page
Bezeichnung für den *Eröffnungsbildschirm* einer Software, meist mit dem entsprechenden Firmenlogo und den Copyrightangaben. Siehe auch „banner".

bursting with curiosity
vor Neugierde platzen (Idiom)

Busena
Sexidol der Videospieler (Cybergirl), eine virtuelle Figur und beliebtes Pseudonym. Vergleiche auch Lara Croft.

bush
die Schamhaare (Slang, Dirty Word).

business (to mean ...)
es ernst meinen (Idiom)

busman's holyday
ein Urlaubstag, an dem man wie üblich arbeitet (Idiom)

butch
eine maskuline Frau (Slang, Dirty Word).

butt in (to ...)
sich einmischen (Slang)

butt of somebody (to make a ...)
jemanden verspotten (Idiom)

buttfuck budy
der homosexuelle Gefährte (Slang, Dirty Word) in der Regel als Schimpfwort benutzt.

button
der Knopf. In grafischen Benutzeroberflächen werden Entscheidungsfelder grafisch als „Auswahlknöpfe" aufbereitet. Diese lassen sich mit der Maus bedienen.

buttonhook
das Fragezeichen (?), alternative Bezeichnung im Hackerslang. Siehe auch „ques".

buy a pig in a poke (to ...)
die Katze im Sack kaufen (Idiom)

buzz (to ...)
wörtlich übersetzt bedeutet to buzz etwa soviel wie „*herumschwirren*". Wenn ein Programm buzzes, meint man damit, dass es umständlich ein Problem zu lösen versucht, es schwirrt erst herum, bevor man merkt, was eigentlich passieren soll. Generell ist aber zu sagen, dass dieser Vorgang relativ lange dauert. (Hackerslang)

buzz (to give someone a ...)
jemanden anrufen, anwählen (Idiom)

buzz off
sich aus dem Staub machen (Slang).

buzz words
Füllwörter oder *Modewörter*, gemeint sind Wörter, die man eigentlich getrost auch weglassen kann, ohne damit eine Aussage zu ändern. Hierzu zählen auch Modewörter wie Datenautobahn und Cyberspace.

by and large
im großen ganzen (Idiom)

by chance
zufällig

by the job
stückweise

by trial and error
durch Ausprobieren (Idiom)

by word of mouth
mündlich (Idiom)

bye
auf Wiedersehen, Kurzform von „good bye".

bye?
kannst du aufhören?, bist du fertig?, Kurzform von „good bye ?" (Slang). Die Antwort zum Beenden des Chats ist daraufhin „bye", anderenfalls geht es weiter.

bygones be bygones (let ...)
Schwamm drüber (Idiom)

bykt
Abkürzung für „but you knew that", zu deutsch: *aber das weißt du ja*

byp
Abkürzung für „beg your pardon", *Entschuldigung* (Akronym). Kann auch für „wie bitte" benutzt werden.

byte
Kunstwort gebildet aus „bit-eight", also *acht bits*. Die Zusammenfassung von mehreren (hier 8) bits ermöglicht die Darstellung von $2^8 = 256$ verschiedenen Zeichen.

byte sex
Hackerslang, Bezeichnung für eine Code (z.B. ASCII), im Gegensatz zu einem anderen Code.

bytesexual
Hackerslang für Hardware, die (fast) jeden beliebigen Code verarbeiten kann.

bzzzt, wrong
Hackerslang, Reaktion auf eine falsche Antwort. Quizshows entlehnt, bei denen eine falsche Antwort mit einem Signalton (bzzzt) und dem Kommentar des Quizmasters „wrong" quittiert werden.

C

C
Im Zusammenhang mit Ziffern könnte der Buchstabe „C" auf eine Hexadezimalzahl hinweisen (siehe hex).
Beispiel $1C_{(hex)} = 28_{(dez)}$

C++
C ist eine relativ maschinennahe Computersprache, die ursprünglich für Computersysteme unter dem Betriebssystem Unix geschrieben wurde. C++ ist eine Weiterentwicklung aus dieser inzwischen auch für den PC verfügbaren Sprache. Die etwas ungewöhnliche Namensgebung hat folgenden Grund: wer in C beispielsweise einen Zähler um den Wert 1 erhöhen möchte (ein bei der Programmierung ständig vorkommender Fall), muss diesen nur mit den beiden Pluszeichen versehen. Dieses Doppelsymbol nennt man Inkrementierungs-Operator. Die Entwickler von C++ hatten etwas ähnliches mit der Programmiersprache C vor, sie nämlich verbessern, also gewissermaßen ebenfalls erhöhen.

C-Mail
Name einer E-Mail bei CompuServe, siehe dort.

c.i.f.
Kosten, Versicherung und Fracht einbegriffen, Abkürzung für „cost, insurance, freight".

c.w.o.
Barzahlung bei Bestellung, Abkürzung für „cash with order".

c/a
das laufende Konto, Abkürzung für „current account".

c/o
Abkürzung für „care off", deutsch: *zu Händen von ...*

C=
Anlehnung an das Firmenlogo der Fa. Commodore im Hackerslang. Hiermit ist die Firma selbst, oder deren Produkte gemeint (C64, PET, CBM usw.) Siehe auch „chicken head".

ca
Länderkennung in einer Internetadresse für *Kanada (Canada)*, wird auch schon mal als Abkürzung für den Ländernamen in chats benutzt.

cabage
Alternative Bezeichnung im Hackerslang für das Zeichen „@ ", siehe auch ape, bzw. commercial at.

cache
Alternative Bezeichnung im Hackerslang für das Zeichen „$ ".

CAD
Abkürzung für „Control-Alternate-Delete" oder „Computer Aided Design", zu deutsch: STRG-ALT-ENTF oder eben Computer Aided Design

cadet
Ich kann dem nichts hinzufügen und versuche es auch erst gar nicht. Abkürzung für „can't add, doesn't even try", (Slang)

CAE
Abkürzung für *„Computer Aided Everything"*, in Fragestellung von Begriffen wie „Computer Aided Engineering" usw.
Sollte wirklich Alles vom Computer unterstützt werden?

calculator
der Rechner, der Taschenrechner, wenn ein Computer von einem Hacker „calculator" genannt wird, meint dieser abwertend, dass

dessen Leistung im Bereich von Taschenrechnern anzusiedeln ist. Siehe auch „bitty box".

CALL
Befehl in vielen Mailboxen, der den Sysop zum Chat auffordert.

call in question (to ...)
bezweifeln (Idiom)

call off (to ...)
absagen

call word
das Kennwort, das Passwort

called for (to be ...)
postlagernd (Idiom)

caller
Bezeichnung für einen „Anrufer" in einer Mailbox.

can
die Toilette (Slang).

can (to ...)
Kurzform für „to cancel", *streichen, aufheben, abbrechen*.

can of worms (a ...)
eine komplizierte Sache (Idiom)

cancel (to ...)
aufheben, streichen, annullieren

cancel character
das Löschzeichen, ein Steuerzeichen, das anzeigt, dass die davor stehenden Zeichen nicht beachtet werden sollen. Je nach System können damit ein Wort, eine Zeile oder einen Abschnitt einer Nachricht gemeint sein. Siehe hierzu auch ^H.

canvass a subject (to ...)
ein Thema gründlich erörtern (Idiom)

capital letter
siehe caps.

caps
die Großbuchstaben, Abkürzung für „capitals". Wenn man einer Aussage besonderen Nachdruck verleihen will, schreibt man sie in Großbuchstaben. Auch kann man hiermit Lautstärke (Schreien) zum Ausdruck bringen. Sich in Chats gegenseitig anbrüllen ist jedoch nicht gewünscht UND VERSTÖSST GEGEN DIE NETIQUETTE.

carbon copy
Name der Absenderkennung einer E-Mail, die als Rundschreiben eingesetzt wird. Siehe auch blind carbon copy.

cardware
Bezeichnung für Software, die frei kopierbar ist (Freeware, Shareware). Der Autor verlangt kein Honorar, jedoch eine ausgefallene Postkarte (Card) hierfür.

caret
seltene Bezeichnung für das Zeichen „^", siehe auch „hat".

careware
Bezeichnung im Hackerslang für Shareware, deren Autor wohl niemals mit einer einzigen Registrierung rechnen kann (weil sie so schlecht gemacht ist oder so unsinnig ist). Eine andere Bezeichnung hierfür ist „charityware".

carriage return
ein Steuercode, Carriage Return bedeutet soviel wie „*Wagenrücklauf*" und erzeugt wird dieser in der Regel mit der Taste <RETURN> bzw. <ENTER>. Die Bezeichnung Wagenrücklauf hierfür hat historische Gründe: die ersten brauchbaren Ein-/Ausgabegeräte für Computer waren elektrische Schreibmaschinen. Am Ende einer Zeile musste die Wagenrücklauftaste gedrückt werden, um mit der nächsten Zeile weiterarbeiten zu können und so wurde sie fester Bestandteil des Befehlssatzes, der im ASCII-Code untergebracht

wurde. Hierzu gehört beispielsweise auch der Line-Feed (LF), also der Zeilenvorschub.
Auch heute übliche Ausgabegeräte wie Monitore und Drucker arbeiten noch mit dem Carriage-Return, einem unverzichtbaren Instrument bei der Datenverarbeitung und Datenübertragung, obwohl hier längst kein „Wagen" mehr zu finden ist.

carrier
der Trägerton eines Modems. *Dieser signalisiert die Sende- bzw. Empfangsbereitschaft des Gerätes.* Gemeint ist hiermit gleichzeitig aber auch eine Telefongesellschaft gemeint.

carry coals to Newcastle
Eulen nach Athen tragen (Idiom), *etwas Unsinniges tun*.

carry conviction (to ...)
überzeugen (Idiom)

carry the ball (to ...)
die Verantwortung tragen (Idiom)

cartload of monkeys (as crafty as a ..)
verschmitzt sein (Idiom)

case sensitiv
Bezeichnung für die Notwendigkeit oder Forderung, Groß- und Kleinschreibung penibel genau zu beachten. Gerade in der internationalen Kommunikation wird gerne vergessen, dass beispielsweise im Englischen nicht alles klein geschrieben wird.

cash
Alternative Bezeichnung im Hackerslang für das Zeichen „$ ".

cash on the nail
mit Bargeld bezahlen (Idiom)

cast a ballot (to ...)
eine Stimme abgeben (Idiom)

CastleNet
Name eines →IRC-Netzes. Das familienfreundliche CastleNet besteht derzeit aus 8 Servern in Nordamerika.
Adresse: *www.castlenet.org*

castles in the air
die Luftschlösser, die Wunschträume (Idiom)

cat
die Katze, alternative Bezeichnung im Hackerslang für das Zeichen „@", siehe auch „ape" bzw. „commercial at".

cat among the pigeons (to be a ...)
ein ungebetener Eindringling (Idiom)

cat get your tongue? (did the ...)
hat es dir die Sprache verschlagen? (Idiom)

cat may look at a king (a ...)
einer ist wie der andere, unabhängig von dessen Position (Idiom)

catatonia
Katatonie ist die Bezeichnung für eine Krankheit: *sprachlose Schizophrenie*. Ein Computer hat „catatonia", wenn er beispielsweise auf keine Eingaben mehr reagiert, wenn er abgestürzt ist (Hackerslang).

catch someone on the hop (to ...)
jemanden gerade noch erwischen (Idiom)

catchword
das Schlagwort

catena
die Zeichenkette, die Befehlskette

caught in the act
auf frischer Tat ertappt (Idiom)

caught my eye (it ...)
es fiel mir ins Auge (Idiom)

caught napping (he was ...)
er wurde überrumpelt (Idiom)

caught red-handed (to be ...)
auf frischer Tat ertappt werden (Idiom)

caught somebody mapping (to ...)
jemanden unvorbereitet erwischen (Idiom)

Cc
Abkürzung für „carbon copy", Name der *Absenderkennung* einer E-Mail, carbon copy (siehe dort) heißt soviel wie Durchschlagpapier.

CCC
Abkürzung für „Chaos Computer Club", erster deutscher Hacker-Club mit Sitz in Hamburg.

CCITT
Abkürzung für „Comité Consultatif International Télégraphique et Téléphonique", entspricht dem „International Telegraph and Telephone Consultative Commitee", zu deutsch „Internationales Beratungskomitee zum Telegraphie- und Telefonwesen".

cd~
Hackerslang für „nach hause gehen"; kommt vom gleichlautenden Kommando der Unix-C-shell. Wenn es nicht „nach Hause" geht, wird dies auch noch angegeben. Beispiel: „cd~coffee" ist zu interpretieren: *gehe Kaffee holen.*

centuple
hundertfach, verhundertfachen

CFD
Aufruf zur Erläuterung, etwas zur Diskussion stellen, Abkürzung für „call for discussion"

CFV
Aufruf zur Abstimmung, Abkürzung für „call for vote",

CGW
Abkürzung für „Customer Gateway".

CH
Länderkennung in einer Internetadresse für die *Schweiz*, wird auch schon mal als Abkürzung für den Ländernamen in chats benutzt.

chad
Bezeichnung im Hackerslang für die vom Endlospapier abgelösten *Perforationsstreifen*, werden auch selvage oder perf genannt. Ursprünglich war chad das bei der Lochung von Papierlochkarten entstehende „*Konfetti*".

change of the worse
die Verschlechterung (Idiom)

channel
ein Chat-Room (siehe dort) im ICR-Sprachgebrauch. Jeder channel hat einen eindeutigen Namen. Diesem wird das Raute-Zeichen vorangestellt. Beispiel: #irchelp oder #irclub.

channel hopping
Bezeichnung für das ständige Wechseln von einem zum anderen channel. →channel surfing.

channel mode
der *Betriebsmodus* eines chat-channels. Hier ist festgelegt, wer →channel-operator ist, ob es sich um einen privaten channel handelt und wer den →topic des channels ändern darf bzw. wer überhaupt einem channel beitreten darf.

channel operator
Ein Teilnehmer (oder mehrere) eines chat-channels ist der sogenannte channel-operator (auch: „chanop" oder „oper"). Natürlich hat auch dieser einen →Nickname, dem allerdings das Zeichen „@" vorangestellt ist. Der channel-operator sorgt für Ordnung in seinem channel und kann Teilnehmer gegebenenfalls ausschließen (kick off). Der channel-operartor kann auch den Betriebsmodus eines channels ändern.

channel surfing
eigentlich meint der Begriff das *ständige Programmumschalten* eines Fernsehteilnehmers (zappen). Im ICR-Sprachgebrauch ist damit das kurze „*reinschauen*" eines Chat-Teilnehmers in einen Channel (siehe dort) und der Wechsel zum nächsten Channel gemeint.

chanop
Ein Teilnehmer (oder mehrere) eines chat-channels ist der sogenannte channel-operator (auch: "oper" oder "Opa"). Natürlich hat auch dieser einen →Nickname, dem allerdings das Zeichen „@" vorangestellt ist. Der channel-operator sorgt für Ordnung in seinem channel und kann Teilnehmer gegebenenfalls ausschließen (kick off). Der chanop kann auch den Betriebsmodus eines channels ändern.

char
das Zeichen, Kurzform für „character", Slang.

character set
der Zeichenvorrat, die Menge aller in einem System verwendeten Zeichen.

characteristics
die Gleitkommazahl oder *die Charakteristik*

charge with a crime (to ...)
eines Verbrechens beschuldigen (Idiom)

charityware
Bezeichnung im Hackerslang für Shareware, deren Autor wohl niemals mit einer einzigen Registrierung rechnen kann. Eine andere Bezeichnung hierfür ist „careware".

Charlie
Wort für den Buchstaben „C" im amerikanischen Buchstabieralphabet (Phonetic Alphabet). Im deutschen Buchstabieralphabet ist dies „Cäsar".

CHAT
Befehl in vielen Mailboxen (siehe dort), der den Sysop zum Chat auffordert.

chat
die Unterhaltung über Tastatur und Bildschirm.

chat room
Bezeichnung für den virtuellen Ort, in dem der „chat" stattfindet.

chat session
Hiermit ist die Zeit gemeint, in der man an einem „chat" teilnimmt.

ChatNet
Name eines →IRC-Netzes. ChatNet besteht aus 11 Servern in den USA, 2 in Europa und einem Server in Neuseeland.
Adresse: *www.chatnet.org*

chatten
Bezeichnung für die *online-Unterhaltung* zwischen (mindestens) zwei Usern mit Hilfe einer Mailbox. Gemeint ist ursprünglich die Unterhaltung zwischen Sysop und User, aber heute mehr und mehr auch zwischen Usern untereinander. „to chat" heißt übrigens plaudern, was den Charakter dieser Art der Kommunikation bestens trifft.

chatter-box (to be a ...)
eine Quasselstrippe sein (Idiom), Emoticons hierzu:
(:<) du redest zuviel
:=0 Quatschkopf
:-v Quasselstrippe

cheap trick (a ...)
ein übler Streich

cheat somebody right, left an centre
jemanden schwer übers Ohr hauen (Idiom)

cheesed of (to be ...)
die Nase voll haben (Idiom)
Emoticon: **:^)**

chemist
der Chemiker, im Hackerslang jemand, der die Rechenzeit eines Computers für andere User blockiert durch unnötiges Zeug.

Chernobyl packet
Hackerslang für ein Datenpaket, das den Zusammenbruch eines Netzwerkes verursacht. Der Name kommt von dem Katastrophenreaktor in der Ukraine.

Chernobylogram
Wenn ein Datenpaket derart verstümmelt beim Empfänger ankommt, dass das Empfangssystem abstürzt, spricht man von einem Tschernobilogramm. Hacker gehen noch weiter und sprechen von einer „Kernschmelze".

Cheshire Catalyst
Pseudoname eines US-amerikanischen Hackers. Dieser Name wird auch gerne von anderen Hackern benutzt, so dass man nie genau wissen kann, wer nun wirklich dahinter steckt.
Der Name kommt wahrscheinlich von der sagenumwobenen Katze „Cheshire" aus „Alice im Wunderland", die immer ganz plötzlich auftaucht und genauso plötzlich wieder verschwindet.
Alternativer Pseudoname ist „Richard Cheshire".

chevron
seltene Bezeichnung für das Zeichen „^ ", siehe auch caret.

chew the cud (to ...)
intensiv über etwas nachdenken (Idiom)
Emoticon für „nachdenken"   :-I

chew the fat (to ...)
ein Schwätzchen halten, oder aber *sich streiten* (Idiom)

chew the rag (to ...)
nochmals etwas durcharbeiten (Idiom)

chick
die *Frau* oder das *Mädchen* (abfälliger Slang).

chicken feed
die Kleinigkeiten (Idiom)

chicken head
Hühnerkopf, hiermit ist das Firmenlogo der Fa. Commodore (C=) gemeint. Im Hackerslang wird die Firma selbst, oder deren Produkte so benannt (C64, PET, CBM usw.)

chicken-hearted
ängstlich (Idiom)

chickens come home to roost
die Konsequenzen werden spürbar (Idiom)

chicklet keyboard
Bezeichnung für die Miniatur-Tastaturen vieler Pocketcomputer. Die einzelnen Tasten sind klein, nicht standardmäßig angeordnet und darüber hinaus oftmals mit Gummi überzogen. Alles ärgerliche Dinge, die den Hacker zu diesem Ausdruck verleiten.

chill out (to ...)
sich beruhigen (Slang)

chinaman (to be a local ...)
ein Außenstehender sein (Idiom), Emoticon hierzu:
<I-)=   Chinese
Das Emoticon <I-(hingegen bedeutet, dass der Teilnehmer selbst Chinese ist und daher verständlicherweise keine Chinesenwitze mag.

chine nual
Abkürzung für „Machine Manual", also ein *Handbuch*.
Dieser Ausdruck hat historische Gründe: das Handbuch der „Lisp-Machine" war so beschriftet und anschließend gebunden worden, dass auf der Vorderseite nur die Buchstaben „...chine ...nual" zu lesen waren. Auf der Rückseite des Einbandes stand demnach „Ma.. Ma..".
Spöttisch hat sich dieser Name ganz allgemein für Handbücher eingebürgert, deren Inhalt nicht selten „chinesisch" anmutet.

Chinese Army Technique
die Chinesische Armee Technik, Hackerslang für die Entwicklung eines Systems, eines Programmes oder ganz allgemein eine Arbeit, an der Hunderte von Personen fleißig arbeiten.

Letztes Beispiel war das Abschreiben der deutschen Telefonbücher mit Hilfe von 500 Taiwanesen, da das einfachere Abscannen der Bücher von der Deutschen Telekom untersagt worden war.

chips are down (the ...)
die kritische Situation (Idiom)

choad
Umgangssprachlich für „*Penis*".
Emoticon: 3===>

chock-a-block
dichtgedrängt (Idiom)

chomp (to ...)
Bezeichnung für „*sich an einem Problem die Zähne ausbeißen*".
Bezogen auf einen Computer bedeutet chomp soviel wie: *überlastet, an einem Problem „würgend"*, Hackerslang.

chomper
Hackerslang: *ein Loser*, siehe to chomp.

chop
Kurzform für →channel operator.

chop logic (to ...)
Haare spalten, Haarspalterei (Idiom)

Christmas tree
der Weihnachtsbaum, Hackerslang für den *Kabeltester* für eine RS-232 Schnittstelle, der in der Regel zwei Reihen von Leuchtdioden aufweist. Der Ausdruck Christmas Tree hat aber nichts mit Lametta (siehe dort) zu tun.

chrome
Chrom, Hackerslang für *unnötige Verzierungen* eines Programmes wie beispielsweise die Schattenränder der Buttons unter Windows, die Dreidimensionalität suggerieren sollen.

chug (to ...)
Hackerslang für „*langsam ablaufen*", z.B. ein Programm.

chump
die dumme Person.

CI$
Abkürzung im Hackerslang für „*CompuServe Information Service*", in dieser Schreibweise (mit Dollarzeichen) etwa zu übersetzen mit: kostenpflichtiger CompuServe Informationsdienst.

clap
die Geschlechtskrankheit (Slang, Dirty Word).

clean (to ...)
Bezeichnung für das Löschen nicht mehr benötigter Dateien.

clean breast of the matter
offen eingestehen (Idiom)

clean sweep (to make a ...)
einen Schlussstrich ziehen (Idiom)

clear text
unverschlüsselter Text, Klartext (direkt lesbar).

Cleveland Freenet
Name eines amerikanischen, frei zugänglichen Computernetzes.

clever dick (to be a ...)
ein Klugsch... sein (Idiom)

clit
die Klitoris (Slang, Dirty Word).

clobber (to ...)
versehentlich etwas überschreiben (z.B. eine Datei oder Daten im Hauptspeicher) Hackerslang.

clone
eine Kopie, ein perfektes Abbild

close
umgangssprachlich für die „*rechte Klammer*", die linke heißt demnach „open".

close shave (that was a ...)
ein knappes Entrinnen (Idiom)

closed book (a ...)
ein Buch mit sieben Siegeln (Idiom)

closes to the chest (to play it ...)
sich nicht in die Karten schauen lassen (Idiom)

closet queen
Bezeichnung für einen heimlichen Homosexuellen (Slang).

cloud cuckoo land (to be living in ...)
von der Realität weit entfernt sein (Idiom)

cloud number nine (to be on ...)
im siebten Himmel sein (Idiom)

clouding the issue
eine Sache vernebeln (Idiom)

club together (to ...)
zusammenlegen (Idiom)

clueless (to be ...)
ahnungslos sein

Cmail
Abkürzung für „CompuServe mail", mit anderen Worten eine E-Mail in CompuServe.

cmiiw
Abkürzung für „correct me if I'm wrong", zu deutsch: *korrigiert mich, falls ich mich irre*

cn
Internationale Länderkennung in einer Internetadresse für *China*, wird auch schon mal als Abkürzung für den Ländernamen in chats benutzt.

co
Bezeichnung für „Realtime Conference", zu deutsch: *„Echtzeit Konferenz", eine Konferenzschaltung*.

Co-Sysop
Stellvertreter des Sysop.

coaster
englisch für *„Bierdeckel"*, gemeint ist auch schon einmal eine CD-ROM, deren Inhalt mehr Masse als Klasse darstellt. Sie eignet sich nur noch als Unterlage für ein Bierglas.
Auch beim Brennen unbrauchbar gewordene CDs werden so bezeichnet.

CoB
der Vorsitzende des Brettes, der Mailbox, Abkürzung für „Chairman of the board".

Cobol
Abkürzung für „Common Oriented Business Language", eine höhere, jedoch bereits betagte Programmiersprache.

Cobol Charly
Metaname im Hackerslang, eine Person, die es nicht gibt, die aber hervorragend geeignet ist, für evtl. Fehler verantwortlich gemacht zu werden. Cobol ist im übrigen eine Programmiersprache (siehe dort).

Cobol fingers
Hacker haben sich früher darüber geärgert, dass bei der Programmierung in Cobol (siehe dort) viel geschrieben werden musste, man „schrieb sich die Finger wund". Wer also viel auf seiner Tastatur

herumhackt, bekommt leicht Cobol-Finger auch dann, wenn er nicht programmiert.

cock
der Penis (Slang, Dirty Word)
Emoticon hierzu: **3===>**

cock of the hoop (to be ...)
der Hahn im Korb sein (Idiom).

cock of the walk (to be ...)
der Chef sein (Idiom)
Emoticon hierzu: **C=:-)**

cock something up (to ...)
etwas verhunzen, etwas verpatzen (Idiom)

cock-a-hoop
ausgelassen sein (Idiom)

cock-and-bull stories (to tell ...)
Märchen erzählen (Idiom)

cockles of the heart (to warm the ...)
das Herz erfreuen (Idiom)

cocksucker
Eines der im Internet nicht erlaubten „seven words", siehe dort.
Cocksucker wird mit „*Schwanzlutscher*" übersetzt und der Gebrauch dieses Wortes entsprechend der netiquette geahndet.
Eigentlich ist jemand der Fellatio praktiziert gemeint, aber auch jemand, der bereit ist, alles zu tun (Slang).

cockteaser
Jemand der eine Person sexuell erregt und dann den Akt verweigert (Slang, Dirty Word).

cocky (to be ...)
unverschämt sein (Idiom)

COD
Im Zusammenhang mit Zahlungsverkehr: Abkürzung für „Cash on Delivery", *Zahlung per Nachnahme.*

coding line
die Befehlszeile; eine Zeile auf dem Bildschirm, in die Befehle eingegeben werden können. Eine coding line ist in der Regel durch ein bestimmtes Zeichen am Zeilenanfang erkennbar, wie beispielsweise das Prompt unter MS-DOS:
C:\>_

codswallop (a load of old ...)
eine Menge Unsinn (Idiom)

coffee-break-button
Bezeichnung für eine Tastenkombination zur Unterbrechung sämtlicher Programmfunktionen, um eine Pause machen zu können.

coin a lie (to ...)
eine Ausrede erfinden (Idiom)

coin a phrase (to ...)
einen Spruch kreieren (Idiom)

cokebottle
die Colaflasche. Mit cokebottle bezeichnet man Tasten, die nicht auf einer Tastatur vorhanden sind, obwohl sie sinnvoll wären – sinnvoller jedenfalls als eine Colaflasche (Hackerslang).

cold comfort
ein schwacher Trost (Idiom)

cold turkey
Bezeichnung für den abrupten Drogenentzug.

collating sequence
die Reihenfolge der Zeichen eines Zeichensatzes. In der Regel liegt hier zunächst einmal das Alphabet zugrunde, aber auch Zahlen und Sonderzeichen müssen ihren Platz haben.
Die collating sequence führt oftmals zu Problemen, beispielsweise

wegen der deutschen Umlaute (Ä, Ö, Ü und ß), aber auch bei Zahlen.

collision
die Kollision. Wenn beispielsweise in einem Netzwerk zwei Datenpakete (siehe dort) bei der Übertragung aufeinander treffen und so den Transfer verhindern, spricht man von Kollision (offizielle technische Bezeichnung – kein Slang)

com
Abkürzung für commercial, Bereichsname im Internet (siehe dort) für „*kommerzielle Nutzung*".

com mode
Allgemeine Abkürzung für *Kommunikationsmodus*, Slang. Alternative Schreibweise: "comm mode", siehe auch talk mode.

combatability
Geringschätziger Ausdruck für *Kompatibilität* von Hardware oder Software (Hackerslang), die korrekte Bezeichnung ist „compatibility". Combative heißt soviel wie streitbar.

come into beeing (to ...)
entstehen (Idiom)

come like a bombshell
wie eine Bombe einschlagen (Idiom)

come on the dot (to ...)
ganz pünktlich sein (Idiom)

come to business (to ...)
zur Sache kommen (Idiom)

come to terms (to ...)
sich einigen (Idiom)

come-at-able
erreichbar, zugänglich (Idiom)

Comic Chat
Name eines Chat-Clientprogrammes von Microsoft für den PC, dessen Oberfläche die Chattsitzung in Form eines Comics darstellt. Die Chatter werden dabei als Zeichentrickfiguren abgebildet.

comm mode
Allgemeine Abkürzung für *Kommunikationsmodus*, Slang. Alternative Schreibweise: „com mode", siehe auch talk mode.

command key
Taste des Apple Macintosh (siehe dort), die in etwa der ALT-Taste eines PC entspricht.

Comments:
Schlüsselwort der Zusatzinformation in einer E-Mail. Hier stehen Bemerkungen über die Nachricht.
Andere Schlüsselwörter sind: Return-Path:, Date:, From:, To:, Subject:, Content-Length:, Organization:, Reply-To:, Priority:, X-Info:, X-Mailedby:, X-List: und X-Sender:.

commercial at
Bezeichnung für das Zeichen „@". Als deutsche Bezeichnung hat sich „*Klammeraffe*" durchgesetzt. Siehe auch ape, oder cat.

common carrier
Firmen, die öffentliche Kommunikationsnetze und -dienste vorhalten.

common or garden
gewöhnlich, ordinär (Idiom)

common sense
der gesunde Menschenverstand

comp
Abkürzung für „computer", Kurzbezeichnung einer Diskussionsgruppe zu Themen rund um den Computer.
Seltener auch Abkürzung für „compare", vergleiche.

Compi (deutsch)
Hackerslang für *Computer*. Alternative Bezeichnungen sind Kiste, Gurke, Eimer o.ä.

complaint
die Verwarnung

complete loss
komplett schiefgegangen (Slang)

Compu$erve
Der kommerziellen Online-Provider CompuServe ist gebührenpflichtig, aus diesem Grunde schreiben Hacker den Namen abfällig mit einem Dollarzeichen (siehe auch C$).

Compunications
Kunstwort aus „Computer" und „Communications", also die *Kommunikation mit Hilfe von Computern.*

CompuServe
Name eines kommerziellen Online-Providers.

CompuSpend
gleiche Bedeutung wie *Compu$erve*, siehe dort.

computer family
Rechnerfamilie (techspeak). Bei PCs richtet man sich in der Regel nach dem jeweils eingebauten Mikroprozessor.

computer geek
Schimpfwort für einen Hacker / Cracker.

computer nerd
Schimpfwort für einen Hacker / Cracker.

computer science
die Informatik

Computer Underground Digest
Name eines Computer-Undergroundmagazins im Internet.

Computerese (deutsch)
Bezeichnung für den *Hacker-Slang*.

computerized
auf Computer übertragen, (auch computerised), *von einem Rechner gesteuert, in einen Rechner implementiert.*

Computerlingo
Bezeichnung für die Sprache der Hacker.

con artist
der Schwindler (Slang).

concern of mine (that's no ...)
das geht mich nichts an (Idiom)

concerning
wegen, in Bezug auf

concerns you (this ...)
das geht dich an (Idiom)

condom
das Kondom; Hackerslang für die Kunststoffhüllen der 3.5" Disketten, wird manchmal auch für die Papierhüllen der älteren 5,25" Disketten oder Schutzfolien für Tastatur und Bildschirm, sowie die Kunststoffumhüllung eines Glasfaserkabels gebraucht.

conference
die Konferenz, Bezeichnung für abgeschlossene Bereiche beispielsweise in Mailboxen (siehe dort), die nur bestimmten Benutzern zugänglich sind. Diese werden oftmals auch als SIG (Special Interest Group) bezeichnet.

conference call
die Konferenzschaltung

confuser
Humorvoller Hackerslang für *Computer*. Oftmals auch in Zusammenhang gebraucht: „personal confuser", „confuser room", usw. (to confuse = verwirren).

connectivity
Kunstwort, das den gesamten Bereich der *Vernetzung* von Computern abdeckt in Anlehnung an das Wort „connective", verbindend.

connector conspiracy
die Buchsen-Verschwörung. In den ersten Jahren des Personalcomputers haperte es noch sehr mit den Schnittstellenstandards. Man warf den Hardwareherstellern vor, nicht einmal Steckerkompatibilitäten einzuhalten, was oftmals auch der Fall war (Hackerslang).

cons (to ...)
Hackerslang für *etwas neues in eine Liste aufnehmen*, in der Regel an die höchste Position.

consideration (to be under ...)
zur Diskussion stehen

consideration (to take into ...)
in Erwägung ziehen

consideration of (in ...)
in Anbetracht

console
hiermit ist in der Regel *der Bildschirm und die Tastatur* gemeint.

content provider
der *Bereitsteller von Informationen*, nicht zu verwechseln mit dem service provider (siehe dort).

content-free
Hackerslang für *inhaltslose Aussagen*.

Content-Length:
Schlüsselwort der Zusatzinformation in einer E-Mail. Hier ist die Gesamtlänge der Nachricht vermerkt.
Andere Schlüsselwörter sind: Return-Path:, Date:, From:, To:, Subject:, Comments:, Organization:, Reply-To:, Priority:, X-Info:, X-Mailedby:, X-List: und X-Sender:.

control
seltene Bezeichnung für das Zeichen „^ ", siehe auch caret.

control key
Funktionstaste (techspeak). Auch: Steuerungstaste. Die Control-Taste (ctrl bzw. strg) erlaubt die Umschaltung eines Teiles der Tastatur, um weitere Codes über die Tastatur erreichen zu können (z.B. Steuerzeichen).

control-B
bedeutet „Break". Der User wünscht eine *Unterbrechung* oder sogar einen *Abbruch* der Kommunikation. In Anlehnung an die Controltaste, die zusammen mit einzelnen Tasten bestimmte Aufgaben erfüllt.

control-C
gemeint ist im Hackerslang: *Sofort unterbrechen!!* Viele Programme lassen sich mit der Tastenkombination <Control> + <C> abbrechen.

control-O
bedeutet, dass jemand nicht mehr zuhören möchte oder kann, Hackerslang.

control-P
heißt nichts anderes, als dass eine *Pause* (der Kommunikation) gewünscht wird.

control-Q
Aufforderung zur Wiederaufnahme, beispielsweise nach „control-S", siehe dort.

control-S
Hackerslang, lässt sich in etwa so übersetzen: *Stop für eine Sekunde, kurze Unterbrechung* (danach kann es weitergehen).

conversional mode
der Dialogbetrieb

convey information
Informationen übertragen

cook someones goose (to ...)
jemandem einen Plan ausreden (Idiom)

cook the books
die Bücher fälschen (Idiom)

cookbook
das Kochbuch; Hacker bezeichnen hiermit beispielsweise wichtige Bücher mit grundlegenden Hilfen zur Programmierung.

cookie
Zu deutsch: *Keks.* Was so harmlos klingt hat einen problematischen Hintergrund. Einige Browser wie der Internet Explorer oder der Netscape Navigator (vor Vers. 3.0) legten ohne das Wissen des Anwenders Dateien auf dessen Festplatte an, in denen individuelle Nutzungsgewohnheiten protokolliert wurden. Der Grund hierfür war, dass beim wiederholten Anwählen der gleichen Web-Seite von der Server Software eben diese Cookie-Dateien ausgelesen werden konnten, um Informationen über vorherige Besuche des Anwenders auszuwerten und hierzu passende Angebote besonders hervorzuheben. Aus datenrechtlichen Gründen ein äußerst problematisches Vorgehen.

cookie monster
das „Krümelmonster", bekannt aus der Fernsehserie Sesamstraße, beliebtes Pseudonym.
Auch: Name eines cookie-cutters, ein Programm, das die Kontrolle über →cookies ermöglicht.

cookie-cutter
Programm, das die Kontrolle über →cookies ermöglicht.

cool card (to be a ...)
ein Schlaumeier sein (Idiom)

cool cat (to be a ...)
ein Trendsetter sein (Idiom)

cool dude
der coole Typ, der Macker (Slang)

cop shop
die Polizeistation (Slang).

copper
das Kupfer, gemeint ist oftmals ein Netzwerkkabel mit einem elektronisch leitenden Kern (Kupfer oder Aluminium) im Gegensatz zu einem Glasfaserkabel.
Seltener ist hiermit auch *Geld* gemeint.

cops
die Polizisten (Slang).

copy holder
der Konzepthalter

copy protection
der Kopierschutz

copybroke
Bezeichnung für ein kopiergeschütztes Programm, dessen Kopierschutz umgangen wurde (Hackerslang).

copyleft
Hackerslang für „copyright".

copywronged
siehe „copybroke".

core
Hackerslang für *Hauptspeicher*. Bei frühen Computern bestand der Hauptspeicher aus einzelnen Ferritkernen (cores).

corge
Begriff im Hackerslang, der für alles herhalten muss, was eigentlich noch keinen Namen hat. Es gibt noch weitere Begriffe dieser Art (metasyntaktische Variablen), die oftmals dann auch gemeinsam gebraucht werden: foo, bar, baz. „corge" war ursprünglich der Name einer Katze. Siehe auch meta-character.

cosmetic bug
der Schönheitsfehler (Hackerslang), siehe auch „bug".

cosmic rays
die kosmische Strahlung, gemeint ist im Hackerslang etwas, was beispielsweise für auftretende Fehler verantwortlich gemacht werden kann. Alternative Begriffe sind „cosmic showers" und „alpha particles".

cosmic showers
siehe „cosmic rays".

cost a fortune (to ...)
ein Vermögen kosten (Idiom)

cost the earth (to ...)
ein Vermögen kosten (Idiom)

cost-price
der Einkaufspreis, der Selbstkostenpreis

costs a bomb (it ...)
es kostet ein Vermögen (Idiom)

cough and die
Synonym für →barf.

count the cost (to ...)
ein Risiko abschätzen (Idiom)

count your blessings (to ...)
etwas schätzen (Idiom)

counterclockwise
im Gegenuhrzeigersinn

cowboy
Synonym für *Hacker*.

cp
vergleiche, Abkürzung für „compare".

cp (to ...)
kopieren, Abkürzung für „copy", cp ist auch der entsprechende Unix-Befehl zum Kopieren von Dateien.

CR
Abkürzung für „carriage return", siehe dort.

crack
Bezeichnung für eine Software oder eine Technik zur Umgehung von Sicherheitsvorkehrungen.

cracker
Oftmals werden „cracker" und „hacker" verwechselt oder gar gleichgestellt, was natürlich nicht korrekt ist. Im Gegensatz zu den Hackern sind Cracker böswillig. Sie erhalten ihren Kick dadurch, dass sie sich Passwörter erschleichen und unautorisiert in Computersysteme einbrechen, um dort Daten zu stehlen, zu ändern oder zu zerstören. Cracker schleusen Viren (siehe dort) ein und klauen Kreditkartennummern. Der echte Hacker agiert zwar oftmals auch am Rande der Legalität, ihn treibt aber allein der Wissensdurst. Seine Herausforderung liegt darin, sich in ein Computersystem einzuschleichen und es auszukundschaften. Ist er einmal im System, verliert es seinen Reiz. Die Gewissheit dass er es kann, genügt. Es widerspricht dem Hacker-Ethos, Daten zu ändern, bis auf diejenigen Maßnahmen die notwendig sind, um beispielsweise seine Spuren zu verwischen. Viren zu verbreiten gilt als äußerst uncool.

cracking up (I am ...)
ich werde noch verrückt (Idiom)

craft
Akronym für „Can't Remember A Fucking Thing".

crafty as a cartload of monkeys (as ..)
verschmitzt sein (Idiom)

crank
verdreht, verbogen. Im Hackerslang verwendet für die Beschreibung der Leistungsfähigkeit eines Computers.

crap
Exkrement (Slang, Dirty Word)

craplet
das kleine schlechte Anwendungsprogramm, siehe auch *applet*. Crap heißt eigentlich Mist.

crash
der Systemabsturz, der plötzliche und unerwartete Zusammenbruch des Systems. Die Ursachen für einen „crash" können sowohl bei der Software, der Hardware oder einer Fehlbedienung liegen.

crasher
Einen Hacker, der es sich zum Ziel gemacht hat in fremde Systeme einzudringen und diese zum Absturz (crash) zu bringen, nennt man crasher. Hacker (siehe dort) und crasher sind jedoch nicht gleichzusetzen.

crashmail
Bezeichnung für eine persönliche Nachricht (im FidoNet) an einen User, die vom System direkt an das Empfängersystem ausgeliefert wird (Direktempfangssystem).

cray
Name einer Supercomputer-Baureihe, benannt nach dem Entwickler und Firmengründer Seymour Cray.

crayola
Bezeichnung im Hackerslang für einen Computer, der an die Leistungsfähigkeit von Supercomputern heranreicht, nicht aber an deren Preis.

CRC
Abkürzung für „Cyclic Redundance Check" ein Verfahren zur automatischen Fehlerkorrektur.

cream of the crop (the ...)
das Beste vom Besten (Idiom)

creek without a paddle (to be up the..)
in einer ausweglosen Situation sein (Idiom)

creep
ein widerlicher Typ.

creeping featurism
„verschlimmbessern", sowohl komplizierte Software lässt sich durch „Verbesserungen" noch unübersichtlicher gestalten, was die Angst des Anwender vor Updates erklärt, aber auch Hardware kommt manchmal in den Genuss des „creeping featurism", (Hackerslang).

crest of a wave (to be on a ...)
oben schwimmen (Idiom)

cretin
der Luser, der Versager, vornehmlich ein Programmanwender, der grundsätzlich alles falsch und dem Sysop (siehe dort) das Leben schwer macht (Hackerslang).

cretinous
Hackerslang für *falsch, dumm, schlecht gemacht;* Synonym für: bletcherous oder bagbiting.

crippleware
Shareware, die „verkrüppelt" ist, d.h. der Funktionsumfang ist dermaßen eingeschränkt, dass der potentielle Anwender die Software zwar testen kann, aber wichtige Funktionen fehlen. Beispielsweise sind oftmals Druckroutinen abgeklemmt oder das Abspeichern von Daten ist nicht möglich. Erst wenn sich der Anwender registrieren lässt und den tatsächlichen Kaufpreis des Programmes zahlt, erhält er die Vollversion.

critical mass
(Hackerslang) Begriff aus der Kernphysik; wird die sogenannte *kritische Masse* eines Stoffes erreicht, tritt eine Kettenreaktion ein. Bezogen auf Software ist folgendes gemeint: wenn auftauchende

Fehler eine kritische Anzahl übersteigen, ist das ganze Programm wertlos. Eine Fehlerbehebung lohnt dann nicht mehr.

crock
Bezeichnung für ein *kompliziertes Programm*, das auch einfach sein könnte. Ein crock ist zudem so etwas wie ein Krüppel, also ein Computer, ein Betriebssystem oder ein Anwendungsprogramm das unzulänglich arbeitet. (Hackerslang)

crosshash
seltene Bezeichnung für das Zeichen „#", siehe auch crunch oder mesh.

crosshatch
alternative Bezeichnung für das Zeichen „#".

crossposting
Begriff für das Versenden einer E-Mail in verschiedene Bereiche.

crossreference
der Querverweis

Crosstalk
Name eines Kommunikationsprogrammes, auch „xtalk".

crotch
der Schritt (zwischen den Beinen), Slang, Dirty Word.

crudware
Oberbegriff für alle Arten von Software, vornehmlich Public Domain o.ä. (siehe dort), die in der Regel zu mehreren hundert Megabytes Disketten, CD-ROMs und Festplatten von PC-Anwendern anfüllt, obwohl sie eigentlich überhaupt nicht gebraucht wird (Hackerslang).

cruft together
Hackerslang für das *gemeinschaftliche Hacken*.
Als Verb gebraucht ist hiermit gemeint, *etwas schnell und unsauber zusammenzubauen*.

crufty
unsinnig, kompliziert, oder einfach alles, was irgendwie *unangenehm* ist. (Hackerslang)

cruise (to ...)
kreuzen, umherirren; gemeint ist hier: ziellos oder erfolglos im Internet herumzusuchen.
Auch: Besuch der Szene, um Sexualpartner zu finden (Slang).

crumb
Bezeichnung im Hackerslang für „*zwei bits*".

crumbs!
ach du meine Güte (Slang)

crunch
seltene Bezeichnung (Hackerslang) für das Zeichen „#", siehe auch crosshash oder mesh.
Im Zusammenhang mit „zap", also crunch/zap sind die Zeichen „<>" gemeint.

cryptanalysis
eingedeutscht: *die Krypt-Analyse*; wissenschaftlicher klingt: „die Analyse chiffrierter Daten zum Zweck ihrer Dechiffrierung".
Man könnte auch einfach sagen, „cryptanalysis" ist die vornehme Umschreibung vom Knacken eines Codes. (Hackerslang)

CSH
Im Zusammenhang mit Zahlungsverkehr: Abkürzung für „Cash", gemeint ist *Barzahlung* oder *Scheck*.

ctb!
Abkürzung für „come to business", *komm zur Sache!* (Akronym))

CTCP
Abkürzung für „Client to Client Protocol", ein Protokoll mit dem sich bestimmte Informationen über einen anderen Clienten im IRC abfragen lassen; es kann beispielsweise die Version des IRC-Clients abgefragt oder die →finger-Abfrage durchgeführt werden. Hierbei lässt sich bei Unix-Rechnern die Real-Name eines Teilnehmers erfahren, wenn dieser nach außen freigegeben wurde.

ctrl
Abkürzung für „Control", gemeint ist die *Steuerungstaste* auf der Tastatur.

CTS
die Sendebereitschaft, Abkürzung für „Clear to send". CTS ist eigentlich die Bezeichnung einer der Meldeleitungen der seriellen Schnittstelle.

cu
bis zum nächsten mal, Abkürzung für „see you". CU dürfte eines der bekanntesten Akronyme überhaupt sein.

cu
Internationale Länderkennung in einer Internetadresse für *Kuba (Cuba)*, wird seltener auch schon mal als Abkürzung für den Ländernamen in chats benutzt.

CU-CME
Abkürzung für „see you – see me", gemeint ist die gegenseitige Übertragung von Videobildern über das Internet.

CU2
Abkürzung für „see you, too", zu deutsch: *ebenfalls Tschüss*

cubing
Hackerslang für das Lösen von schwierigen Puzzeln o.ä.
Der Begriff kommt vom Rubik's Cube (Rubik-Würfel).

CUD
Name eines Computer-Undergroundmagazins im Internet (siehe dort). CUD ist die Abkürzung für „Computer Underground Digest".

cul
wir sehen uns später noch, Abkürzung für „see you later". Der Schreiber dieses Akronyms rechnet also fest mit einer Rückantwort.
Auch:
Abkürzung für „catch you later", zu deutsch: *ich krieg´ Dich noch!*

cul8r
wir sehen uns später noch, zu lesen als: „see you later". Auch hier wird fest mit einer Rückantwort gerechnet.

cunnig so-and-so (to be a ...)
es faustdick hinter den Ohren haben (Idiom)

cunning blade (to be a ...)
ein gewitzter Kerl sein (Idiom)

cunt
Eines der im Internet nicht erlaubten „seven words", siehe dort. Cunt wird mit *„Votze"* übersetzt und der Gebrauch dieses Wortes entsprechend der netiquette geahndet (Dirty Word).

cup of tea (that's not my ...)
dies ist nicht nach meinem Geschmack (Idiom)

current publication
die Neuerscheinung

curse
die Menstruation (Slang, Dirty Word)

cuspy
gut gemacht (Hackerslang). Eigentlich ist cuspy ein Akronym gewesen für „Commonly Used System Programms", eine Reihe von sehr erfolgreichen Utility-Programmen.

custom made
die Sonderanfertigung

cut a long story short (to ...)
kurz gesagt (Idiom)

cut it out
Hör endlich auf damit (Slang)

cut to the quick
tief getroffen (Idiom)

cut up (to be ...)
betrübt sein (Idiom)

cut-throat price (a ...)
ein absoluter Dumpingpreis (Idiom)

cwyl
Abkürzung fur „chat with you later", zu deutsch: *wir chatten später*

CYA
Abkürzung für „see ya", zu deutsch: *Tschüss!*

cyberbucks
siehe cybercash

cybercafe
Ein Cafe oder eine Kneipe, die ihren Gästen Internetzugänge (gegen Bezahlung) bereitstellen.

cybercash
virtuelles Geld. Eigentlich der Name einer Firma, die das „virtuelle Geld" im Internet eingeführt hat, den Cyberdollar (oder im Slang: Cyberbucks). Cyberdollars sind eine rein fiktive Währung und keine Valuta. Geplant ist, dass man über Banken im Internet virtuelles Geld auf seinem Account auf einem Rechner überspielen und mit diesem dann im Internet einkaufen gehen kann.

cybercrud
Gerede um und über den Cyperspace. Keiner weiß so genau, was dieser ist, doch jeder hat darüber etwas zu sagen.

cybergirls
Selbstbezeichnung weiblicher Web-Nutzer.

cyberpunk
Eine Mischung aus Hightech, Popkultur und Kriminalität im Internet (siehe dort). Den Cyberpunk Web-Pages (siehe auch world wide web) haftet ein romantisch-krimineller Flair an mit seinem Hacker-Jargon und Hang zum Okkulten.
Während Cyberpunks mit Absicht Viren und Würmer (siehe dort) in das Netz injizieren, die sich oft mit einer zeitlichen Verzögerung

explosionsartig vermehren, Speicher löschen und Programme ändern, sehen sich Hacker eine Stufe über den Punks. Sie gehorchen strikt dem selbst auferlegten Ehrenkodex von Fairness und freiem Informationsaustausch.

cyberspace
Bezeichnung für eine künstliche dreidimensionale Computerwelt. Mit Hilfe entsprechender Eingabegeräte (3D-Maus) oder einem sogenannten Dataglove (Datenhandschuh) sowie einer speziellen „3D-Monitorbrille" kann sich der Anwender in dieser Computerwelt „bewegen". Mit cyperspace wird aber auch die virtuelle Welt des Internet (siehe dort) bezeichnet.

cycle
Hackerslang für das Ausschalten eines Computers und das sofortige Wiedereinschalten, beispielsweise zum Neustart des Systems nach einem Absturz. Auch „120 reset" oder „power cycle".

cycle crunch
Hackerslang, Bezeichnung für den Zustand, bei dem ein Server durch zu viele Anfragen seine Rechenzeit in zu viele kleine Einheiten (cycles) aufteilen muss, so dass ein sinnvolles Arbeiten nicht mehr möglich ist.

cyclone
Alternative Bezeichnung im Hackerslang für das Zeichen „@ ", siehe auch ape, cat oder commercial at.

cyl
Akronym für „see you later". *Man sieht sich ...*

cypherpunk
Hackerslang für eine Person, die sich der Verschlüsselung von Daten verschrieben hat. Oftmals geht es dabei um die Wahrung des Datenschutzes insbesondere gegenüber offiziellen Institutionen.

D

D
Im Zusammenhang mit Ziffern könnte der Buchstabe „D" auf eine Hexadezimalzahl hinweisen (siehe hex).
Beispiel $1D_{(hex)} = 29_{(dez)}$

D-D
Abkürzung für „damned", zu deutsch: *verdammt*. Beispiel: a D-D-virus killed half of my files – ein verdammter Virus hat die Hälfte meiner Dateien zerstört.

D/L
Download, zu deutsch: *runter laden*

d00d
gemeint ist „dude" zu deutsch: *Typ, Macker*.

dab
Akronym für „dead and buried", *vorbei und vergessen* (Idiom)

dab hand at (to be a ...)
etwas sehr gut können (Idiom)

dactylogram
der Fingerabdruck

daft as a brush (as ...)
dumm wie Bohnenstroh (Idiom), Emoticons hierzu:
<:I   Dummkopf
:-]   noch ein Dummkopf

dah
abwertender Ausruf (auch niedergeschrieben), der dem Gesprächspartner signalisieren soll, dass man ihn nicht ganz ernst nimmt. Auch *doh* oder *duh* (Slang).

daily round (the ...)
der übliche Tagesablauf (Idiom)

DALNet
Name eines →IRC-Netzes.

Dalnet
Name eines →IRC-Netzes. Dieses mittlerweile sehr groß und beliebt gewordene IRC-Netz entstand ursprünglich als Abspaltung der populären Star-Trek-Kanäle von Efnet und Undernet. Dalnet zeichnet sich durch eine sehr moderne Netzsoftware mit geschützten Benutzer- und Kanalnamen aus. Als erstes großes IRC-Netzwerk hat das Dalnet 1996 eine Initiative zur Unterbindung des Handels mit raubkopierter Software und mit illegaler Pornographie gestartet, allerdings ohne große praktische Auswirkungen.
Adresse: *www.dal.net*

dangling pointer
Hackerslang: ein Pointer, der auf keine (gültige) Adresse weist. Ursprünglich aus Programmiererkreisen stammend, werden hiermit heute beispielsweise Adressen oder Telefonnummern bezeichnet, deren Personen gewechselt haben.

Dark Fiber
Umgangssprachliche Bezeichnung für die stark reduzierte Dienstleistung eines Carriers.
Der Begriff bezieht sich eigentlich auf die Bereitstellung einer passiven Glasfaserverbindung (*unbeleuchtete Faser* – ohne Leitungsendeinrichtung).

dark-side hacker
Synonym für cracker, siehe dort.

Darwin-Preis
Ein Netzmythos, ein Märchen im Internet. Der Darwin-Preis wird angeblich jedes Jahr von neuem demjenigen verliehen, der auf die blödsinnigste Weise ums Leben gekommen ist.
Nach der Lehre Darwin überlebt normalerweise immer der Tüchtigste. Einen Preis hat also derjenige verdient – vorausgesetzt er ist dumm genug – der verhindert, dass seine (dummen) Gene weitervererbt werden. Es hat also durch seinen Tod der Menschheit eigentlich einen Dienst erwiesen. 1994 erhielt angeblich ein Mann den Darwin-Preis, der überdurstig einen Getränkeautomaten derart bearbeitete, dass dieser umfiel und ihn erschlug. Für das Jahr 1995 kursiert die Geschichte eines Amerikaners, der sein Auto mit Fest-

stoffraketen ausrüstete und nach einem kurzen Flug an einem Bergmassiv zerschellte.
1996 soll es einen Inder getroffen haben, der im Vollrausch (Nussschnaps) versucht haben soll, einem Tiger einen Blumenkranz um den Hals zu legen. Dieser mochte keinen Nussschnaps.
1997 war der Preisträger ein Lebensmüder, der von einem Hochhaus gesprungen sein soll. Auf dem Fall in das bereits gespannte Sprungtuch der Feuerwehr wurde der Mann Opfer eines tragischen Zufalls. Er wurde von den Kugeln getroffen, die eine mit ihrem Mann im gleichen Haus streitende Frau aus einem Gewehr auf ihn abgab. Sie verfehlte ihren Gatten, die Kugeln durchschlugen die Fensterscheibe und den just in diesem Moment Vorbeifallenden.
Ein Jahr später wurde ein übergewichtiger Türke Preisträger, der abnehmen wollte. Er las angeblich von einer Knoblauch-Bohnen Diät. Um es gleich richtig anzugehen – viel hilft auch viel – aß dieser gleich eine dreifache Portion des Gemischs. Dies machte ihn so müde, dass er sich schlafen legen musste. Er starb daraufhin an seinen eigenen Ausdünstungen infolge einer Methangasvergiftung.

data carrier
der Datenträger, dies kann eine Diskette, eine Festplatte, eine CD aber auch eine Lochkarte oder ein Magnetband sein.
In Zusammenhang mit der Datenübertragung ist ein „data carrier" beispielsweise die Trägerfrequenz der Daten im Netz.

data center
das Rechenzentrum

data collection
die Datenerfassung

data encryption
die Wissenschaft der Datenverschlüsselung.

data rate
die Datenübertragungsrate

data sink
der Datenempfänger, Gegenteil hiervon ist „data source", die Datenquelle, der Sender.

data source
der Datensender, das Gegenteil hiervon ist „data sink", der Datenempfänger.

data station
veraltete Bezeichnung für ein *Terminal*.

Datamation
Name eines US-amerikanischen Computermagazins.

Date:
Schlüsselwort der Zusatzinformation in einer E-Mail. Hier steht das Datum einer Nachricht.
Andere Schlüsselwörter sind: Return-Path:, From:, To:, Subject:, Content-Length:, Comments:, Organization:, Reply-To:, Priority:, X-Info:, X-Mailedby:, X-List: und X-Sender:.

Datenkompression (deutsch)
Zur Einsparung von Speicherplatz, oder zur Handhabung sehr großer Datenmengen ist es unerlässlich, diese zu Komprimieren. Komprimierte Daten lassen sich zudem schneller übertragen, was beispielsweise zu Einsparungen von Leitungskosten führt. Bei der Datenkompression wird mit Hilfe von sogenannten Kompressionsalgorithmen beispielsweise nach Gesetzmäßigkeiten im Datenbestand gesucht. Es ist dann kürzer, die Information abzuspeichern: „jetzt kommt 100 mal ein Leerzeichen", als eben diese hundert Leerzeichen.

Datenladen (deutsch)
deutscher Hackerslang für eine *Mailbox* oder ein *Bulletin Board* (siehe dort).

Datenpaket (deutsch)
Innerhalb eines Netzwerkes (und auch bei der DFÜ) werden Daten in der Regel in Form von Paketen weitergeleitet. Pakete verfügen über eine bestimmte Größe, eine Adresse und einen Absender, in Abhängigkeit vom verwendeten Protokoll (siehe protocol). „Datenpaket" ist demnach weder Slang noch Hackersprache, sondern eine offizielle Bezeichnung.

Datenschleuder (deutsch)
Name einer deutschen Hackerzeitschrift.

datum (englisch)
die Einzelheit, die Angabe

DAU (deutsch)
Abkürzung für „dümmster anzunehmender User", in Anlehnung an den Begriff GAU (größter anzunehmender Unfall).

Dauerbrand (deutsch)
Hackerslang für eine *heftige Dauerdiskussion*, bei der alle aufeinander einreden. Siehe auch „flame session".

Davy Jones's locker (to be in ...)
versackt sein (Slang)

day's work (all in a ...)
das ist selbstverständlich (Idiom)

day mode
der Tag-Modus. Im Gegensatz zu normalen Menschen, die tagsüber arbeiten, blühen Computerfreaks meist in der Nachtschicht auf (siehe auch night mode). Die Gebührenpolitik der Deutschen Telekom unterstützt überwiegend den Nacht-Modus.

daylight robbery
die Tagedieberei, die Beutelschneiderei (Idiom)

daylight saving time
die Sommerzeit

dayp
mach' was du willst, Abkürzung für „do as you please", (Akronym).

DB
Im Zusammenhang mit Zahlungsverkehr ist gemeint: *Lieferung auf Rechnung.*

DCC

IRC ist, wie die meisten Server in ihrem „Disclaimer" sagen, ein unmoderiertes Medium. Das bedeutet, dass der Datenverkehr im IRC zumindest von den Betreibern der Server nicht kontrolliert wird (genauso, wie die Telekom die Gespräche auf ihren Leitungen nicht kontrolliert). Da IRC gleichzeitig ein recht anonymes Medium ist (um herauszufinden, wer sich hinter einem bestimmten IRC-Namen verbirgt, braucht es schon sehr viel Hacker-Know-how und die Kooperation der jeweiligen Internet-Providers (der allerdings wohl kaum Daten seiner Kunden freiwillig weitergeben wird). So ist es kein Wunder, wenn IRC auch für eine Reihe unsauberer Aktivitäten benutzt wird, wie etwa für das Verbreiten von Nazi-Propaganda, illegaler Pornographie oder raubkopierter Software.

Die technische Grundlage für solches zum überwiegenden Teil illegales Treiben heißt DCC und ist eigentlich als schönes Feature von IRC gedacht gewesen.

Die Entwickler wollten ganz einfach einen Weg anbieten, über den man mit den Leuten, die man im Netz so trifft, wirklich private Nachrichten und eben auch Dateien austauschen kann. DCC steht für „Direct Client to Client", und es macht genau das, was der Name auch sagt. DCC baut eine direkte Verbindung zwischen zwei Computern im Internet auf, zum Beispiel zwischen Ihrem Computer und dem Computer Ihres Gesprächspartners. Während die normalen IRC-Gespräche und auch die privaten Messages, die die Benutzer untereinander sich senden, im Prinzip mit wenig technischem Aufwand belauscht werden könnten, verhält es sich bei DCC anders. Alles, was über eine DCC-Verbindung geht, ist zumindest einer unmittelbaren Kontrolle entzogen.

Und weil das so ist, haben natürlich schon längst alle einschlägigen Kreise DCC für sich entdeckt. Ob Hacker, Cracker oder Raubkopierer, ob Hersteller und Verbreiter von pornographischen Datenbeständen jeder Art oder ob Neonazis in aller Welt – sie alle nutzen die moderne Technik.

dd

verdammt, Abkürzung für „damned"(Slang).
Als Verb gebraucht, bedeutet „to dd *das Verschieben größerer Datenmengen* innerhalb des Computers (z.B. von der Festplatte in den Hauptspeicher), Synonym für „to blit". Kommt von einem gleichlautenden Unix-Befehl für das Kopieren.

DDJ
Abkürzung für „Dr. Dobb's Journal", Name einer US-amerikanischen Computerzeitschrift

DDT
Andere Bezeichnung für „debugger". Ein debugger ist ein Programm, das „bugs" aus Programmen entfernt. „Bug" kommt aus dem Englischen und heißt wörtlich übersetzt Wanze. Ein Debugger lässt sich also mit „Entwanzer" übersetzen. DDT ist auch die offizielle Bezeichnung eines Insektengiftes. Die Wortgleichheit ist Zufall, kommt aber nicht ungelegen. Ein zu früheren Zeiten sehr bekannter Debugger war das „DEC debugging Tape", oder kurz DDT.

de
Internationale Länderkennung in einer Internetadresse für *Deutschland*, wird auch schon mal als Abkürzung für den Ländernamen in chats benutzt.
Das „de" in der Bezeichnung einer newsgroup (siehe dort) weist in der Regel darauf hin, dass hier *deutsch* gesprochen wird.

dead against something (to be ...)
strikt gegen etwas sein (Idiom)

dead and buried
vorbei und vergessen (Idiom)

dead as a dodo (to be ...)
Mausetot sein (Idiom), Emoticon hierzu: **8-#** Tod
Bei der DFÜ ist ein User schon „tot", wenn keine Daten mehr von ihm kommen.

dead as a doornail (to be ...)
Mausetot sein (Idiom)

dead beat (to be ...)
fix und fertig sein (Idiom)

dead code
Hackerslang für *Daten, die nicht mehr erreichbar sind*. Dies kann zwei Gründe haben: entweder ist es aus technischen Gründen nicht

mehr möglich, auf die Daten zuzugreifen oder sie sind bewusst vor Zugriffen geschützt.

dead horse (to flog a ...)
offene Türen einrennen (Idiom)

dead key
die tote Taste, Bezeichnung für eine reservierte Tastenkombination beispielsweise für französische Akzente. Wird die Akzenttaste alleine gedrückt, so erscheint zunächst kein Zeichen auf dem Bildschirm. Wird anschließend beispielsweise der Buchstabe „e" eingegeben, so erscheint er zusammen mit dem zuvor ausgewählten Akzent: é.

dead links
Hypertext-Links, die vor kurzem noch anzusteuern waren, aber nun ins „nichts" führen, also dicht gemacht wurden.

dead loss (to be a ...)
eine totale Niete sein, ein hoffnungsloser Fall sein (Idiom)

dead of night (of ...)
mitten in der Nacht (Idiom)

dead on time (to be ...)
pünktlich sein (Idiom)

dead time
die ungenutzte Zeit

dead to the net (to be ...)
Netztot sein (Hackerslang), Emoticon hierzu: **8-#** Tod
Bei der DFÜ ist ein User schon „tot", wenn keine Daten mehr von ihm kommen.

deadlock
Zur Datensicherheit in Netzwerken gehören Sperrmechanismen, die eine gleichzeitige Änderung der Daten von mehreren Usern verhindern. Treten solche Sicherheitssperren gleichzeitig in Aktion (Überlappung), so kann dies zu der Blockade eines System führen, einem deadlock. Dies ist weder Slang noch Hackersprache, sondern eine offizielle Bezeichnung.

deadlock (to reach ...)
am toten Punkt angekommen sein (Idiom)

deadly embrace
die tödliche Umarmung, gemeint ist hiermit ein deadlock (siehe dort), bei dem lediglich zwei Personen (Programme) beteiligt sind.
Mit deadly embrace bezeichnet man auch die Situation, wenn zwei Personen sich dauernd den Vortritt an einer Tür geben und genau deswegen kann keiner der beiden eintreten.

deaf ear (to turn a ...)
einfach ignorieren (Idiom)

deamon
Abkürzung für „disk and execution monitor". Ein deamon ist ein Programm, das im Hintergrund arbeiten kann, also beispielsweise ein TSR-Programm (= Terminate and Stay Resident, siehe dort), das im Hintergrund des Hauptspeichers arbeitet, während andere, ganz normale Programme wie gewohnt ablaufen. Diese speicherresidenten Programme braucht man nur einmal aufzurufen, sie verbleiben dann im Hauptspeicher. Neben diesen nützlichen Helfern gibt es natürlich auch andere deamons, beispielsweise Virenprogramme (siehe Virus).

dear me!
ach du liebe Zeit! (Idiom)

death square
Bezeichnung im Hackerslang für das Firmenlogo der Firma Novell.

death star
Bezeichnung im Hackerslang für das Firmenlogo auf älteren Computern der Firma AT&T.

debate a motion (to ...)
einen Antrag ausdiskutieren (Idiom)

debugging
Ein „bug" ist ein Fehler im System (oder im Programm). „bug" kommt aus dem Englischen und heißt wörtlich übersetzt Wanze. Debugging

lässt sich also mit *„entwanzen"* übersetzen (siehe auch „bug" und „DDT").

deckle
Hackerlang für 10 bits. Hergleitet von dec- und →nibble.

DED
Abkürzung für „Dark Emitting Diode", also ein durchgebranntes LED (Light Emitting Diode), Hackerslang.

deep for me (that's too ...)
das geht über meinen Horizont (Idiom)

deep magic
schwer geheimnisvoll; Hackerslang für alles, was sich beispielsweise an einem Programm nicht erklären lässt. Auch nach umfassenden Erörterungen muss jeder zu dem Schluss kommen, dass hier ein Magier am Werk gewesen sein muss. Man spricht in diesem Zusammenhang auch gerne von Schwarzer Kunst (black art).

default
die Voreinstellung

defenestration
Hackerslang. *Etwas aus dem Fenster werfen*. Wird gerne in Zusammenhang mit grafischen Benutzeroberflächen wie beispielsweise Windows verwendet.

del/rubout
Synonym für „backspace", siehe dort.

Delay
Verzögerungs- oder Wartezeit. Zeitspanne, um die ein Ereignis verzerrt oder verzögert wird. Beispielsweise die Zeit, die vergeht, bis eine abgesandte Information vom Zielsystem empfangen wird.

deliver a speech (to ...)
eine Rede halten (Idiom)

deliver letters (to ...)
Briefe austragen (Idiom)

delta
Bezeichnung für *„kleine Veränderung"*. Dies kann ein Programm betreffen oder auch die Hardware. Wenn der neue Computer mit 600 MHz läuft, statt mit 300 MHz, so ist das delta 100 %. Klein ist diese Veränderung dennoch, da sie lediglich einen Systemfaktor betrifft (Hackerslang). Ein alternativer Begriff ist „diff", siehe dort.

Delta
siehe Dog

demand (to be in ...)
in Anspruch genommen werden (Idiom)

demented
„bescheuert". Programme, die viel Aufsehen erregen durch ständige Warn- und Fehlermeldungen nennt man gerne demented (Hackerslang). Natürlich sind die Programm auch dann „bescheuert", wenn man die Ursache eigentlich in der eigenen Fehlbedienung suchen müsste.
Emoticon hierzu ist <:l oder :-]

demigod
der Halbgott, der Guru, Hackerslang für einen wirklich großen Hacker.
Einige Beispiele laut dem „Jargon File" sind Ken Thompson and Dennis Ritchie (Mitentwickler von Unix und C), Richard M. Stallman (EMACS), Linus Torvalds (Linux) und James Gosling (Java).

demon
alternative Schreibweise für →deamon.

demon dialer
Hackerslang für ein Programm, das ständig die gleiche Telefonnummer anwählt.

demon for work (to be a ...)
ein Arbeitstier sein (Idiom)

Dept.
die Abteilung, Abkürzung für „Departement", in den USA auch das Ministerium. Siehe auch „DoD".

Derivat
der Abkömmling, die Ableitung. In der EDV ist ein Derivat eine Software, die von einer anderen „abstammt". Von Weiterentwicklung spricht man hierbei nicht gerne, da es um Urheberrechte geht. XENIX ist beispielsweise ein sogenanntes Unix-Derivat (siehe unix). Der Begriff Derivat ist weder Slang noch Hackersprache, sondern eine offizielle Bezeichnung.

DES
Abkürzung für „Data Encryption Standard", Standard für die Datenverschlüsselung.

despew (to ...)
verspucken, das unsinnige und andauernde Versenden von Nachrichten (z.B. wenn ein posting program falsch eingestellt ist).

dev/null
Synonym für bit-bucket, siehe dort; *das schwarze Loch* in dem Informationen oftmals verschwindet. Schreibweise oftmals: /dev/null

devil of a job (a ...)
eine Arbeit für Blöde (Hackerslang)

devil-may-care
unbekümmert (Idiom)

devo
der Entwickler, Abkürzung für „development", wird im Hackerslang für einen Hard- oder Softwareentwickler gebraucht.

DI
Im Zusammenhang mit Zahlungsverkehr: Abkürzung für „Diners Club", die DinersClub - Scheckkarte.

diagonal
Alternative Bezeichnung im Hackerslang für das Zeichen „ / ", siehe auch slash.

dial-up
die Verbindungsaufnahme über die Telefonleitung, das Anwählen.

dial-up script
andere Bezeichnung für das „login-script".

DIALOG
Befehl in vielen Mailboxen (siehe dort), der den Sysop zum Chat auffordert.

dice are loaded against him
seine Chancen sind gering (Idiom)

dick
der Penis (Slang) Emoticon hierzu: **3===>**

dictionary flame
der Versuch eines Chat - Teilnehmers vom Diskussionsthema abzulenken um eine Grundsatzdiskussion anzuzetteln. Siehe auch „flame". In der Regel wird sich bei der dictionary flame auf Lexika und Wörterbücher berufen, um so die eigene Aussage zu untermauern. Natürlich wird erwartet, dass niemand etwas bestreitet, was schwarz auf weiß zu lesen ist.

did the cat get your tongue?
hat es dir die Sprache verschlagen? (Idiom)

diddle (to ...)
„schummeln". Hacker bezeichnen hiermit die Vorgehensweise, beispielsweise beim Versuch einem Passwort zuleibe zu rücken. Diddle wird aber nicht nur für ungesetzliche Tätigkeiten gebraucht.

die is cast (the ...)
die Würfel sind gefallen, eine Entscheidung wurde getroffen (Idiom)

dieresis
Alternative Bezeichnung für „*Anführungszeichen*".

diff
Abkürzung für difference, Bezeichnung für eine „*kleine Verände-*

rung". Dies kann ein Programm betreffen oder auch die Hardware. (Hackerslang). Ein alternativer Begriff ist „delta", siehe dort.

different kettle of fish (a ...)
etwas gänzlich anderes (Idiom)

dig at me (a ...)
ein versteckter Seitenhieb (Idiom)

digital signature
die digitale Unterschrift, Bezeichnung für einige Zeilen Text, Name, Adresse, Beruf usw. sowie meistens ein Spruch des Autors oder auch eine ASCII-Grafik am Ende einer e-Mail oder einem chat. Die korrekte Bezeichnung ist „signature". Die Konventionen setzen als Grenze maximal vier Zeilen fest.

Digitalo (deutsch)
deutsche Bezeichnung für einen *Hacker* (im Hackerslang). Das Gegenteil eines Digitalos ist der Normalo oder der „real user", siehe dort.

diik
Abkürzung für „damned if I know", zu deutsch: *ich habe keinen blassen Schimmer*

dike (to ...)
könnte man mit „*entfernen, abschneiden*" übersetzen. „When doubt, dike it out", im Zweifelsfall entfernen (in der Hoffnung damit einen Fehler beseitigt zu haben). Dies kann sowohl ein Programmteil, ein Treiber, eine Datei oder auch ein Hardwarebauteil betreffen (Hackerslang). Der Begriff dürfte aus dem Hardwarebereich stammen: ein „diagonal cutter" ist eine Art Metallschere.

Dilbert
Name der Titelfigur eines in den USA sehr bekannten Comics, unter Hackern sehr beliebt. Wird gerne schon mal als Pseudonym verwendet.

dildo
der künstliche Penis (Dirty Word)

dilligad
Abkürzung für „do I look like I give a darn?!", zu deutsch: *sehe ich aus als ob ich Dir was tu´?*

dim view (to take a ...)
mit etwas unzufrieden sein (Idiom)

ding
Alternative Bezeichnung im Hackerslang für das Zeichen „$ ". Wird auch anstelle von „feep" gebraucht, siehe dort.

dink
Hackerslang für einen *Kleincomputer*, frühere Homecomputer wie beispielsweise Atari, Osborn, Sinclair, VIC-20, TSR-80 und auch die ersten IBM-PCs. Eine alternative Bezeichnung hierfür ist „bitty box", siehe dort.

dinosaur
der Dinosaurier, gemeint sind hiermit größere (und meist auch ältere) Computeranlagen, also beispielsweise die aus den ersten Tagen. Der Vergleich mit einem Dinosaurier liegt nahe: raumfüllend und uralt, bzw. ausgestorben (Hackerslang). Siehe auch „big iron".
Mit „dinosaur" werden auch sehr konservative User tituliert.

dinosaur pen
Hackerslang für Großcomputer-Räume mit speziellem Equipment wie Spezialverkabelungen und Klimaanlagen.

dirty dozen
das dreckige Dutzend. Um Zahlenangaben mehr Gewicht zu geben erhalten sie beispielsweise solche Adjektive.
Andere Beispiele sind:
terrible twenty	schreckliche Zwanzig
threatening thirties	bedrohliche Dreißig
fornicible fifties	unzüchtige Fünfzig

usw. (Hackerslang)

dirty power
die Stromschwankungen, die Spannungsspitzen usw., ein Hacker nennt die schwankende Stromversorgung des Netzes „dirty", da sie zu großen Schäden führen kann.

disappear into the air (to ...)
spurlos verschwinden (Idiom)

disclaimer
die Haftungsausschlusserklärung, eine Erklärung, in der sich beispielsweise der Autor einer Nachricht nicht für die Richtigkeit des Inhalts verantwortet.

disconnect
Vorgang oder Meldung zur *Beendung einer Datenverbindung*, siehe auch log-off.

disk farm
veralteter Hackerbegriff für einen Raum voller Diskettenlaufwerke (für Großrechner).

dist.
die Entfernung, Abkürzung für „distance".

distinction without difference
die Haarspalterei (Idiom)

disusered (to be ...)
von der Teilnahme ausgeschlossen, nicht mehr als User zugelassen.

ditch-water (as dull as ...)
langweilig (Idiom)

DJ
Abkürzung für „DeskJet", Name eines Tintenstrahldruckers der Fa. Hewlett Packard.

DJ50
Abkürzung für „DeskJet 500", Name eines weit verbreiteten Tintenstrahldruckermodells der Firma Hewlett Packard.

DK
Abkürzung für „Don't Know", *ich weiß nicht.*

dk
Internationale Länderkennung in einer Internetadresse für *Dänemark*, wird auch schon mal als Abkürzung für den Ländernamen in chats benutzt.

dltbom
schiebe die Schuld bitte nicht auf mich, Akronym für „don't lay the blame on me"

dltm
lüge mich nicht an, Akronym für „don't lie to me".

dmi
Abkürzung für „don't mention it", *keine Ursache* (Akronym)

Dnet
Bezeichnung für die Zusammenfassung aller deutschen Systeme im Internet.

dnk
Kurzform für *„Danke"*, das englische Pendant ist tnx (= thanks).

do away with (to ...)
etwas abschaffen (Idiom)

do come!
kommt doch! (Idiom)

do.
desgleichen, Abkürzung für „dito".

doa
Abkürzung für „Date of Announcement", das *Datum der Ankündigung*.

dob
Akronym für „date/day of birth", das *Geburtsdatum*.

doc
Abkürzung für „document", *das Schriftstück, das Dokument* (auch in

Form einer Datei). Viele Textverarbeitungsprogramme o.ä. verwenden diese Abkürzung auch als Dateiendung.

docket
der Inhaltsvermerk

doco
Hackerslang für jemanden, der Dokumentationen zu Hardware oder Software verfasst.

doctor (you're the ...)
es ist deine Entscheidung (Idiom)

DoD
Abkürzung für „Departement of Defense", zu deutsch: „Verteidigungsministerium". Das US-amerikanische DoD spielt in der Welt der Computer eine besondere Rolle, weil viele Entwicklungen und Normierungen hier durchgeführt wurden.

dodge a person (to ...)
jemandem ausweichen (Idiom)

dodge the issue (to ...)
einer Frage ausweichen (Idiom)

Dog
Wort für den Buchstaben „D" im amerikanischen Buchstabieralphabet (Phonetic Alphabet). Im deutschen Buchstabieralphabet ist dies „Dora" und international sagt man „Danemark". Auch schon mal verwendet wird „Delta", was aus der Zivilluftfahrt kommt.

dog's chance (to have a ...)
keinerlei Chancen haben (Idiom)

dog's dinner (to think to be the ...)
sich etwas einbilden (Idiom)

dog in a manger (to be a ...)
ein Taugenichts sein (Idiom)

dog tied up (a ...)
die unbezahlte Rechnung (Idiom)

dogwash
die Hundewäsche, Hackerslang für eine unwichtige Arbeit die nur deshalb ausgeführt wird, weil man sich vor einer zwar wichtigen aber schwierigeren Arbeit drückt.

doh
abwertender Ausruf (auch niedergeschrieben), der dem Gesprächspartner signalisieren soll, dass man ihn nicht ganz ernst nimmt. Auch *dah* oder *duh* (Slang).

doing fine (I am ...)
alles klar bei mir (Idiom)

dok (deutsch)
Abkürzung für *Dokument* (auch in Form einer Datei). Viele Textverarbeitungsprogramme o.ä. verwenden diese Abkürzung auch als Dateiendung, meist jedoch in englischer Form (doc).

dolp
Abkürzung für „date of latest publication", das Datum der letzten Veröffentlichung.

Domain
Bezeichnung für eine von einem Verwalter festgelegte Gruppe von Systemen in einem Netz (Mailbox).

Domainadressierung
Gemeint ist hier eine Methode zur Adressierung von e-Mails. Wie bei einer Postanschrift wird eine Aufzählung immer enger gefasster Bereiche angelegt. Eine Domainadresse könnte z.B. lauten:
reuter@star.uni.trier.de
Diese Adresse wird von rechts nach links interpretiert. Also „de" für Deutschland. An dieser ersten Stelle sind als „top level domains" die zweibuchstabigen ISO-Länderkürzel üblich. Vor allem in den Vereinigten Staaten (aber eben nicht nur dort) werden jedoch auch andere Kürzel verwendet, z.B. „com", „edu", „mil", „org" etc. An nächster Stelle kommt die „second level domain". Sie bezeichnet in der Regel eine Organisation oder eine Region, hier ist es die Stadt Trier. An

dritter Stelle (diese ist schon optional) kann nun eine weitere Unterteilung stehen, hier ist es „uni" für die Universität in Trier. Die nächste Domain ist hier der Hostname „star". Vor dem Hostnamen steht durch ein „@" getrennt die Benutzerkennung. Das „@" ist eine Abkürzung für das englische „at". Eine Domainadresse kann allgemein aus mindestens zwei und ansonsten beliebig vielen Domains bestehen. Nur in England ist die Domainreihenfolge umgekehrt.

Domestos (deutsch)
Hackerslang für das Betriebssystem MS-DOS. Gebräuchlich sind auch messy-dos, mess-loss, mess-dog, mess-dross und mush-dos. Alle diese Begriffe implementieren eine grundlegende Abneigung bzw. Minderschätzung dieses Betriebssystems. Domestos ist der Name eines Toilettenreinigers, den es auch in Irland und Großbritannien gibt.

don't get your knickers in a twist
rege dich nicht so auf (Idiom)

don't keep skirting the issue
rede nicht um den heißen Brei herum (Idiom)

don't mention it
keine Ursache (Idiom)

Donald Duck
beliebtes Pseudonym

dongle
der Kopierschutz-Stecker, das meist etwa zigarettenschachtelgroße Dongle hat auf einer Seite einen Stecker für die parallele Schnittstelle des Computers und auf der anderen Seite wiederum eine Buchse, so dass Geräte für die parallele Schnittstelle, wie der Drucker oder ein Plotter zusammen mit dem Dongle arbeiten können: das Dongle sitzt also zwischen Schnittstelle und Stecker des Anschlusskabels für das parallele Gerät. Es gibt auch Dongles für die serielle Schnittstelle, die Handhabung ist entsprechend. Dongles enthalten meist einen Code in einem EPROM, den die zu schützenden Software abfragen kann.
Die Bezeichnung „Dongle" ist vom Namen des Software-Entwicklers Don Gall abgeleitet.

dongle disk
Hackerslang für *eine Schlüsseldiskette; eine Startdiskette*, die einen Schutzmechanismus für ein Programm bildet.

doors
die Türen, Bezeichnung für spezielle Befehle, um auf Mailboxsystemen eigenständige Programme über die Telefonleitung starten zu können.

doorstop
der Türstopper, gemeint ist ein unwiderruflich zerstörtes Hardwarebauteil oder eine Person, die lediglich im Wege steht, Hackerslang.

DoS
Abkürzung für „Denial of Service", Zustand der eintritt, wenn ein Hacker einen Internet-Server böswillig lahm legt und dadurch anderen Benutzern den Zugriff auf dessen Dienste versagt.

DosApp
Abkürzung für „DOS-Application", zu deutsch: das *Anwendungsprogramm für MS-DOS*.

dot address
Adresse, bei der als Trennzeichen ein Punkt (dot) verwendet wird: 123.456.789.12

dot file
Bezeichnung für eine Datei, die mit herkömmlichen Möglichkeiten nicht angezeigt werden kann. Hidden Files unter MS-DOS sind beispielsweise so etwas ähnliches.

double asterisk
seltene Bezeichnung für den Gebrauch von zwei Sternen, siehe auch **.

double bucky
Hackerslang für die Benutzung einer *Tastenkombination mit drei Tasten*. Der Begriff ist abgeleitet von „bucky bits" (siehe dort) einer Bezeichnung für die Reserven, die als letzte Rettung mobilisiert werden können. Ursprünglich waren „bucky bits" diejenigen Bits, die

die durch Tastenkombinationen erzeugten Zeichen repräsentieren. Mit der Shift-, Control-, Alt-, und AltGr-Taste kann man ebenfalls auf eine große „Reserve" an Zeichen zugreifen.

double dutch (to talk ...)
Unsinn reden (Slang)

double face (to wear ...)
doppelzüngig sein (Idiom)

double glitch
Alternative Bezeichnung für die „*Anführungszeichen*".

double oh seven
seltene Bezeichnung für das Zeichen „%".

double quote
Alternative Bezeichnung für die „*Anführungszeichen*".

double talk
zweideutiges Gerede (Idiom)

double tides (to work ...)
Tag und Nacht arbeiten (Idiom)

doubled sig
„sig" ist die Abkürzung für signature (siehe dort). Eine „doubled sig" entsteht immer dann, wenn eine E-Mail ein zweites Mal zugestellt werden muss. Dies ist oftmals auf eine Fehlbedienung des E-Mail-Programmes zurückzuführen, so dass aus dem doppelten Vorhandensein einer signature auf den Fehler des Absender geschlossen werden kann.

doubting Thomas (to be a ...)
ein ungläubiger Thomas sein, ein ungläubiger Mensch sein (Idiom)

dough
das Geld (Slang)

down (to be ...)
kaputt sein

down a peg or two (to took one ...)
jemanden herunterputzen (Idiom)

down on a person (to be ...)
jemanden gegenüber feindlich gesinnt sein (Idiom)

down time
die Ausfallzeit (eines Systems)

down to the present day
bis zum heutigen Tage (Idiom)

down under
Hiermit ist der Kontinent *Australien* gemeint. Siehe auch „au".

download
das Herunterladen, gemeint ist hier das Laden (Lesen) von Daten auf einem anderen Computer, also beispielsweise bei der Datenfernübertragung. Die Vorsilbe „down" deutet darauf hin, dass meist von einem größeren Computer (Host, siehe dort) auf einen kleineren geladen wird.

download dummy
Abfällige Bezeichnung für einen User, der es nicht schafft Daten aus den Netz zu ziehen.

downsizing
das Verlagern von Anwendungen eines Großrechners auf den PC

downstream
Bezeichnung für „eine bis mehrere Netzebenen tiefer".

DPB
Hackerslang für *„etwas in die Mitte einfügen"*. Beispiel: „DPB yourself in our chat-room". DPB ist eigentlich ein mnemonischer Befehl und steht für „DePosit Byte" zum Einfügen von einzelnen Bits in die Mitte anderer Bits.

Dpt.
die Abteilung, Abkürzung für „departement", (auch Dept.)

drag and drop
Wörtlich übersetzt bedeutet "drag and drop" soviel wie: *ziehen und fallen lassen*. Hiermit wird eine besonders komfortable Eigenschaft grafischer Benutzeroberflächen (z.B. Windows) umschrieben. Bekanntlich werden Anwenderprogramme und Dateien bei diesen durch Piktogramme (kleine Bildchen) dargestellt. Mit der Maus lassen sich diese Piktogramme mit „drag and drop" über den Desktop bewegen.

drag party
die Zusammenkunft für Transvestiten (Slang).

dragon
der Drachen. Ein dragon ist ein Programm, das im Hintergrund arbeiten kann, also beispielsweise ein TSR-Programm (= Terminate and Stay Resident, siehe dort) das im Hintergrund des Hauptspeichers arbeitet, während andere, ganz normale Programme wie gewohnt ablaufen. Im Gegensatz zu den „deamons", die nur auf Anforderung arbeiten, sind dragons immer aktiv. Neben diesen nützlichen Helfern gibt es natürlich auch andere dragons, beispielsweise Virenprogramme.

Dragon Book
Bezeichnung für ein Kultbuch (in der Hackerszene). Gemeint ist: "Compilers – Principles, Techniques and Tools", von Alfred V. Aho, Ravi Sethi, and Jeffrey D. Ullman. Der Buchumschlag zeigt einen Drachen.

draw lots (to ...)
knobeln (Idiom)

DreamNet
Ein relativ neues →IRC-Netzwerk mit 4 Servern in den USA. Adresse: *www.dream-net.org*

Drecknet (deutsch)
abfälliger Hackerslang für DECNET, eine Protokollfamilie (siehe protocol) der Fa. DEC für VMS-Rechner.

dressed to kill (to be ...)
aufgetakelt sein (Idiom)

dressed up to the nines (all ...)
ganz schön aufgetakelt sein (Idiom)

drew the long bow (he ...)
er übertrieb maßlos (Idiom)

dribs and drabs (in ...)
scheibchenweise (Idiom)

drive a hard bargain (to ...)
knallhart verhandeln (Idiom)

driver's seat (to be in the ...)
das Sagen haben (Idiom), *der Chef sein*
Emoticon hierzu: **C=:-)**

drives me up the pole (that ...)
das macht mich verrückt (Idiom)

driving at (what are you ...)
worauf willst du hinaus? (Idiom)

droid
Bezeichnung für jemanden, der viel verspricht, aber wenig hält.
Vergleiche auch: marketeer, marketing slime und marketing droid.
Gerne wird auch die Bezeichnung „Sigmund Droid" verwendet.

drop a load (to ...)
ejakulieren (Slang, Dirty Word).

drop in the ocean (a ...)
ein Tropfen auf den heißen Stein (Idiom)

drop me a line
schreib mir ein paar Zeilen (Idiom)

drop off the twig
lass die Katze aus dem Sack (Idiom)

drop the subject (to ...)
ein Thema fallen lassen (Idiom)

dropp a brick (to ...)
ins Fettnäpfchen treten (Idiom)

drugged
„unter Drogen"; Hackerslang, wird gebraucht, beispielsweise für eine im Vergleich recht langsame Hardware.

drump up business (to ...)
das Geschäft in Schwung bringen (Idiom)

drunk as a lord (to be as ...)
volltrunken sein (Idiom)

drunk mouse syndrome
Bezeichnung für den Zustand und die ruckartigen Bewegungen des Mauszeigers, wenn die Mechanik der Maus (Rollkugel) verschmutzt ist.

DSH
Abkürzung für „Desperately Seeking Help", *die verzweifelte Hilfesuche.*

dst
die Sommerzeit, Abkürzung für „Daylight Saving Time".

dtmsty
Abkürzung für „does this make sense to you ?", *wirst Du daraus schlau?* (Akronym)

dtsl
rede nicht so laut! (gemeint ist: nicht zu viel zu reden), Akronym für „don't talk so loud".

Du (deutsch)
Wegen der Deutschsprachigkeit der „de.*-Hierarchie" stellt sich die Frage, ob man andere Chat-Teilnehmer „duzen" oder „siezen" sollte. Es gilt normalerweise: Wer selbst siezt, will gesiezt werden – wer duzt, will selbst geduzt werden. Die meisten Teilnehmer der „de.*-Hierarchie" duzen sich jedoch, unabhängig von ihrer gesellschaftlichen Stellung. Und viele, die siezen, tun dies nur anfangs, weil sie noch nicht wussten, dass die meisten ein „Du" bevorzugen. Wird man gesiezt, sollte man nicht gleich mit dem „Du" beginnen, sondern vorher anfragen, wie man es in Zukunft halten will.

due form (in ...)
vorschriftsmäßig (Idiom)

duh
abwertender Ausruf (auch niedergeschrieben), der dem Gesprächspartner signalisieren soll, dass man ihn nicht ganz ernst nimmt. Auch *doh* oder *dah* (Slang).

dull as ditch-water (as ...)
langweilig (Idiom)

dumbass attack
Hackerslang für einen fatalen Anfängerfehler, der einem Profi passiert: beispielsweise das versehentliche Löschen der Festplatte. Vergleiche auch: „weasel", der Fehler machende Anfänger.

dummy
die Attrappe, die Kulisse, der Schein, wird im Hackerslang auch auf Personen angewendet.

dump
siehe „hex dump" und „brain dump". Auch: *der schäbige Ort*.

dungeon
Verlies, Kerker, Bezeichnung für eine Reihe von Abenteuer- und Rollenspielen sowie Simulationen im Internet.

dup killer
Name eines Programmes, welches beispielsweise im FidoNet Duplikate von Nachrichten eliminiert, wenn sie über verschiedenen Routen durch das System ankommen.

dust-up with someone (to have ...)
eine Auseinandersetzung mit jemandem haben (Idiom)

dusty deck
Hackerslang für längst überholte Software, zu der neuere Entwicklungen immer noch kompatibel sein müssen.

dutch courage (to need ...)
Mut antrinken (Idiom)

dwim
Abkürzung für „do what I mean", Bezeichnung für die automatische Fehlerkorrektur. Gemeint mit dwim ist eigentlich eine Fehlerkorrektur, die die Gedanken (des Anwenders) lesen können müsste, also etwas, was es eigentlich gar nicht gibt. (Hackerslang)

dyhwih
hörst Du, was ich höre?, (Akronym), Abkürzung für „do you hear waht I hear?"

dyke
die Lesbierin (Slang, Dirty Word).

dynner
Hackerslang für „32 bits".

E

E
Im Zusammenhang mit Ziffern könnte der Buchstabe „E" auf eine Hexadezimalzahl hinweisen (siehe hex).
Beispiel $1E_{(hex)} = 30_{(dez)}$

e&oe
Irrtum vorbehalten, Abkürzung für „errors and omissions exceptetd".

e-mail
auch email oder E-Mail, Abkürzung für Electronic Mail, *der elektronische Brief*. Electronic Mails können sowohl in LAN-Netzwerken unter den einzelnen Netzwerkteilnehmern ausgetauscht werden, als auch mittels DFÜ. Zum Empfangen eines solchen Briefes benötigt man dann einen „Briefkasten", eine mailbox (siehe dort).

e-zine
Abkürzung für *„electronic magazine"*, eine spezielle Art von Lektüre, die ausschließlich über das Internet verbreitet wird, also nicht in gedruckter Form vorliegt.
Die meisten e-zines richten sich an kleine, oftmals elitäre Lesergruppen. Dabei gilt der Grundsatz, so verrückt wie möglich. Ursprünglich enthielten e-zines weder Werbung noch Kleinanzeigen, was sich jedoch langsam ändert.
E-zines sind dennoch ernstzunehmende Medien: auch wenn sie nicht gedruckt werden haben sie beispielsweise in den USA bereits eine ISSN-Nummer, eine der ISBN-Nummer für Bücher entsprechende Registrierung für Zeitschriften. Darüber hinaus werden sie in offiziellen Listen geführt.
E-zines können sogar abonniert werden und das überwiegend kostenlos. Voraussetzung hierfür ist natürlich das Vorhandensein eines elektronischen Postfaches. Vorteil eines solches Abonnements ist es, dass man keine Ausgabe verpasst, denn ihr Erscheinen ist oftmals sehr unregelmäßig. Selten stehen professionelle Teams hinter den e-zines, so dass sie lediglich nach Bedarf bzw. nach Themenaufkommen erscheinen – also mitunter sehr unregelmäßig.

e.g.
zum Beispiel, beispielsweise, Abkürzung für lateinisch „exempli gratiae", im englischen Sprachgebrauch durchaus üblich.

e2eg
Abkürzung für „ear to ear grin", *breites Grinsen*. Es kann sowohl die Aussage eines anderen Teilnehmers belächelt werden, als auch die eigene. Im letzteren Fall kann man einen Kommentar als humorvoll, oder ironisch kennzeichnen. Emoticon hierzu **:-))))**
Siehe auch <g> bzw. <G>.

Earth International Chat Network
Der Name dieses →IRC-Netzwerks wurde amerikanisch-großzügig gewählt, denn die bislang vorhandenen 9 Server stehen alle in den USA.
Adresse: *www.earthint.net*

earthquake
das Erdbeben, Hacker bezeichnen so wenig vorsichtige Hardwaretests.

ease off a bit!
mach mal langsam! (Idiom)

east hyperspace
Hackerslang für einen Speicherbereich im Computer, der nicht genauer definiert, aber jedenfalls „weit weg ist"; ein Variante von „hyperspace", siehe dort.

easter egg
das Osterei, Hackerslang für eine Nachricht, die im Objektcode eines Programmes verborgen ist.
Wer sich beispielsweise EXE-Dateien mit einem geeigneten Editor anschaut, oder mittels PC-Tools oder den Norton-Utilities ein HEX-Dump hiervon anfertigt, dem wird auffallen, dass alle EXE-Dateien mit der Buchstabenkombination MZ beginnen. Das gleiche Kürzel findet sich zu Beginn eines jeden von MS-DOS zugewiesenen Speicherblocks. Für das Betriebssystem ist dies nichts anderes als eine Erkennungsmarke – aber wieso gerade die Buchstabenkombination MZ? Die Antwort ist so einfach wie verblüffend: bei der Programmierung von MS-DOS musste man sich auf eine einheitliche Datei-Kennung einigen und so behielt man die von einem Programmierer aus dem Microsoft-Team bei. Mark Zbikowski hieß damals (bei der Entwicklung von MS-DOS 2.00) der Leiter der Entwicklungsabteilung, die aus insgesamt sechs Mitarbeitern bestand. So hat sich einer der Väter von MS-DOS im System verewigt und darüber hinaus automatisch in Tausenden von Anwendungsprogrammen.
Mit „easter egg" bezeichnet man auch in Anwendungsprogrammen verborgene Grafiken, Sounds oder kleine Spielchen, mit denen sich die Programmierer verewigen. Solche Zusätze sind in der Regel mit nicht dokumentierten Tastenkombinationen aufrufbar.

easter egging
Hackerslang für das Austauschen zufällig ausgewählter Hardwarebauteile in der Hoffnung damit eine Fehlfunktion des Systems beseitigen zu können. Bei Software spricht man von „shotgun debugging".

Easy
Wort für den Buchstaben „E" im amerikanischen Buchstabieralphabet (Phonetic Alphabet). Im deutschen Buchstabieralphabet ist dies „Emil" und international sagt man „Edison". Auch schon mal verwendet wird „Echo", was aus der Zivilluftfahrt kommt.

easy (I am ...)
es ist mir völlig egal (Idiom)
Emoticon hierzu: **:-I**

easy terms (on ...)
zu günstigen Bedingungen (Idiom)

eat crow (to ...)
klein beigeben müssen (Idiom)

eat humble pie (to ...)
etwas entschuldigend zugeben (Idiom)

eat one's words (to ...)
die Aussage zurückziehen (Idiom)

eater of characters
der Zeichenfresser, Bezeichnung für das Internet (siehe dort) im Hackerslang.

eating pussy
eine Frau mit straker erotischer Anziehungskraft (Slang).

eavesdrop on somebody (to ...)
jemanden belauschen (Idiom)

Ebone
von engl. „European Backbone", europäischer internationaler Datennetz-Backbone (Rückgrat) zur Verbindung nationaler und internationaler Forschungsdienste. Siehe auch backbone.

ec ec
und so weiter und so weiter (usw.), Abkürzung für lateinisch „et cetera".

Echo
Name im FidoNet für ein öffentliches „schwarzes Brett" zum Nachrichtenaustausch. In anderen Netzen: spricht man von Brett, Gruppe oder Newsgroup (siehe dort).
Siehe auch „Easy".

Echomail
Bezeichnung für sämtliche Nachrichten in allen Echos (siehe dort), die ein System zu transportieren hat (FidoNet). Eine Echomail ist aber auch eine Nachricht, die jeder lesen darf.

edu
Abkürzung für education, Bereichsname im Internet (siehe dort) für „Bildungseinrichtung".

educated guess (an ...)
eine auf Erfahrungen basierende Schätzung (Idiom)

EFNet
Name eines →IRC-Netzes. Das Efnet ist das älteste IRC-Netzwerk und war ursprünglich das einzige Chat-Netzwerk im Internet. Bis 1996 umfasste es auch das heute als IRC-Net bekannte europäische Netzwerk, doch haben sich die europäischen Server zum überwiegenden Teil aus dem Efnet-Verbund verabschiedet und firmieren seither eigenständig als IRC-Net.
Adresse: *www.efnet.net*

eg
Internationale Länderkennung in einer Internetadresse für *Finnland*, wird auch schon mal als Abkürzung für den Ländernamen in chats benutzt. Nicht zu verwechseln mit „e.g." (siehe dort).
<eg> steht auch für „evil grin", das *boshafte Grinsen*.

egg somebody on (to ...)
jemanden aufhetzen (Idiom)

eighty-column mind
veralteter Hackerslang: Bezeichnung für einen User, der bis heute noch der Lochkartentechnik nachtrauert (diese hatten 80 Spalten).

Eimer (deutsch)
Im deutschen Hackerslang ist der *Computer* ein „Eimer". Andere Bezeichnungen sind: Kiste, Büchse, Gurke oder Erbse.

elaborate (to ...)
sorgfältig ausarbeiten

electronic banking
das Abwickeln von Bankgeschäften direkt vom Personalcomputer aus.

elektronische Hexen (deutsch)
Selbstbezeichnung weiblicher Web-Nutzer.

elephantrine
„*elefantös*", Hackerslang beispielsweise für ein gewaltiges Programm oder eine gewaltige Hardware, deren Leistung ganz im Gegensatz zum Umfang steht. Siehe auch „baroque" oder „monstrosity".

eleventh hour (the ...)
kurz vor zwölf (Idiom)

EM
Abkürzung für „Electronic Mail", siehe e-Mail.

emacs
Akronym für „Eight Megabytes and Constantly Swapping", gemeint ist die Folge eines zu kleinen Hauptspeichers beim Einsatz speicherintensiver Anwendungen (Hackspeak).

email (to ...)
das Versenden einer E-Mail, Slang.

emoticon

Abkürzung für „emotional icons", also Zeichen, mit deren Hilfe man Emotionen ausdrücken will. Das besondere an den emoticons ist, dass sie nur aus ASCII-Zeichen zusammengesetzt und daher in fließenden Text eingefügt werden können. Allerdings sind sie nur bei der Betrachtung um 90° gedreht zu lesen. Ein Smiley oder „happy face" sieht dann so aus :-)
Siehe auch „happy faces", „bixies" und „midget smileys".
In vielen Listen und Büchern werden mehrere hundert solcher emoticons aufgelistet, von denen der größte Teil allerdings nur in ganz bestimmten Gruppen intern genutzt wird und die interessanterweise teilweise recht unterschiedlich ausgelegt werden. Daher hier nur eine bescheidene (unvollständige Auswahl):

:-)	happy
:-))	very happy
:-))))	überglücklich
:-):-):-)	schallendes Gelächter
:)	Bis über beide Ohren glücklich
;-)	Mit einem Augenzwinkern oder vor Freude weinend
,-)	Mit einem Auge zwinkernd
:-,	Ironisches Lächeln
%-}	Wahnsinnig lustig
%-(I)	Lachkrampf
:->	hi
:-<	unglücklich
:-(	traurig, heulen
:-((	sehr traurig
:-C	sehr unglücklich
:-((((	todunglücklich
&.(..	weinend
-/-	Fertig mit der Welt
:-o	erschrocken
(:-&	ängstlich erschrocken
>:->	sehr ängstlich
>:-<	crazy
(#):-)	chaotisch
(-:I:-)	unentschlossen
+-?	unsicher
<>:-I	skeptisch
:-\	weiß nicht, unentschlossen
:-s	verstehe ich nicht

:-&	bin sprachlos
:-t	bin verärgert
8-I	bin gespannt
I-)	langweilig
I-O	gelangweilt
:-I	denke nach
:-I	ist mir egal
:-*	Uuups
.-)	einäugiger Smiley
.-]	einäugiger Smiley
`-)	nur ein linkes Auge
%-)	Schielen
::-)	Brillenträger
8-)	Smiley mit Brille
8:-)	Brille hochgeschoben
B-)	Hornbrille
B-I	Blindenbrille
B:-)	User hat die Sonnenbrille auf dem Kopf
g-)	Monokel
(-E:	Bifokalgläser tragend
:-%	User mit Bart
:-=)	User mit sehr langem Bart
:-{	User mit Schnurrbart
:-#I	User mit großen Schnurrbart
(:)	muss zum Friseur
{:-)	User trägt Scheitel
[:-)	User trägt Walkman
{(:-)	User trägt Toupet
}(:-(	Toupet im Wind
:-:	Mutant (unsichtbarer User)
*-(	Zyklop
o-)	noch ein Zyklop
[:I]	Roboter
8:]	Gorilla
8)	Frosch
3:-o	Kuh
:-(=)	Pferd
(8)	Schwein
:>=	Walroß

.	Floh
o___	Maus |ро

<I-)	Chinese
<I-(	Chinese der nicht über Chinesenwitze lacht)
<I-)=	Chinese (mit Bart)
@:I	Inder (mit Turban)
-:-)	Mohikaner
(-:	Australier (siehe down under)

(XOII)	doppelter Hamburger mit Tomate und Salat
(_)]	eine Tasse Café

[+*-/E=mc²]	Uni
[+/-]	Grundschule
[+/-mc²]	Hochschule
[+/-m²]	Mittelschule
[+?/-?]	Hilfsschule

=:-)	Punker
=:-#)	Punker mit Bart
=I:-)=	Abe Lincoln, Uncle Sam
$-)	Yuppie Smiley
([(	Robocop
(8-o	Bill Gates
5:-)	Elvis Presley
7:-)	Ronald Reagan
8(:-)	Mickey Maus
B-)	Batman
CI:-=	Charlie Chaplin
EK (	Frankenstein
/:-	Raumschiff Enterprise (Mr. Spock)
1'1'1	Die drei Musketiere
*:0)	Gauner
:-{	Graf Drakula
: - [	Vampir
: -O	Mick Jagger
:-.)	Madonna, auch Marilyn Monroe
:-\	Popeye
+-(:-)	Papst
+-:-)	Pastor

*<I-)=	Weihnachtsmann
*<I:-)	Weihnachtsmann
:-	männlich
8==>	männlich (Sexprotz)
o<-=	Mann
o<-<	Frau
>	weiblich
8:-)	kleines Mädchen
:-)-{8	großes Mädchen
:-}	User trägt Lippenstift
:-{}	User trägt viel Lippenstift
:-X	Küsschen
:-Xx	Küsschen, Küsschen
:*	Gruß und Kuss
:-*	Bussi
:-Q	User raucht Zigaretten
:-?	User raucht Pfeife
:^)	User raucht einen Joint
:/i	no smoking
:-o	User singt
:-`	User spukt
:-)8	User trägt Fliege
:-X	User trägt elegante Fliege
:-}	User benutzt Lippenstift
::-)	Sonnenbrille
@:I	User mit Turban
:-´I	User ist erkältet
:~)	Tropfnase
:-i	unentschlossen
:<I	hochnäsig
:>)	große Nase
:=)	User hat eine Boxernase
:%)%	User mit Akne
(-:	Linkshänder
(:I	Intellektueller

(:<)	du redest zuviel
:=0	Quatschkopf
:-D	ich spreche zuviel
:-#	ich sage nichts
: ?)	Philosoph
:------)	großer Lügner (mit langer Nase)
<:I	Dummkopf
:-]	noch ein Dummkopf
(:)-)	User liebt den Tauchsport
)8-)	noch eine Taucherbrille
0-)	die Tauchermaske ist beschlagen
II*(	Händeschütteln anbieten
II*)	Händeschütteln annehmen
8-#	Tod
X-(	User ist gerade verstorben
(:-...	bad news

enabled
freigegeben, eine Datenübertragung beispielsweise kann gesperrt oder freigegeben sein.

enc.
die Anlage, Abkürzung für „enclosure".

encryption
die Verschlüsselung. Daten werden oft aus Sicherheitsgründen verschlüsselt. Auch „data encryption".

engineering constraints
die technischen Grenzen

English
der Sourcecode eines Programmes, Hackerslang. Dieser ist – unabhängig von der Programmiersprache – für einen Programmierer lesbar, im Gegensatz zum daraus resultierenden Objectcode.

Enola Gay
Name des Flugzeugs, das die Hiroschima-Bombe abgeworfen hat.
Wird schon mal als Pseudonym genutzt und ist ursprünglich der
Geburtsname der Mutter des Bomberpiloten.

enough on my plate (I have ...)
ich habe genug zu tun (Idiom)

ENQ?
im Hackerslang die Frage, ob jemand gerade verfügbar ist. Die
Antwort ist in der Regel ACK oder NAK (siehe dort).
ENQ ist die Abkürzung für „enquire".

envelope
der Briefumschlag. In einigen Netzen enthalten E-Mails (siehe dort)
neben dem Kopfteil eine zusätzliche Information über den tatsächlichen Absender und Empfänger der E-Mail. So steht beispielsweise
bei weitergeleiteten E-Mails der Originalabsender im Header und der
weiterleitende Absender im Envelope.

enyay
seltene Bezeichnung für das *Tildezeichen*.

eoc
Bezeichnung für das *Internet* (siehe dort) im Hackerslang. eoc ist die
Abkürzung für „eater of characters", der Zeichenfresser.

EOD
Abkürzung für „End Of Discussion", zu deutsch: *Ende der Diskussion*

EOF
Abkürzung für „End of File", die sogenannte EOF-Marke kennzeichnet das Ende einer Datei. Es gibt im ASCII-Code sogar ein eigenes
Steuerzeichen hierfür.

EOT
Abkürzung für „End of Transmission" zu deutsch: Ende der Übertragung.

epsilon
Ausdruck (Hackerslang) für „*kleine Menge*". Epsilon (oder im Deutschen „Ypsilon") ist noch kleiner als „delta". Etwas ist „epsilon", wenn es kaum der Rede wert ist.

epsilon squared
Ypsilon zum Quadrat. Gemeint ist hiermit eine Menge, die noch kleiner ist als Ypsilon (Hackerslang).

Epson
Tochterfirma der bereits 1881 in Japan gegründeten Fa. Hattori. Diese beschäftigte sich anfangs lediglich mit Importgeschäften und seit 1892 mit der Produktion von Uhren im Zweigwerk Seikosha. Mit der Produktion der Seiko-Uhren wurde Seikosha zu einem der größten Uhrenhersteller der Welt. 1964 wurde Seikosha zum „offiziellen Zeitnehmer der Olympischen Spiele von Tokio" ernannt. Neben den Zeitmessungen bekam die Firma den Auftrag einen Matrixdrucker zu bauen, mit dem die während den Wettspielen gemessenen Zeiten protokolliert werden konnten. Das eigens hierfür entwickelte Gerät bekam den recht einfallslosen Namen (EP) „Electronic Printer". Vier Jahre später wurde der EP 101 gebaut, für den Einsatz in elektronischen Ladenkassen. Dieses Gerät, welches in modernisierter Form heute noch in Ladenkassen Einsatz findet, brachte den kommerziellen Erfolg und bedingte die Gründung einer eigenständigen Firma, welche sich nur der Produktion von Druckern widmete. Der EP 101 wurde auch „Sohn des EP" genannt, da er aus diesem weiterentwickelt wurde und so war der Firmenname geboren: EPSON.

Erbse (deutsch)
Im deutschen Hackerslang ist der *Computer* eine „Erbse". Andere Bezeichnungen sind: Kiste, Eimer, Büchse oder Gurke.

Eris
Name einer griechischen Göttin, zuständig u.A. für das Chaos, wird schon mal von Hackern zitiert.

erotics
Hackerslang für „electronics", *die Elektronik*. Computer und die Elektrotechnik im allgemeinen haben eine erotische Ausstrahlung auf einen richtigen Hacker.

error burst
die Fehlerhäufung, ein plötzlicher Anstieg der Fehlerhäufigkeit in einem System.

errorlevel
MS-DOS erlaubt es mit Hilfe der Systemvariablen ERRORLEVEL Fehler beim Programmablauf zu erkennen. Nicht jeder mögliche Fehler kann in einem System mit einer Fehlermeldung beantwortet werden, da zum einen hierfür viel Speicherplatz benötigt würde, zum anderen nicht jeder möglichen Fehlbedienung im voraus in Form einer Fehlermeldung begegnet werden kann. Dennoch werden alle Fehlfunktionen als Codes registriert und dieser in der Systemvariablen ERRORLEVEL abgelegt.

es
Internationale Länderkennung in einer Internetadresse für *Spanien (Espania)*, wird seltener auch schon mal als Abkürzung für den Ländernamen in chats benutzt.

esc
Abkürzung für „Escape", ein Zeichen des ASCII-Zeichensatzes, mit dem oftmals eine Steuersequenz eingeleitet wird. Auf Tastaturen MS-DOS kompatibler PCs gibt es auch eine solche Taste.

escapen
Bezeichnung für das Codieren von nicht zugelassenen Zeichen mittels eines reservierten Steuerzeichens (escape-Zeichen).

esosl
Abkürzung für „endless snorts of stupid laughter", zu deutsch: *endlose Ausbrüche dummen Gelächters*

essentials
wesentliches; Im Hackerslang, alles was zu einem Hack benötigt wird. Hierzu gehört neben einer ordentlichen Hard- und Softwareausstattung, beispielsweise auch etwas zu essen und zu trinken.

ET
Abkürzung für „Extra Terrestric", also außerirdisch; wird in Anlehnung an den gleichnamigen Film gerne als Pseudonym verwendet.

etc.
und so weiter (usw.), Abkürzung für „et cetera", lateinisch, doch im englischen Sprachgebrauch durchaus üblich. Siehe auch „ec ec".

etched on my money (it is ...)
ich werde es niemals vergessen (Idiom)

etherhose
Hackerslang für *dickes Ethernt-Kabel*. Auch „bit hose".

Ethernet
Wörtlich übersetzt: „*Äthernetz*". Ethernet ist ein busorientiertes Netzwerk für den lokalen Einsatz (z.B. in einem Gebäude), bestehend aus Verbindungshardware (Steckkarten) mit einem speziellen Verbindungskabel und natürlich einer Software zur Kommunikation zwischen den einzelnen Stationen (angeschlossene PCs). Ethernet entstand aus einem Netzwerk, das bereits in den 70er Jahren an der Universität in Hawaii entwickelt wurde. Dieses Netz bestand aus Radiostationen auf verschiedenen Inseln, die alle die gleiche Frequenz nutzten, um mit der Zentralstation zu kommunizieren. Jeder Station schickte auf dieser einen Frequenz Daten zur Zentralstation, falls die Frequenz nicht belegt war. Erhielt die Station keine positive Quittung innerhalb einer kurzen Zeit, nahm die sendende Station an, dass das Datenpaket mit einer anderen fast gleichzeitig begonnenen Übertragung kollidiert war und schickte die Daten nochmals ab.

EUNet
Abkürzung für „European UNIX Network". Name der Zusammenfassung aller europäischen Systeme im Internet.

EuroKom
Name für ein Kommunikationsnetz der EG mit Zugang zu vielen wichtigen Datennetzen der ganzen Welt. Die Bezeichnung EuroKom steht für „Europa" und „Kommunikation".

every other
jeder zweite

every Tom, Dick and Harry
Hinz und Kunz (Idiom)

everything goes haywire
alles geht drunter und drüber (Idiom)

ex-directory (to be ...)
nicht mehr im Telefonbuch stehen (Idiom)

Excel
Name eines Tabellenkalkulationsprogrammes der Fa. Microsoft.

excessively annoying behavior
übermäßig verärgerndes Verhalten, kann zum Ausschluss führen.

exch
austauschen, auswechseln, Kurzform für „exchange", Hackerslang. Ursprünglich war „exch" ein Computerbefehl für den Tausch von Registerinhalten. Der Begriff wird heute aber für alles mögliche eingesetzt.

excl
anstelle eines *Ausrufungszeichens* kann man das Wort „excl" an einen Satz anhängen, um einer Aussage mehr Nachdruck zu verleihen. Excl ist die Abkürzung für „exclamation point". Siehe auch „bang".

excommunication
Bezeichnung im Hackerslang für den *Ausschluss eines Users* vom Netzbetrieb, weil er beispielsweise gegen die Netiquette verstoßen hat. Excommunication heißt eigentlich: der Kirchenbann, die Exkommunikation.

excuse me for interrupting
entschuldige, wenn ich unterbreche

exe
Im Hackerslang ist eine „exe" eine ausführbare Datei. In einigen Betriebssystemen haben solche Dateien die Endung .EXE

exercise one's rights (to ...)
seine Rechte wahrnehmen (Idiom)

exl
Seltene Abkürzung für „Exclamation Mark", das *Ausrufungszeichen* (!), siehe auch „excl".

experience under the belt (to have ...)
eine Menge Erfahrung haben (Idiom)

exploit
Bezeichnung für eine Anleitung zur Ausnutzung eines Sicherheitslochs in einem System (Hackerslang).

export warnings
Verbote im Internet (siehe dort), Daten auf die eigene Festplatte zu laden.

extension-cable
das Verlängerungskabel

eye candy
Hackerslang für Bildschirmaktivitäten eines Programmes, um den Anwender zu unterhalten, während das Programm im Hintergrund arbeitet. Typisches Beispiel hierfür ist die Sanduhr von Windows und andere grafischen Benutzeroberflächen.

eyeball search
die Suche mit den Augen, im Hackerslang ist damit gemeint, etwas manuell in einer größeren Daten- oder Informationsmenge zu suchen.

eyes like pissholes in the snow
trübe Augen haben, übernächtigt sein (Slang).

F

F
Im Zusammenhang mit Ziffern könnte der Buchstabe „F" auf eine Hexadezimalzahl hinweisen (siehe hex).
Beispiel $1F_{(hex)} = 31_{(dez)}$

f2f
face to face, Hackspeak für die Zeit, die man mit jemandem gegenübersitzend *von Angesicht zu Angesicht* verbringt, im Gegensatz zur elektronischen Kommunikation mit Bildschirm und Tastatur. Siehe hierzu auch „@-party".

faa
frei von Beschädigungen, Abkürzung für „free of all average".

fab (to ...)
Abkürzung für fabricate, also *produzieren*. Hacker verwenden fab nicht wie sonst umgangssprachlich für „fabulous".

face 2 face
Hackspeak für die Zeit, die man mit jemandem gegenübersitzend *von Angesicht zu Angesicht* verbringt, im Gegensatz zur elektronischen Kommunikation mit Bildschirm und Tastatur. Siehe hierzu auch „@-party".

face the facts (to ...)
den Tatsachen ins Auge sehen (Idiom)

face the music (to ...)
Kritik akzeptieren (Idiom)

face time
Hackerslang für die Zeit, die man mit jemandem face-to-face, also gegenübersitzend verbringt, im Gegensatz zur elektronischen Kommunikation mit Bildschirm und Tastatur. Siehe hierzu auch „@-party".

face value (at ...)
für bare Münze (Idiom)

facsimile
das Telefax, die genaue Nachbildung

fag
die Zigarette (Slang)

fag hag
Bezeichnung für eine heterosexuelle Frau, die mit Homosexuellen herumzieht (Slang, Dirty Word).

faggot
der Homosexuelle (Slang, Dirty Word)

fail to turn up (to ...)
nicht erscheinen (Idiom)

fair and square (to be ...)
offen und ehrlich sein (Idiom)

fair copy (the ...)
die Reinschrift

fake
allgemein für *unecht, Fälschung*.

fake mail
Das Prinzip der fake-mail besteht darin, E-Mails (siehe dort) unter falschen Namen zu versenden. Die Empfängerantwort geht anschließend nicht an den Adressaten, sondern an den Hacker.

fall into oblivion (to ...)
total vergessen werden (Idiom)

fall over
Synonym für „crash", siehe dort.

fall to pieces (to ...)
auseinanderfallen (Idiom)

fallback
der Rückfall, gemeint ist das Verringern der Übertragungsgeschwindigkeit bei der DFÜ, beispielsweise bei Leitungsstörungen. Eine geringere Baudrate erhöht die Datensicherheit. Manche Modems (Protokolle) erlauben das automatische fallback.

false drop
die Fehlantwort

family jewels
die Hoden (Slang, Dirty Word)

fanny
das Hinterteil (Slang)
Emoticons hierzu: **(olo)** oder (_I_)

FAQ
die häufigsten Fragen, Abkürzung für „frequently asked questions".
FAQ's sind meist in den Newsgroups des Internet (siehe dort) zusammengestellt, um gerade unerfahrenen Usern eine Hilfe zu bieten.

FAQL
Abkürzung für „frequently asked questions list", siehe FAQ.

far cry from (It is a ...)
es ist ganz anders als ... (Idiom)

farm out work (to ...)
Arbeit weitergeben (Idiom)

farming
Hackerslang für den Vorgang, wenn die Schreib-/Leseköpfe einer Festplatte die magnetische Beschichtung durch Kratzer beschädigen, eine „Furche pflügen". Die technische. Bezeichnung ist: Head-Crash.

fart
der Furz (Dirty Word)

fascist
Hackerslang für ein System mit extrem aufwendigen Sicherheitsvorkehrungen.

fashion (out of ...)
unmodern (Idiom)

fat lot of good
wenig oder gar nichts (Idiom)

fate worse than death
ernsthafte Konsequenzen (Idiom)

faulty
nicht funktional (Hackerslang)

fcfs
wer zuerst kommt, wird zuerst bedient, Abkürzung für „first come, first served" (Akronym).

feather in his cap (it was a ...)
auf etwas stolz sein (Idiom)

feature shock
Hackerslang für den Zustand eines Users, wenn er bemerkt, dass die neu erworbene Software zwar eine Unmenge von Möglichkeiten (features) bietet, dies aber ganz im Gegensatz zum Umfang der Dokumentation steht.

fed up with (to be ...)
es satt haben (Idiom)

feel about this ? (how do you ...)
was hältst Du davon? (Idiom)

feel it in one's bones (to ...)
etwas ahnen (Idiom)

feep
„Piep", gemeint ist der Signalton eines Computers.

feeper
Hackerslang für den eingebauten *PC-Lautsprecher*.

feeping creature
Hackerslang für ein *unnötiges Feature*.

feetch, feetch
toll, tolle Sache, Hackerslang. „feetch, feetch" kann sehr verschiedenartige kontextabhängige Bedeutungen haben.

FEFnet
Name eines →IRC-Netzes. 6 Server in den USA und einer in Großbritannien bilden dieses junge IRC-Netzwerk.
Adresse: *www.fef.net*

fell off the back of a lorry (this ...)
dies wurde geklaut (Idiom)

fell out with each other (to ...)
sich streiten (Idiom)

fellow gives me the creeps (that ...)
der widert mich an (Idiom)

fence a question (to ...)
einer unangenehmen Frage aus dem Wege gehen oder zuvorkommen (Idiom)

few and far between
äußerst selten (Idiom)

few and far between (to be ...)
dünn gesät sein (Idiom)

few loose ends
einige Kleinigkeiten (Idiom)

few sparks of wit
witzige Bemerkungen (Idiom)

fi
Internationale Länderkennung in einer Internetadresse für *Finnland*, wird auch schon mal als Abkürzung für den Ländernamen in chats benutzt.

FidoNet
Name eines großen nicht kommerziellen Netzwerkverbundes, benannt nach dem Hund (Fido) des Netzgründers (T. Jennings).

FIFO
Abkürzung für „First In First Out", bei dieser nicht wahlfreien Speicherart werden die Zeichen in der Reihenfolge ausgegeben, in der sie eingegeben wurden. FIFO-Speicher werden beispielsweise als Tastaturpuffer eingesetzt. Auch User oder Programme können Aufgaben FIFO bearbeiten. Zu deutsch würde man sagen: *immer der Reihe nach*.

fight to the finish (it was a ...)
es war ein Kampf bis aufs Messer (Idiom)

fight-o-net
das Streiterei-Netz, ironische Bezeichnung für das FidoNet (siehe dort). Auch die besten Rules schützen nicht vor eskalierenden Streitereien.

figment of the imagination
reine Einbildung (Idiom)

figure if speech
eine Redensart (Idiom)

figure out (to ...)
ausrechnen (Idiom)

file a lawsuit (to ...)
Klage erheben (Idiom)

file attachments
an die Nachrichten angehängte Dateien, auch „file attach" genannt.

file cabinet
der Aktenschrank

filebase
Name des Dateibereiches einer Mailbox. Dieser ist normalerweise thematisch in Gruppen aufgeteilt, in denen der Anrufer Dateien zum downloaden (siehe dort) findet.

filerequest
Begriff aus dem FidoNet, eine Methode zum automatischen download (siehe dort) von Dateien. Man startet einen „request" und falls die Datei vorhanden ist, kann man sie mit Hilfe eines sogenannten mailers downloaden.

filler
das Füllzeichen

film at 11
Hackerslang; wird schon mal an eine Nachricht angehängt, um deren eigentliche Bedeutungslosigkeit ironisch zu unterstreichen. „Film at 11" ist die Parodie auf einen Fernsehansager.

Finagle's Law
Ähnlich wie bei Murphy's Gesetzen resultiert letztendlich hier alles aus der Aussage: alles was schief gehen kann, wird auch schief gehen. Der volle Name ist: „Finagle's Law of Dynamic Negatives".

financial statement
die Gewinn- und Verlustrechnung

financially embarrassed (to be ...)
in finanzieller Verlegenheit sein (Idiom)

find a ready market (to ...)
guten Absatz finden (Idiom)

finger
ein Programm, das einem bestimmten User oder allen Usern alle im System angemeldeten Teilnehmer anzeigt.

finger (to ...)
fummeln, herumfingern, etwas herausbekommen; mit dem Programm „finger" (siehe dort) sich die Teilnehmer des Systems oder deren Adressen anzeigen lassen.

finger print
der Fingerabdruck

finger trouble
Probleme mit den Fingern, gemeint ist jedoch konkret: *der Tippfehler*

finger-pointing syndrome
Hackerslang: wenn eine neue Computer-Konfiguration nicht ordnungsgemäß oder fehlerhaft läuft, zeigt der Hardwareverkäufer auf die Software, der Programmverkäufer auf die Hardware. Jeder weist mit dem Finger auf den anderen, niemand hat Schuld.

fingers crossed (to keep his ...)
den Daumen halten (Idiom)

finn
der Finne; gemeint ist jemand der große Erfahrung mit Chats hat. Die Idee des Online-Chat stammt eigentlich aus Finnland. IRC geht zurück auf erste Entwicklung von Studenten an einer finnischen Hochschule in den achtziger Jahren. Als Verb gebraucht (to finn) hat es jedoch eher die Bedeutung, dass sich jemand mit seiner Erfahrung brüstet. „Don't finn" bedeutet also etwa: gibt nicht so an!

firebottle
der Bildschirm, die Bildröhre, veralteter Hackerslang, nicht für LCD-Displays benutzt.

firefighting
(Hackerslang) Bezeichnung für das Gegenteil von „hacken".

firewall code
Bezeichnung für den in ein Programm eingebauten Code zum Schutz des Programmes vor dem Anwender.

firewall machine
System in einem Netzwerk mit dessen Hilfe Bereiche auf einem Computer gegen den unautorisierten Zugriff beispielsweise von Internet-Benutzern geschützt sind.

firm
Hackerslang für eine *3,5" Diskette*, Alternative hierzu „stiffy".
Die Hülle einer 3,5" Diskette ist fester (firm) als die der älteren 5,25"
Disketten.

firmware
Software, die in einem Chip „fest verdrahtet" ist

firmy
Hackerslang für eine *3,5" Diskette*, siehe auch „firm".

first come, first served
wer zuerst kommt, der wird auch zuerst bedient (Idiom)

FISH
Abkürzung für „First In, Still Here", eine Analogie zu →FIFO; Hackerslang. Gemeint ist: *bin zuerst da gewesen, warte jedoch immer noch.*
Wird oftmals in Wortzusammensetzungen verwendet wie: „FISHnet",
„FISH mode" oder „FISH queue".

fish
eine metasyntaktische Variable wie „foo" oder „foobar", Hackerslang.
Siehe auch meta-character.

fish for information (to ...)
auf den Busch klopfen (Idiom)

fish to fry (to have other ...)
etwas besseres zu tun haben, genug zu tun haben (Idiom)

fishy (to sound ...)
spanisch klingen, merkwürdig sein (Idiom)
Alternative Redewendung: „it is all Greek to me" ,*es kommt mir
spanisch vor.*

fit as a fiddle (to be as ...)
fit wie ein Turnschuh sein (Idiom)

fit like a glove (to ...)
wie angegossen sitzen, perfekt passen (Idiom)

fit of nerves (to have a ...)
in Panik geraten (Idiom)

fit of the giggles
das Kichern (Idiom)

fit the bill (to ...)
den Anforderungen entsprechen (Slang)

fit to a T (to ...)
etwas perfekt passend machen (Slang)

fit to drop (to be ...)
hundemüde sein (Idiom)

fitb
Abkürzung für „fill in the blank", zu deutsch: *füge das Leerzeichen ein, denk´ Dir dein Teil ...*

fits and starts (in ...)
stoßweise (Idiom)

five (the ...)
die Faust, die Hand, die fünf Finger (Slang)

five o'clock shadow
der Dreitagebart (Idiom), Emoticons hierzu:
:-%   User mit Bart
:-=)   User mit sehr langem Bart
:-{   User mit Schnurrbart
:-#l   User mit großen Schnurrbart
(:)   muss zum Friseur

fix up (to ...)
in Ordnung bringen (Idiom)

flag day
Hackerslang für den *Zeitpunkt der Umstellung*, beispielsweise auf ein neues Betriebssystem oder einen neuen Hardwarestandard mit allen negativen Begleiterscheinungen. Hierzu gehören u.A. Kompatibili-

tätsprobleme, Datenumstellung, Einarbeitung und in aller Regel eine große Menge von weiteren Problemen.
Der Zustand, der beim Anwender eintritt, wenn eine neue Software weder vorwärts- noch rückwärtskompatibel ist.

flakey
wörtlich übersetzt: „*flockig*", (Hackerslang). Man bezeichnet Software als flakey, wenn sie *extrem störanfällig* und *unzuverlässig* arbeitet. Auf eine Person bezogen meint man hiermit: verrückt, exzentrisch, unberechenbar.
Das Emoticon hierzu ist   >:-<

flame
als Verb gebraucht ist hiermit gemeint: lange und ausdauernd über Unwichtiges zu reden. Als Substantiv gebraucht bezeichnet „flame" eine eher chaotische Diskussion, bei der nichts herauskommt. Ein „flame" kann aber auch eine wütende E-Mail sein, die den Empfänger provozieren soll. Siehe auch „flaming".

flame bait
Bezeichnung für eine „flame", die einen „flame war" auslöst, siehe dort; Hackerslang.

flame on (to ...)
eine flame (siehe dort) beginnen, eine flame fortführen.

flame session
eine heftige Dauerdiskussion, bei der alle aufeinander einreden. Deutsche Hacker sprechen von einem *Dauerbrand* oder einem *Zimmerbrand* (siehe dort).

flame war
Zustand in einer Diskussion oder einem Chat, bei dem sich alle Teilnehmer nur noch „flames" schicken.

flamer
jemand der flames schreibt

flaming
„*anpflaumen*", ein „flame" ist oft eine wütende E-Mail, die den Empfänger provozieren soll.

flanking channel
der Nachbarkanal, ein channel ist im ICR-Sprachgebrauch das gleiche wie ein Chat-Room (siehe dort).

flarp
Begriff im Hackerslang, der für alles herhalten muss, was eigentlich noch keinen Namen hat. Es gibt noch weitere Begriffe dieser Art (metasyntaktische Variablen), die oftmals dann auch gemeinsam gebraucht werden: foo, bar, baz.
Siehe auch meta-character.

flash in the pan
ein missglückter Versuch (Idiom)

flash in the pan (it was only a ...)
es war nur ein Strohfeuer (Idiom)

flat out
mit größter Anstrengung (Idiom)

flat out (to work ...)
auf Hochtouren arbeiten (Idiom)

flat-ASCII
Hackerslang für einen Text, der lediglich 7-bit ASCII-Code und nur Standardkontrollzeichen beinhaltet.

flat-out lie
die dreiste Lüge (Idiom)

flimsy
das Durchschlagpapier, dünn sein

flipflop
wird nicht übersetzt und bezeichnet ein elektronisches Bauteil (die sogenannte *bistabile Kippschaltung*), die einen von zwei Zuständen aufnehmen kann, also ein Grundbauteil digitaler Schaltungen.

flippy
veralteter Hackerslang für eine einseitig beschreibbare Diskette (siehe auch floppy), die durch hinzufügen einer Lochung in der Diskettenhülle „gewendet" werden kann.

float an idea (to ...)
einen unverbindlichen Vorschlag machen (Slang)

flog a dead horse (to ...)
offene Türen einrennen (Idiom)

flog his guts out (to ...)
wie blöde schuften (Idiom)

flood (to ..)
überfluten; das Absetzen großer Textmengen in einen Chat-Channel. In der Regel ist dies vorher eingegebener und abgelegter Text. Da hierdurch der Online-Chat empfindlich gestört wird, verstößt das Überfluten eines Chat-Channel gegen die netiquette.

Flooding
die Übermittlung großer Datenmengen im IRC innerhalb kurzer Zeit auf einem Gesprächskanal oder im privaten Gespräch. Da die Übermittlungsressourcen der IRC-Server begrenzt sind und nur auf die Weiterleitung von Gesprächen ausgelegt sind, kann man mit der Übermittlung großer Textmengen die Sicherung des Servers vor Überlastung aktivieren: Sendet oder erhält jemand übermäßig große Datenmengen, so wird derjenige Benutzer einfach vom Server entfernt (disconnected). Das kommt einem Rauswurf aus dem IRC gleich und die betroffene Person muss den Server wieder neu anwählen. Flooding funktioniert im Prinzip also so, dass jemand Böswilliges (der „Flooder") jemand anderem eine private Message schickt, die sehr lang ist und nur Datenmüll enthält. Dies führt in der Regel zu einem Disconnect für beide Seiten, stellt also eher das IRC-Äquivalent eines Selbstmordkommandos dar. Nur: Der Flooder hat vorher eine zweite Kopie (einen „Clone") von sich selbst im IRC gestartet. Bei dem Angriff wird zwar der Clone ebenfalls disconnected, aber der Flooder selbst ist noch online.

floor? (may I have the ...)
Ich bitte um das Wort! (Idiom)

floppy
eine andere Bezeichnung für die *Diskette*. Die genaue Herkunft dieser Bezeichnung ist unklar, sicher ist aber, dass sich der Name an „flexible Disk" anlehnt. Im Gegensatz zur Festplatte ist eine Diskette sehr biegsam, also flexibel. Siehe auch „flippy".

floptical disk
die optische Floppy, Wortschöpfung aus „Floppy" und „Optical-Disk", ein Speichermedium, welches sich beider Technologien bedient.

flower key
siehe „command key"

flush (to ...)
Ausdruck für: *etwas Unnützes löschen*, oder *etwas unsinniges beenden, zerstören*, z.B. Dateien, Hackerslang. Gemeint ist aber auch, jemanden beispielsweise aus einer Diskussion auszuschließen.

Flüstern (deutsch)
Möchte man beim Chatten nicht alle Teilnehmer „zuhören" lassen, wird geflüstert, d.h. es wird ein entsprechender Teilnehmer als alleiniger Zuhörer einer Nachricht bestimmt. Dies lässt sich einfach durch Eingabe des Slash „ / " gefolgt von dem Namen des gewünschten Empfängers. Siehe auch „ / msg".

fly in the ointment (there ist a ...)
die Sache hat nur einen Haken (Idiom)

fly into a passion (to ...)
in Wut geraten (Idiom)

fly off the handle (to ...)
aus der Haut fahren, an die Decken gehen (Idiom)

flying colours (with ...)
mit Glanz und Gloria (Idiom)

Flyspeck 3
Hackerslang für eine Schrift, die so klein ist, dass man sie kaum noch lesen kann, sie ist eben so klein wie *Mückendreck*. „Times New

Roman 10" kann man noch gut lesen, aber Flyspeck 3 eben nicht mehr.

fm
Abkürzung für „from memory", *aus dem Gedächtnis* (Akronym)

FM
Abkürzung im Hackerslang für „Fucking Manual", siehe rtfm.

fnord
Kunstwort, ausgeschriebener Ausruf. Bedeutung: fnord wird als Alternative zu einem zwinkernden Smiley gebraucht. fnord stammt aus der →Illuminatus-Trilogie.

foaf
Abkürzung für „friend of a friend", *ein Freund des Freundes* (Akronym); „foaf" ist eine Quellenangabe für eine Nachricht, deren Inhalt eigentlich immer von vornherein anzuzweifeln ist.

foc
Hackerslang für *gratis*

follow the beaten track (to ...)
mit dem Strom schwimmen (Idiom)

follow the directions (to ...)
die Gebrauchsanweisung befolgen (Idiom)

follow the thread (to ...)
einen roten Faden verfolgen, beim Thema bleiben (Idiom).

followup
Bezeichnung für *die Antwort auf eine Nachricht*.

foo
Begriff im Hackerslang, der für alles herhalten muss, was eigentlich noch keinen Namen hat. Es gibt noch weitere Begriffe dieser Art (metasyntaktische Variablen), die oftmals dann auch gemeinsam

gebraucht werden: foo, bar, baz. Beispiel in einem Gespräch: imagine two users: foo und bar. Foo calls bar and ...". Siehe auch meta-character.

foo!
drückt eine *große Ablehnung*, *Abscheu* aus (Hackerslang).

foo?
Kurzform der Gesprächseröffnung, bedeutet etwa: *hallo, darf ich mal stören?* (Hackerslang)

foobar
eine weitere metasyntaktische Variable wie „foo", siehe dort. Siehe auch meta-character.

food for thought
etwas zum Nachdenken (Idiom)
Emoticon für „Nachdenken"   **:-I**

fool me (you can't ...)
Du kannst mir nichts vormachen (Idiom)

fool-proof
betriebssicher, narrensicher, kinderleicht

foot
englisch für *Fuß* (Maßeinheit), 1 foot entspricht 12 inches (siehe dort), was demnach 12 x 2,54 = 30,48 cm ergibt.

foot down (to put one's ...)
energisch auftreten (Idiom)

foot to stand on (to have not get a ...)
keine guten Argumente haben (Idiom)

foot-p
Hackerslang für *Essenspause*. Oftmals auch in der Form foot-p? gebraucht: wollen wir eine Essenspause einlegen?

footprint
(*Fußabdruck*) Hackerslang für die Fläche, die ein Hardwarebauteil auf dem Schreibtisch in Anspruch nimmt.

for hours together
stundenlang

foregone conclusion (it's a ...)
es steht von vornherein fest (Idiom)

fork out the money
rück mit dem Geld raus (Slang)

forked
Hackerslang für *unendlich langsam* (fast schon tot)

form a habit of (to ...)
sich angewöhnen (Idiom)

fornicible fifties
die unzüchtige Fünfzig. Um Zahlenangaben mehr Gewicht zu geben, erhalten sie beispielsweise solche Adjektive. Andere Beispiele sind: dirty dozen – dreckiges Dutzend, terrible twenty – schreckliche Zwanzig, threatening thirties – bedrohliche Dreißig, usw.

Fortrash
Hackerslang für die höhere Programmiersprache *FORTRAN*.

fortuity
die Zufälligkeit, der Zufall

forty fits (to have ...)
böse werden (Idiom)

Forum
Bezeichnung für die Newsgroups (siehe dort) beispielsweise bei CompuServe. Hier gibt es mehr als 600 verschiedene Foren, welche jeweils einem bestimmten Thema zugeordnet sind.

fossil
Hackerslang für einen Programmfehler, der historische Ursachen hat.
Fossil ist unabhängig hierzu die Abkürzung für „Fido - Opus - Seadog Standard Interface Level", eine Treiberspezifikation für serielle Schnittstellen.

four eyes
Scherzhaft für *Brillenträger*.
Emoticons hierzu:
::-)	Brillenträger
8-)	Smiley mit Brille
8:-)	Brille hochgeschoben
B-)	Hornbrille
B-l	Blindenbrille.

four-color-glossies
Hackerslang für Bücher, die zwar viele technische Details enthalten, die aber dennoch unbrauchbar sind.

four-letter word (to use a ...)
einen unanständigen Ausdruck benutzen (Idiom)

fourfold
vierfach

fourhundredfourteens
Name einer US-amerikanischen, berühmt berüchtigten Hackergruppe (414).

Fox
Wort für den Buchstaben „F" im amerikanischen Buchstabieralphabet (Phonetic Alphabet). Im deutschen Buchstabieralphabet ist dies „Friedrich" und international sagt man „Florida". Auch schon mal verwendet wird „Foxtrot", was aus der Zivilluftfahrt kommt.

Foxtrot
siehe Fox

fr
Internationale Länderkennung in einer Internetadresse für *Frankreich*, wird auch schon mal als Abkürzung für den Ländernamen in chats benutzt.

Fraktal (deutsch)
Der Begriff des Fraktal wurde von dem Mathematiker B. Mandelbrot geprägt für Grafiken, die sich aus Formeln berechnen lassen. Wegen ihrer Unregelmäßigkeit lassen sich mit Fraktalen beispielsweise sehr gut Bilder von Oberflächen natürlicher Gegenstände auf dem Computer nachbilden.

frame-up (it was a ...)
es war ein abgekartetes Spiel (Idiom)

Frankenstein
beliebtes Pseudonym

Fred
Metasyntaktische Variable speziell für Personen, daher anders als „foo" (siehe dort). Wer „Fred" als Variable nutzt, nimmt anschließend „Barney". Kommt von den Flintstone-Comics: Fred Flintstone und Barney Rubble (im Deutschen: Fred Feuerstein und Barney Geröllheimer).

free and easy
zwanglos

free of charge
kostenlos

freebie
Bezeichnung für *etwas was kostenlos, gratis abgegeben wird*. Das kann Software sein (siehe freeware) oder anderes.

freenet
Bezeichnung für öffentliche und frei zugängliche US-amerikanische Computernetze.

Freephone
Sprachmehrwertdienst (auch Toll Free Service) der Deutschen Telekom zur Weiterleitung von Anrufen aus dem In- und Ausland. Die für den Anrufer kostenlose Verbindung (Nulltarif) ist unter der bundesweit einheitlichen Zugangsnummer 0130 erreichbar. Der Einsatz einer 0130-Service-Rufnummer durch ein Unternehmen erfolgt immer dann, wenn der Anrufer durch das für ihn kostenlose Anrufen motiviert werden soll, mit dem Unternehmen Kontakt aufzunehmen. Längerfristig werden die 0130er-Nummern durch 0800 abgelöst.

freeware
Bezeichnung für *Software, die frei kopierbar ist*, der Autor verlangt kein Honorar hierfür.

French kissing
der Zungenkuss.

French leave (to take ...)
ohne Erlaubnis fernbleiben (Idiom)

French letter
das Kondom (Slang)

fresh ground (to break ...)
etwas Neuartiges tun (Idiom)

fret and fume (to ...)
vor Wut schäumen (Slang)

Friday 13th
Freitag der 13., Name eines Computervirus. Siehe auch „Virus".

fried
verschmort, durchgeschmort, Hackerslang für ausgebrannt sein, völlig erschöpft. Eine Hardware ist fried, wenn sie beispielsweise wegen eines power glitch (siehe dort) nicht mehr läuft.

frink
Hackerslang und Füllwort (Verb) ohne irgendeine festgelegte Bedeutung.

frisbee
humoristische Bezeichnung für eine CD-ROM, deren Inhalt mehr Masse als Klasse darstellt. Sie eignet sich somit mehr zum Frisbee-Spielen (Wegwerfen).

frob
Kurzform von „frobnitz" (Hackerslang), siehe dort.

frobnicate (to ...)
Hackerslang für: *fummeln, rumspielen*.

frobnitz
ist eigentlich nichts Spezifiziertes, also so etwas wie eine blackbox, man weiß nicht so genau, was drinnen ist. Mit „frobnitz" lässt sich eigentlich alles bezeichnen, man könnte es daher vielleicht mit „Dingsda" übersetzen.
Charakteristisch für ein frob, bzw. ein frobnitz ist aber dessen Größe: in der Regel ist es etwas, was man leicht in der Hand halten kann (z.B. ein Hebel).

frog
eine metasyntaktische Variable wie „foo" oder „foobar", Hackerslang. Siehe auch meta-character.

Frogger
Name eines Wettbewerbs, von fünf Aachener Netzwerkern ins Leben gerufen, der dem Erforschen von Gateways (siehe dort) dient und ihre selbstverständliche Nutzung propagiert. Scheiterte nach kontroverser Diskussion im Netz kläglich.

froggy
Hackerslang, Bedeutung ähnlich wie bagbiter (siehe dort), jedoch in abgeschwächter Form.

from scratch
von Grund auf, ganz von vorne (Idiom)

From:
Schlüsselwort der Zusatzinformation in einer E-Mail. Hier steht die Absenderadresse einer Nachricht.

Andere Schlüsselwörter sind: Return-Path:, Date:, To:, Subject:, Content-Length:, Comments:, Organization:, Reply-To:, Priority:, X-Info:, X-Mailedby:, X-List: und X-Sender:.

frontier justice
Als der Westen der USA zivilisiert wurde, waren die Gesetze in allen US-amerikanischen Staaten zwar die gleichen, aber im Westen ging es ein wenig wilder zu. Im Internet gelten zwar auch ethische Regeln, dennoch werden sie hier etwas anders angewendet. Wie im „Wilden Westen" stehen hier Individualismus und Wahrung des Lebensstils über allem anderen. Die beiden großen Bedrohungen des Netzes sind aus dieser Sicht im Wesentlichen eine exzessive Nutzung für einen nicht vorgesehenen Zweck und politischer Druck.

frotz
Kurzform von „frobnitz" (Hackerslang, siehe dort).

frown on something (to ...)
etwas missbilligen (Idiom)

frowney face
oder nur frowney, siehe emoticons.

FRS
Abkürzung für „Freely Redistributable Software".

fry
bezeichnet Hardware, die *defekt* ist, *durchgeschmort* (Hackerslang). Der Ausdruck kann auch auf Personen bezogen werden.

ft.
Abkürzung für „foot", siehe dort.

ftasb
Abkürzung für „faster than a speeding bullet", zu deutsch: schneller als eine Kugel jenseits der Geschwindigkeitsbeschränkungen, entspricht etwa dem deutschen: *Schneller als die Polizei erlaubt.*

ftl
Abkürzung für „faster than light", zu deutsch: *schneller als das Licht*

FTP
Abkürzung für „File Transfer Protocol". Name des Dateiübertragungsprotokolls (siehe protocol) zwischen zwei Rechnern im Internet.

FTP (to ...)
hiermit ist ganz allgemein ein Datentransfer gemeint. FTP ist eigentlich die Abkürzung für „File Transfer Protocol". Allerdings wird dieser Ausdruck gerne auch bei der Benutzung anderer Protokolle gebraucht.
Beispiel: plz ftp me that prog – bitte schicke mir dieses Programm.

ftp://
So beginnt eine WWW-Adresse im Internet auf einem FTP-Server (siehe dort). Der grundsätzliche Aufbau ist:

Dienst://Rechnername:Port/Pfad/Datei

Mit Dienst ist der Typ des Internet-Servers gemeint; die beiden wichtigsten sind „http" und „ftp". http ist die Abkürzung für „Hypertext Transport Protocol".

fu
Abkürzung für „fouled up", zu deutsch: *verfault*. Beispiel: all files on this floppy are fu – alle Dateien auf dieser Diskette sind unbrauchbar. (Hackerslang)

fubar
Akronym für „fucked up beyond all recognition", zu deutsch: *abgefuckt bis zur Unkenntlichkeit* (Hackerslang). Hiermit sind in erster Linie Daten oder Datenpakete (siehe dort) gemeint.
Auch: Abkürzung für „fouled up beyond all repair", zu deutsch: *versaut und nicht mehr zu reparieren*

fubb
Abkürzung für „fouled up beyond belief", zu deutsch: *unglaublich daneben*

fuck (to ...)
Eines der im Internet nicht erlaubten „seven words", siehe dort. Fuck wird mit *„ficken"* übersetzt und der Gebrauch dieses Wortes entsprechend der netiquette geahndet.

fuck off
hau ab (Slang, siehe „fuck")

fucked up
endgültig erledigt (Slang, siehe „fuck")

fucking
verdammt (Slang, siehe „fuck")

fud
Abkürzung für „fear, uncertainly and doubt", zu deutsch: *„ängstlich, unsicher und zweifelhaft"*, kann aber auch die Abkürzung sein für „fear, uncertainty, disinformation", zu deutsch „Angst, Unsicherheit und Desinformation".
Emoticons hierzu sind **(:-&** oder **:-** oder **:-s**

fudge (to ...)
schummeln, zurechtbiegen (Hackerslang).

fudge and mudge (to ...)
etwas beschönigen, obwohl es nur Flickwerk ist (Slang)

fudge factor
ein Wert, ein Parameter, der entsprechend manipuliert zu einem gewünschten Ergebnis führt (Hackerslang).

fuel up (to ...)
auftanken, Hackerslang für schnell etwas zwischendurch essen oder trinken, um sich sogleich wieder an die Tastatur setzen zu können. Ein echter Hacker liebt Fastfoot (speziell Chinesische Küche), da es ihn weniger von seinem eigentlichen Lebenszweck abhält: am Computer zu sitzen.

fuggly
Hackerslang: zusammengesetztes Wort aus „funky" und „ugly", also *verrückt und hässlich*.

full monty
„voll bestückt", veralteter Hackerslang für 16 MB Hauptspeicher älterer PCs. Dies war einmal die Obergrenze eines PC mit AT- oder ISA-Bus und einem gewöhnlichen BIOS.

full of beans
fröhlich sein (Idiom), Emoticons hierzu
- :-)   happy
- :-))   very happy
- :-)))) überglücklich

full stop
der Punkt, Alternative Bezeichnung im Hackerslang für das Satzendezeichen.

full time circuit
die Dauerverbindung

fullness of time (in the ...)
irgendwann einmal, im passenden Augenblick (Idiom)

fully streched (to be ...)
voll ausgelastet sein (Idiom)

funny farm
das Irrenhaus.

furrfu
Kunstwort für *Blödsinn, Quatsch*.

further notice (until ...)
bis auf weiteres (Idiom)

fuzz
die Polizei (abfällig, Dirty Word)

Fuzzy-Technik
Übersetzt bedeutet Fuzzy soviel wie *fusselig, faserig, kraus* oder *unscharf*. Diese auf den ersten Blick wenig wissenschaftlich erschei-

nenden Begriffe sind als Gegensatz zur digitalen Logik zu sehen, mit der Computer im allgemeinen arbeiten. Der Begriff der Fuzzy-Technik ist kein Slang, sondern eine offizielle Bezeichnung.

fwiw
wozu soll das gut sein?, oder *wenn mich einer fragt*. Abkürzung für „for what it's worth" (Akronym).

fya
zu Ihrem Vergnügen..., Abkürzung für „for your amusement". (Akronym)

fyi
zu Ihrer Information ..., Abkürzung für „for your information". (Akronym)

G

G
Abkürzung für „General Audiences" zur Kennzeichnung von Filmen in den USA. „All ages admitted" heißt es im Originaltext weiter. Zu deutsch: *Für alle Altersstufen geeignet.*
Vergleiche hierzu auch: U, X, R und PG.

G
Kurzform für die Vorsilbe *Giga* (= 10^9), also 1.000.000.000. In der Bedeutung von Gbytes allerdings 1.073.741.824 Bytes.

g-file
Hackerslang: *für User lesbare Dateien*, also beispielsweise Textdateien – im Gegensatz zu p-files (Programmdateien).

ga
Abkürzung für „go ahead" (Akronym), wenn sich zwei Personen durch gleichzeitige Eingaben in die Quere kommen, wird einer rüde „ga" eintippen.

GAdBw (deutsch)
Die deutsche Fassung von „rofl". Die Abkürzung steht für *Gröhl! Auf dem Boden, wälz!* Kann als hohe Anerkennung für den Humor des anderen eingesetzt werden, aber eben auch verächtlich.

gain currency (to ...)
an Popularität gewinnen (Idiom)

Gammelware (deutsch)
Bezeichnung für Software, die sich sowieso nicht verkauft und daher als „Bonus" auf alles mögliche (Hardware, andere Software, Bücher) ausgeliefert wird (Hackerslang).

GAN
Abkürzung für „Global Area Network", zu deutsch etwa *Weltnetz*.

gang bang
der Gruppensex (Slang, Dirty Word). In der Hackersprache ist hiermit die Zusammenkunft von vielen Programmierern gemeint, um in kurzer Zeit Software mit vielen Features zu erstellen.

garbage in, garbage out
wer Müll eingibt (in den Computer), erhält auch Müll zurück; gemeint ist hier, dass eine *fehlerhafte Eingabe immer fehlerhafte Ausgaben* verursacht, alte Hackerweisheit.

garbly
ist eine Art Variable für alles, was man nicht benennen kann oder will (metasyntaktische Variable). Die Wortverwandtschaft zu „garbage" (= Müll) ist allerdings nicht verkennbar und auch gewollt (Hackerslang). Siehe auch meta-character.

garply
eine weitere metasyntaktische Variable wie „foo" oder „foobar", Hackerslang. Garply ist eine alternative Schreibweise zu „garbly", siehe auch meta-character.

gas
Ausdruck (Computerlingo) für *Niedrigschätzung* und auch für *Verachtung*.

gas-bag (to be a ...)
ein Schwätzer sein (Idiom)

gaseous
gasig, von gas (siehe dort) abgeleitet, bedeutet also soviel wie „*verhasst*". (Hackerslang)

Gast (deutsch)
In vielen Netzen und Mailboxen kann man sich auch ohne eine Zugangsberechtigung (account) einloggen. In der Regel wird man dann als „Gast" akzeptiert, dem allerdings nur Teilbereiche des Leistungsangebotes zugänglich sind.

gatecrash a party (to ...)
hereinplatzen (Slang)

Gateway
Bezeichnung für eine Verbindung zwischen zwei Datennetzen, die dem Austausch von persönlichen und/oder öffentlichen Nachrichten (oder ganz allgemein Dateien) dient. Gateway heißt soviel wie „Zugang".

GAU
Abkürzung für „größter anzunehmender Unfall", dies ist im Hackerslang in der Regel der vollkommene Datenverlust, beispielsweise durch Löschen oder Formatieren der Festplatte.

gay
homosexuell

gb
Internationale Länderkennung in einer Internetadresse für *Großbritannien*, wird auch schon mal als Abkürzung für den Ländernamen in chats benutzt.

gc
Müllabfuhr, Abkürzung für „garbage collect",. „I will gc my harddisk" bedeutet, die Festplatte von unnützen Dateien zu säubern. (Hackerslang).

Dieser Begriff kann aber auch auf Personen angewendet werden, „to gc" bedeutet dann soviel „vergessen was Unwichtig erscheint", man räumt also sein Gehirn auf.

gd&r
Abkürzung für „grinning, ducking and running", zu deutsch: *„grinsen, ducken und dann weg!"*, was soviel heißen soll wie: *sich unauffällig aus dem Staub machen*. (Hackerslang)

gd&rvf
Abkürzung für „grinning, ducking and running very fast", zu deutsch: *„grinsen, ducken und dann möglichst schnell weg!"*, was soviel heißen soll wie: *sich unauffällig, aber sehr schnell aus dem Staub machen*. (Hackerslang)

gedanken
Im englischen Hackerslang wird das von dem deutschen Wort „Gedanken" abgeleitete Adjektiv „gedanken" für etwas gebraucht, das *unbegründet, unausgegoren, nicht durchdacht* oder *ungetestet* ist. Beispiel: Your arg's are gedanken – deine Argumente sind völlig unbegründet.

Gee Whiz Basic
„pfiffiges" Basic (GW-BASIC), Name einer höheren Programmiersprache

gekipptes Bit (deutsch)
Bezeichnung für die *Fehlinterpretation eines Bit* beim Disketten-Lesevorgang, also eine „0" anstelle einer „1" oder umgekehrt. Eine solche Fehlinterpretation führt beispielsweise beim Lesen oder Schreiben von Daten auf Massenspeichern zu Datenfehlern, die im einfachsten Fall einen Schreibfehler in einer Textdatei verursachen. Schlimmer sind solche „gekippten Bits" in einer ausführbaren Datei (Programm), hier kann es zu Systemabstürzen kommen bei der Programmausführung.

GEN
Abkürzung für „Global European Network", gemeinsames Übertragungsnetz als Transportinfrastruktur für Telekommunikationsdienste (mit Ausnahme von Telefondiensten).

gen (to ...)
Kurzform für „to generate", *erzeugen*.

gender mender
Hackerslang für ein *Kabel mit zwei gleichartigen Steckern bzw. Buchsen an beiden Enden*. Andere Bezeichnungen hierfür sind: gender blender, sex changer und homosexual adapter (siehe dort).

Generic
Name eines Computervirus. Siehe auch „Virus".

Genie
Name eines kommerziellen Netzanbieters (wie CompuServe). Die Buchstaben GE stehen für General Electrics.

George
Wort für den Buchstaben „G" im amerikanischen Buchstabieralphabet (Phonetic Alphabet). Im deutschen Buchstabieralphabet ist dies „Gustav" und international sagt man „Gallipoli". Auch schon mal verwendet wird „Golf", was aus der Zivilluftfahrt kommt.

german text
die Frakturschrift

gestures
Bezeichnung für *animierte Smilies* bei AOL (siehe dort).

get a bunch of five (to ...)
mit der Faust geschlagen werden (Idiom), siehe auch „five"

get a foot to stand on (to have not ...)
keine guten Argumente haben (Idiom)

get a life !
komm auf den Boden der Tatsachen zurück (Idiom).

get a move on (to ...)
Dampf machen (Idiom)

get a new lease of life (to ...)
wie neugeboren fühlen (Idiom)

get a touch of the jitters (to ...)
das große Bibbern haben (Idiom)

get it (I ...)
ich verstehe schon! (Idiom)

get it off
einen Orgasmus haben (Slang, Dirty Word)

get it up
eine Erektion haben (Slang, Dirty Word)

get off cheaply (to ...)
mit einem blauen Auge davonkommen (Idiom)

get one's shit together (to ...)
sich zusammenreißen (Slang)

get someone's drift (to ...)
verstehen, was einer meint (Slang)
Emoticon für „nicht verstehen"   **:-s**

get someone off the hook (to ...)
jemandem in der Not helfen (Idiom)

get the gist of something (to ...)
auf des Pudels Kern kommen (Idiom)

get the lion's share (to ...)
den Löwenanteil bekommen (Idiom)

get to grips with something (to ...)
etwas in den Griff bekommen (Idiom)

get-up
die Aufmachung

GF
Abkürzung für „girlfriend", *die Freundin.*

gfc
bin in der Kaffeepause, Abkürzung für „going for coffee", (Akronym). Hiermit wird immer zugleich gesagt, dass man in absehbarer Zeit wiederkommt. Siehe auch „coffee-break-button".

gibberish (to talk ...)
Unsinn reden (Slang)

giddy goat (to play the ...)
herumalbern (Slang)

GIF
Abkürzung für „Graphics Interchange Format". Das GIF-Format unterscheidet sich in erster Linie durch seine Kompaktheit von anderen Formaten für Grafiken. Der Grund hierfür ist darin zu sehen, dass das GIF-Format speziell für den Datenaustausch über Modem entwickelt wurde. GIF wurde von der Fa. Compuserve zum Austausch von Grafiken zwischen Mailboxen entwickelt.

gift of the gab (he's got the ...)
er ist redselig (Idiom)

gig
Kurzform (Abkürzung) für *Gigabytes* im Hackerslang, siehe auch „meg".

giga -
Vorsilbe für eine Mengenangabe, siehe „G".

gigo
wer Müll eingibt (in den Computer), erhält auch Müll zurück, oder: *eine fehlerhafte Eingabe verursacht immer fehlerhafte Ausgaben.* Abkürzung für „garbage in, garbage out".
Bezogen auf eine Person: „garbage in, gospel out", jemand, der blindlinks jede Computerausgabe für bare Münze hält.

Gik'tal
Begriff der Startreck-Gemeinde. Gik'tak ist eine Prüfung im Klingonischen Kampfsport, die darin besteht, dem Prüfling eine unlösbare Aufgabe zu übertragen. Die Prüfung ist bestanden, wenn der Prüfling dies erkennt und den Mut hat, gegenüber dem Lehrer die Prüfung als unfair zu bezeichnen.

gild the lily (to ...)
etwas Unnützes machen (Slang)

gillion
Hackerslang für die Größe $10^9 = 1.000.000.000$.

give notive (to ...)
kündigen (Idiom)

give out (to ...)
bekannt machen (Idiom)

give someone plenty of rope (to ...)
jemandem freie Hand lassen (Idiom)

give someone the brush-off (to ...)
jemanden loswerden (Idiom)

giwist
Abkürzung für „gee, I wish I'd said that", zu deutsch: *ich wünschte ich hätte das gesagt*

glark (to ...)
etwas aus dem Kontext lesen, Hackerslang.

glass
Synonym für „*Silicon*" im Hackerslang (hieraus werden Computerchips gemacht).

glassfet
Hackerslang für die *Bildröhre* eines Monitors.

glitch
Ausdruck für eine *Panne* (Hackerslang), aber auch so etwas wie ein Stromausfall (power glitch). Wird auch als Verb gebraucht.
Glitch heißt eigentlich *glitschen, gleiten*. So ist das Scrollen von Text auf dem Bildschirm ebenfalls ein „glitch".

glob (to ...)
Hackerslang (auch globbing) für die Benutzung von →wildcards. Eigentlich für die Dateisuche gedacht, nutzen manche wildcards (Jokerzeichen) auch in chats und E-mails. Folgende Zeichen sind zu finden:
* * eine beliebige Zeichenfolge
* ? steht für ein Zeichen
* [ ] Angabe von Alternativen

Beispiele: „Ich glaube er wohnt in *stadt" (Der Name des Wohnortes endet mit Stadt, also Neustadt, Freudenstadt usw.). „Frag doch mal Me[iy]ers" (Er schreibt sich also Meiers oder Meyers).

global distribution
die weltweite Verteilung, die weltweite Auslieferung

glork
Bezeichnung für eine *kleine Überraschung, Panne* (Hackerslang). Glork kann aber auch für alles andere stehen wie beispielsweise foo (metasyntaktische Variable). Siehe auch meta-character. Ein glork kann auch ein „glitch" sein (siehe dort).

gloss over a mistake (to ...)
einen Fehler vertuschen (Idiom)

glue
Kleber, Hackerslang für etwas Verbindendes wie ein Interface oder ein Übertragungsprotokoll.

glutton for books
der Bücherwurm (Idiom)

glutton for work (to be a ...)
ein Arbeitstier sein (Idiom)

gmta
Abkürzung für „great minds think alike", zu deutsch: *große Köpfe denken ähnlich* (Akronym).

GNS
Abkürzung für „Green Number Service", die gebührenfreie Telefonnummer. In Deutschland z.B. Nummern mit der Vorwahl 0130 oder 0800.

GNU
Abkürzung für GNU is Not UNIX. Der eigentlich sinnlose Bezug auf die Abkürzung „GNU" in der Auflösung selbst ist übrigens gewollt. Es handelt sich bei GNU um ein von der FSF (Free Software Foundation) initiiertes Projekt, in dem Programmierer zusammengeschlossen sind, die sich mit UNIX-kompatiblen Betriebssystemen (z.B. Linux) beschäftigen. Das Besondere hieran ist, dass diese Betriebssysteme lizenzfrei vergeben werden. GNU lebt von finanziellen Spenden oder Sachspenden (z.B. Büroräume o.Ä.).

go at it hammer and tongs (to ...)
nicht loslassen, schwer bearbeiten (Idiom)

go dutch (to ...)
jeder bezahlt selbst (Idiom)

go flatline (to ...)
unwiederbringlich ausfallen (Hackerslang)

go into business for someone (to ...)
sich selbständig machen (Idiom)

go the whole hog (to ...)
auf's Ganze gehen (Idiom)

go to the karzy (to ...)
zur Toilette gehen (Slang)

go-faster stripes
die Rallystreifen, Hackerslang für unnötige Verzierungen eines Programmes wie beispielsweise die Schattenränder der Buttons unter

Windows, die Dreidimensionalität suggerieren sollen. Siehe auch „chrome".

go-no-go test
der Ja/Nein Test

gobble (to ...)
naschen, Hackerslang beispielsweise für das Auslesen eines Pufferspeichers, die Daten werden „genascht".

gobbledygook
ist der Ruf des Truthahns. Gemeint ist damit allerdings eine *geschwollene Rede* oder aber auch eine nicht zu „knackende" Chiffrierung (Hackerslang).

Gödel-Escher-Bach
Titel eines Kultbuches der Hackerszene von Douglas R. Hofstadter.

Godzillagram
Hackerslang für eine Nachricht, die (theoretisch) an jede Station des Universums adressiert ist. Eine weitere Bedeutung ist: ein Datenpaket (siehe dort) im Netzwerk mit maximaler Größe.

goes without saying (that ...)
das versteht sich von selbst (Idiom)

going downhill (to be ...)
auf dem absteigenden Ast sein (Idiom)

gok
Abkürzung für „God only knows", zu deutsch: *das weiß nur Gott*

Golf
siehe George

golf-ball printer
veralteter Begriff aus dem Hackerslang für einen *Kugelkopfdrucker* der Fa. IBM.

gomy
Abkürzung für „get out of may way", *geh mir aus dem Weg!* (Akronym)

good delivery (he has a ...)
er redet auf eine sehr angenehme Art und Weise (Idiom)

good shape (to be in a ...)
in einem guten Zustand sein (Idiom)

good sport (to be a ...)
kein Spielverderber sein (Idiom)

good time (to be in ...)
noch etwas Zeit übrig haben, gut in der Zeit liegen (Idiom)

good times
Name eines Virus (siehe dort).

goof up (to ...)
versagen (Slang)

goose chase (to be on a wild ...)
auf dem Holzweg sein (Idiom)

gopher
ist eigentlich der Name eines kleinen wieselartigen Tiers, das in Nordamerika vorkommt. Das Gopher-System ist ein Dienst im Internet (siehe dort) zum Auffinden von Dateien und Texten. Man kann mit gopher im Internet „herumwieseln". Umgangssprachlich ist ein „gopher" auch ein Laufbursche oder ein Bote.

gorilla arm
veralteter Hackerslang für die Auswirkungen der Arbeit mit einem Touchscreen. Da Menschen nicht dafür geeignet sind, ständig ihren Arm in Augenhöhe vor sich zu halten und auf einem Monitor herumzutasten, findet man diese Technik immer seltener: Maus sei dank ;-)

gorp
ist die Abkürzung für „good old raisins and peanuts", entspricht dem deutschen *Studentenfutter*. „Gorp" wird aber wie „foo" eingesetzt (metasyntaktische Variable), eben für alles mögliche (Hackerslang). Siehe auch meta-character.

Gotham (wise man of ...)
Dummkopf (Idiom), Emoticons hierzu:
<:l Dummkopf
 :-] noch ein Dummkopf

gotisch (deutsch)
Bezeichnung aus der deutschen Hackersprache für *dilettantische Programme*. Die Steigerung von gotisch ist ostgotisch. Im Englischen sagt man „rude", siehe dort.

gov
Abkürzung für *government*, Bereichsname im Internet (siehe dort) für „Regierungsorganisation", im Gegensatz beispielsweise zu einer Bildungsorganisation.

gowi
Abkürzung für „go on with it", *mach weiter so!* (Hackerslang)

gozinta
alternativer, seltener Name für das Sonderzeichen „ | ", Hackerslang, siehe auch „bar".

gp
Abkürzung für „general purpose", *allgemein verwendbar*.

gr
Internationale Länderkennung in einer Internetadresse für *Griechenland*, wird auch schon mal als Abkürzung für den Ländernamen in chats benutzt.

grab (to ...)
nach etwas schnappen, etwas greifen, nehmen (z.B. Daten oder Dateien).

graffiti
Bezeichnung für eine Art Signatur, die ein Hacker in einem fremdem System angebracht hat um zu dokumentieren, dass er im System gewesen ist (Hackerslang).

grammalogue
das Kürzel, die Kurzschrift

grate on the ear
schroff klingen (Idiom)

grault
eine weitere metasyntaktische Variable wie „foo" oder „foobar", Hackerslang. Siehe auch meta-character.

gray
grau, in der Mitte liegend, unbestimmt

Gre'thor
Begriff der Startreck-Gemeinde. Name der „Klingonischen Hölle".

great runes
Hackerslang für Systemmeldungen in Großbuchstabem.

great strides (to make ...)
schnelle Fortschritte machen (Idiom)

Greek to me (it is all ...)
es kommt mir spanisch vor (Idiom)

green bytes
Bezeichnung für Informationen in einer Datei, die nicht zum eigentlichen Informationsgehalt gehören, sondern beispielsweise zu organisatorischen Zwecken dienen. Dies kann beispielsweise die Größe oder der Name der Datei sein. Man spricht auch von Meta-Daten.

green in my eye (do you see any ...)
hältst du mich für einen Dummkopf? (Idiom). Emoticons hierzu:
- <:l Dummkopf
- :-] noch ein Dummkopf

green machine
Hardware, die für militärische Zwecke konstruiert wurde, in Anlehnung an die Tarnfarben des Militärs. Slang, siehe auch „mil".

green number
Die gebührenfreie Telefonnummer (in Deutschland z.B. 0130 oder 0800). Auch →GNS.

green old age
sehr alt (Idiom)

green words
siehe green bytes

grey areas
die Grauzonen, Name eines Hackermagazins im Internet (siehe dort), herausgegeben von Netta Gilboa.

grey wall
auch: big grey wall, Hackerslang für Handbücher und Programmdokumentationen, die so umfangreich sind, dass sie den Anwender zunächst vor einer großen Wand stehen lassen. Der Begriff lässt sich auf den Einband der Handbücher von VMS-Rechnern zurückführen. Diese waren zunächst orange, später blau und für die Version 5 grau und vor allen Dingen recht umfangreich.

grid
Alternative Bezeichnung für das Zeichen „#", siehe auch mesh.

grlf
Hackerslang für „girlfriend", *die Freundin*.

grin and bear it (to ...)
in den sauren Apfel beißen, gute Miene zu bösem Spiel machen (Idiom)

grind (to ...)
Bezeichnung für: *eine unwichtige Sache ständig weiterlaufen lassen* (Hackerslang).

grips with something (to get to ...)
etwas in den Griff bekommen (Idiom)

gritch (to ...)
klagen, jammern (Hackerslang).

gritch gritch
jammer-jammer, typisches Beispiel für die Unterstreichung eines Anliegens durch Wortwiederholungen. Dies kann auch mehr als nur zweimal sein.

grmbl
Abkürzung für „Grumble", *grummeln, brummen* (Hackerslang). Oftmals auch in der Form „grmbl grmbl" benutzt.

grok
kapieren, das Wort „grok" kommt aus der Science Fiction Literatur, im speziellen von den Marsmenschen: sie sagen „grok", wenn sie den Durchblick haben (Hackerslang).

gronk (to ...)
Hackerslang: *ein Gerät neu starten* (nach einer Fehlfunktion).

gronked
Hackerslang für „erschöpft", in der Regel auf Geräte bezogen.

großer Blitz (deutsch)
hiermit wird der *schnelle Transfer einer großen Datenmenge* bezeichnet (Hackerslang). Siehe auch „big blit".

groupware
Software für das gruppenbezogene Arbeiten

grovel (to ...)
kriechen, schleimen, Hackerslang. Wenn eine Datenabfrage beispielsweise zu lange dauert, sagt man, „it is groveling in the database".

grub
Bezeichnung für *Essbares*. Beispielsweise ein doppelter Hamburger mit Tomate und Salat (**XO||**)

grungy
Slangwort für *verdreckt, hässlich, abstoßend*. Auch ein Programm kann „grungy" sein.

gubbish
der Mist, der Blödsinn, Gubbish ist zusammengesetzt aus garbage (= Müll) und rubbish (= Quatsch), Hackerslang.

guest
der Gast, in vielen Netzen und Mailboxen (siehe dort) kann man sich auch ohne eine Zugangsberechtigung zu besitzen einloggen. In der Regel wird man dann als „Gast" akzeptiert, dem allerdings nur Teilbereiche des Leistungsangebotes zugänglich sind.

GUI
Abkürzung für „graphic user interface", zu deutsch: *„grafische Benutzerschnittstelle"*.

guiltware
Hackerslang für Freeware bzw. Shareware (siehe dort), deren Autor ständig darauf hinweist, wie mühevoll und aufwendig die Programmierung war.

gum-tree (to be up the ...)
mit einem Problem nicht mehr weiterkommen (Idiom)

gun (to ...)
abschießen, abfeuern. Ein Programm, das sich aufgehangen hat, oder dessen Lauf zu lange dauert wird „gunned" (abgeschossen), Hackerslang.

gurfle
Hackerslang, Ausruf bei außerordentlichem Missgefallen einer Sache. Auch in der Form „gurfle gurfle" gebräuchlich.

Gurke (deutsch)
Im deutschen Hackerslang ist *der Computer* eine „Gurke". Andere Bezeichnungen sind: Kiste, Eimer, Büchse oder Erbse.

guru
der Guru, eine Kapazität auf seinem Gebiet, ein wahrer Zauberer. Siehe auch black magic.

Guru (deutsch)
der Systemoperator einer Mailbox (sysop)

gweep
der gestresste Hacker, (Computerlingo).

H

h.
die Stunde, die Uhr, Abkürzung für „hour".

Hä?
Zu deutsch: *Habe nicht verstanden, bitte wiederholen.*

HACK
Akronym für *„hochentwickelte außergewöhnliche chaotische Kommunikation"*, so zumindest sehen es die Hacker selbst.
Ursprünglich war mit „hack" eine Arbeit gemeint, die zwar zum gewünschten Ziel führte, jedoch nicht besonders gut oder zufriedenstellend durchgeführt wurde.

hack together (to ...)
etwas „zusammenschustern"

hack up
Hackerslang für das *gemeinschaftliche Hacken*.

Hackbrett (deutsch)
Hiermit ist die *Tastatur* gemeint (Hackerslang).

Hacker
ein User, der Hacks produziert. Eigentlich stammt die Bezeichnung „Hacker" von der Art und Weise wie diese User auf der Tastatur herumhacken. Ein Hacker ist außerdem daran zu erkennen, dass er sich wesentlich intensiver mit seinem Computer beschäftigt als „normale" Anwender – nämlich Tag und Nacht (siehe auch: night mode). Oftmals werden „Cracker" und „Hacker" verwechselt oder gar gleichgestellt, was natürlich nicht korrekt ist. Im Gegensatz zu den Hackern sind Cracker böswillig. Der echte Hacker agiert nicht selten zwar auch am Rande der Legalität, ihn treibt aber allein der Wissensdurst. Seine Herausforderung liegt darin, sich in ein Computersystem einzuschleichen und es auszukundschaften. Ist er einmal im System, verliert es seinen Reiz. Die Gewissheit dass er es kann, genügt.
Es widerspricht dem Hacker-Ethos, Daten zu ändern, bis auf diejenigen Maßnahmen, die notwendig sind, um beispielsweise seine Spuren zu verwischen. Viren (siehe dort) zu verbreiten gilt als äußerst uncool.

hacking
das Hacken, also das, was Hacker (siehe dort) so treiben.

Hackintosh
veralteter Hackerslang für einen „aufgemöbelten" Apple-Macintosh-Rechner.

hackish
etwas aus der Hackerkultur (Slang)

Häckse (deutsch)
angeblich selbstgewählte, deutsche Bezeichnung der weiblichen Hacker. Dabei ist die Klangverwandtschaft zum Wort „Hexe" durchaus beabsichtigt.
Emoticons hierzu:

➤	User ist weiblich
:-}	User benutzt Lippenstift
:-{ }	User benutzt viel Lippenstift
8:-)	kleines Mädchen
:-)-{8	großes Mädchen

hackspeak
siehe hakspek.

hag
eigentlich: alte Hexe, aber auch *Anmacher*.

Hagbar Celine
Name des Romanhelden aus dem Kultbuch →Illuminatus!

hail-fellow-well-met (he is a ...)
er ist jedermanns Freund (Idiom)

hair
das Haar, Hackerslang für so etwas wie „Gehirnschmalz". Zur Lösung komplexer Probleme benötigt man eine Menge Haare. Nicht zu verwechseln mit „hairy", siehe dort.

hair stands on end (my ...)
mir stehen die Haare zu Berge (Idiom)

hairy
unheimlich kompliziert, eben *haarig* (Hackerslang). Hairy wird auch auf Personen angewendet, dann bedeutet es soviel wie: *autoritär, energisch*.

hak
Abkürzung für „hugs and kisses", zu deutsch: *Umarmungen und Küsse*

hakspek
Besondere Form der Abkürzungen (Kunstsprache), die ursprünglich nicht aus Hackerkreisen stammt, wenngleich sie doch hier schnell Einzug gefunden hat. In erster Linie geht es darum, Tipparbeit zu sparen, denn Hacker sind im Grunde faul.

Hier einige Beispiele:

4	for, four
U	you
2	to, two, too
C	see
B	be

In ganzen Worten sieht das dann so aus:

b4	before
b4 i c u	before I see You
w8 4 me	wait for me
2moro	tomorrow
2me	to me
2u	to you
224	two to four (2-4)

half mesh
Alternative, seltenere Bezeichnung im Hackerslang für das *Gleichheitszeichen*.

half-neslon on somebody (to get a ...)
jemanden zwischen die Finger bekommen (Idiom)

half-smiley
Der zwinkernde Smiley, siehe Emoticons. Auch: winkey face oder semi-smiley. Und so sieht er aus: ;-)

hammer home (to ...)
etwas einhämmern, einbleuen (Idiom)

hamster
Hackerslang für die *Hardware der Firma Amstrad*.
Auch: Bezeichnung für eine kabellose Maus.

hand
die Hand, die Handschrift, die Unterschrift, die Handbreite (= 4 Zoll), *die Seite*.
„hand" wird aber auch als Abkürzung für „have a nice day", meist ironisch gebraucht.

hand in glove
Hand in Hand (Idiom)

hand-roll
Hackerslang für „selbstgemacht", auch „manuell eingreifen" im Gegensatz zum automatischen Ablauf beispielsweise einer Programm-

installation. Hand-rolled bedeutet eigentlich „selbstgedreht" (Zigarette).

handle
Andere Bezeichnung für *nickname, alias* oder *password*.

handle to one's name (to have ...)
einen Titel haben (Idiom)

hands of (keep your ...)
lass die Finger davon! (Idiom)

hands off!
Hände weg!

handshake
das Händeschütteln, wenn verschiedenartige Geräte miteinander kommunizieren (Daten austauschen) und sich gegenseitig durch Rückmeldungen (Quittung) kontrollieren, spricht man von Handshake-Betrieb (Handshaking) oder dem sogenannten „Anforderungs-Quittungsverfahren". Handshake ist weder Slang noch Hackersprache, sondern eine offizielle Bezeichnung.

Es gibt auch Emoticons für das „Händeschütteln", jedoch haben diese mit dem oben Gesagten wenig zu tun:
II*(Händeschütteln anbieten
II*)   Händeschütteln annehmen
Hier geht es mehr um Höflichkeitsfloskeln, bzw. ein Versöhnungsangebot.

handy (to be ...)
handwerklich geschickt sein (Idiom)

hang (to ...)
auf etwas warten, das passiert oder auch nicht (Hackerslang).

hang it!
ignoriere es einfach (Idiom)

hang out
Zeit totschlagen

hangup (to ...)
auflegen (den Hörer), das Beenden einer Kommunikationsverbindung. Als Substantiv (the hangup) ist die *Blockierung eines Systems* gemeint.

Hanlon's Razor
eine Gesetzmäßigkeit wie Murphy's Law, siehe dort.

happy as a pig in muck (as ...)
sich sauwohl fühlen (Idiom)

happy faces
die fröhlichen Gesichter, besser bekannt als „smileys". Sie sind aber keinesfalls immer „happy", sondern können zum Ausruck verschiedenster Emotionen eingesetzt werden. Das besondere hieran ist, dass sie nur aus ASCII-Zeichen zusammengesetzt sind und daher in fließenden Text eingefügt werden können. Man spricht auch von emoticons (emotional icons, siehe dort).
Beispiele:

:-)	happy
:-))	very happy
:-))))	überglücklich
:-(	traurig, heulen
:-((	sehr traurig
:-C	sehr unglücklich
:-((((	todunglücklich usw.

hard going (it's a ...)
es ist schwierig (Idiom)

hard on (a hard on)
eine Erektion haben (Slang, Dirty Word).

hard up (to be ...)
wenig Geld haben (Slang)

hard up for ... (to be ...)
knapp sein an ... (Idiom)

hardwarely
Kunstwort, bedeutet soviel wie: *die Hardware betreffend*. Gegenteil hiervon: softwarely, siehe dort.

harp on a subject (to ...)
auf etwas herumreiten (Idiom)

Harry Hirsch (deutsch)
berühmt-berüchtigte Gateway-Adressierung.

hash
seltene Bezeichnung für das Zeichen „#", siehe auch mesh.

hat
der Hut, seltene Bezeichnung für das Zeichen „^ ", siehe auch caret.

hat in hand
unterwürfig (Idiom)

haul somebody over the coals (to ...)
jemandem aufs Dach steigen (Idiom)

have a field day (to ...)
einen großen Tag (Festtag) haben (Idiom)

have one's finger in every pie (to ...)
überall mitmischen (Idiom)

hawk gossip about (to ...)
Klatsch verbreiten (Idiom)

Hayes
Industriestandard für die Modemansteuerung. Der Name kommt vom Modem-Hersteller Hayes. Da alle Befehle mit „AT" beginnen, spricht man auch von AT-Befehlssatz.

haywire (everything goes ...)
alles geht drunter und drüber (Idiom)

he's beyont help
ihm ist nicht mehr zu helfen (Idiom)

he's lost his marbles
er ist nicht mehr ganz dicht (Idiom)

he called me names
er beschimpfte mich (Idiom)

he claims to know you
er behauptet, dich zu kennen (Idiom)

he did it in the nick of time
er hat es gerade noch geschafft (Idiom)

he has brains
er hat Köpfchen (Idiom)

he is a lying so-and-so
er lügt, dass sich die Balken biegen (Idiom)

he is breathing down my neck
er ist hinter mir her (Idiom)

he is on his last legs
er pfeift auf dem letzten Loch (Idiom)

head (that's over my ...)
das geht über meinen Verstand (Idiom)

head in the clouds (to have his ...)
ein Träumer sein (Idiom)

head off a quarrel (to ...)
eine Auseinandersetzung vermeiden (Idiom)

head or tail of it (to make ...)
nicht klug daraus werden (Idiom)

head over heels
komplett, total, völlig (Idiom)

headcrash
Bezeichnung für die Berührung der Schreib-/Leseköpfe eines Festplattenlaufwerkes mit der Plattenoberfläche mit der Folge von Datenverlust. Normalerweise schweben die Schreib-/Leseköpfe der Festplatte auf einem Luftpolster. Headcrash ist weder Slang noch Hackersprache, sondern eine offizielle Bezeichnung.

header
Bezeichnung für den einer Nachricht vorangestellten Teil, der organisatorische Informationen enthält. Hier steht beispielsweise die Adresse des Absenders und etwa auch wann und wo die Nachricht abgesandt wurde. Header ist weder Slang noch Hackersprache, sondern eine offizielle Bezeichnung.

heading line
die Kopfzeile, die Überschrift, siehe auch header.

headline
die Überschrift

headlong (to rush ...)
sich kopfüber in etwas hineinstürzen (Idiom)

heap of junk
der Schrotthaufen, der Haufen Schrott (Idiom)

heart (at ...)
im Grunde genommen

heart of the matter (it is the ...)
es ist das Wichtigste (Idiom)

heartbeat
der Herzschlag, Hackerslang für die Taktfrequenz des Mikroprozessors eines Computers.

heavy metal
das Schwermetall, Hackerslang für einen Supercomputer, siehe hierzu auch „big iron".

heavy wizardy
Bezeichnung beispielsweise für ein Programm oder Design, das mit sehr guten Kenntnissen (z.B. des Betriebssystems oder der Programmiersprache) erstellt wurde, Hackerslang. Siehe auch „wizard".

hedge one's bets (to ...)
sich absichern, sich nicht festlegen wollen (Idiom)

Hegh'bat
Begriff der Startreck-Gemeinde: rituelle Selbstmordzeremonie der Klingonen.

heisenbug
Hackerslang für einen Fehler, der bei dem Versuch ihn zu beheben nicht mehr auftaucht oder in anderer Form in Erscheinung tritt. Begriff in Anlehnung an den Physiker Heisenberg. Siehe auch bug und mandelbug.

Helen-Keller-mode
Hackerslang für ein aufgehangenes System (→go flatline).

hello sailor!
hallo Leute!, hallo jedermann (Slang)

hello world
globale Ansprache: *hallo ihr alle!* Auch als Test-output gebraucht. Bei einer Mikrofonprobe würde man sagen 1-2-1-2...

hellop
Begrüßungsformel, Gesprächseröffnung. „Hellop" ist die Abkürzung für „hello operator".

help yourself (please ...)
bitte, bediene dich

hen party (a ...)
der Kaffeeklatsch (Slang)

Herbert
Der Name „Herbert" hat in der Startreck-Gemeinde eine besondere Bedeutung: Es ist ein verächtlicher Ausdruck, mit dem die Weltraum-Hippies den Vulkanier Spock bezeichneten. Herbert ist für sie der personifizierte Spießertyp.

heterogeneous
heterogen, unterschiedlich, aus unterschiedlichen Elementen zusammengesetzt. Ein Netzwerk kann beispielsweise heterogen sein, wenn es Computer verschiedener Hersteller mit unterschiedlichen Betriebssystemen untereinander verbindet.
„Heterogeneous" ist kein Hackerslang.

heterological
nicht selbstbeschreibend, nicht selbstdokumentierend, (z.B. ein Programm), Hackerslang. Gegenteil: autological, siehe dort.

hex
Abkürzung für „hexadezimal". Da beispielsweise der Ziffernfolge 13 nicht anzusehen ist, ob ihr das Hexadezimalsystem oder das Dezimalsystem zugrunde liegt, versieht man im Zweifelsfall die Ziffern mit dem entsprechenden Kürzel, beispielsweise also:
hex 13 = dez 19.
Hex ist weder Slang noch Hackersprache, sondern eine offizielle Bezeichnung. Während das Binärsystem (Dualsystem) zwei Zeichen verwendet und das Dezimalsystem bekanntlich zehn Zeichen (0-9), benötigt das Hexadezimalsystem 16 Zeichen: dies sind die Ziffern von 0 bis 9 und die Buchstaben von A bis F. Zum Vergleich einige Zahlen dezimal und hexadezimal:

dez	hex	dez	hex	dez	hex	dez	hex
0	0	7	7	14	E	21	15
1	1	8	8	15	F	22	16
2	2	9	9	16	10	23	17
3	3	10	A	17	11	24	18
4	4	11	B	18	12	25	19
5	5	12	C	19	13	26	1A
6	6	13	D	20	14	27	1B

hex
selten zu findende Bezeichnung für das Zeichen „#", siehe auch mesh.
Auch: Abkürzung für „hexadezimal", siehe dort.

hex dump
bezeichnet ganz allgemein eine Liste, welche Informationen (Daten) in hexadezimaler Form enthält.

hexit
die Hexadezimalziffer, Hackerslang für „hexadecimal digit", also ein Zeichen aus dem Vorrat der Hexadezimalzahlen: 0-9 und A-F

hho 1/2 k
Abkürzung für „ha, ha, only half kidding", zu deutsch: *Haha, das war nur ein halber Scherz,* Hackerslang.

hhok
Abkürzung für „ha ha only kidding", zu deutsch: *Ha, Ha, ich hab' nur 'nen Scherz gemacht,* Hackerslang.

hhos
Ha ha, aber war doch ernst, Abkürzung für „ha ha only serious", Hackerslang, das Emoticon hierzu ist ;-)
Gemeint ist, dass in witzigen oder ironischen Bemerkungen doch auch eine Wahrheit steckt, andererseits jedoch nicht alles zu ernst zu nehmen ist.

hi
hallo, das Emoticon hierzu ist :->

high and mighty (to be ...)
hochnäsig sein (Idiom)

high bit
Hackerslang für *das Wesentliche.* Beispiel: „Dont't tell me the whole story, just give me the high bit".
Kommt von „high order bit", das höherwertige bit eines Bytes.

high level language
die Hochsprache (Programmiersprache), *die höhere Programmiersprache*, im Gegensatz beispielsweise zur Maschinensprache.

high plateau (to be on a ...)
auf dem Höhepunkt sein (Idiom)

highlight (to ...)
hervorheben, das Verändern der Anzeige beispielsweise durch Unterstreichen, Inversdarstellung oder Blinken (am Bildschirm).

highly strung (to be ...)
überempfindlich sein (Idiom)

hindlegs off a donkey (to take the ...)
sehr redselig sein (Idiom)

hing
Hackerslang für „hint", *der Hinweis, die Anspielung*.

HIP
Abkürzung für „Hackers in Progress", eine jährlich in Amsterdam stattfindende Konferenz, bei der sich Hacker zum Informationsaustausch treffen. Siehe auch HOPE.

hirsute
Hackerslang, Synonym für „hairy", siehe dort.

his bark is worse than his bite
Hunde die bellen, beißen nicht (Idiom)

hit for six
außergewöhnliche Nachrichten empfangen (Idiom)

hit on that (how did you ...)
wie bist du darauf gekommen? (Idiom)

hit or miss
auf gut Glück (Idiom)

hit straight from the shoulder (to ...)
sich klip und klar ausdrücken (Idiom)

hit the roof (to ...)
an die Decke gehen, in die Luft gehen (Idiom)

hit the sack
ins Bett gehen (Slang)

hk
Hongkong , Internationale Länderkennung in einer Internetadresse, wird seltener auch schon mal als Abkürzung für den Ländernamen selbst in chats benutzt.

ho!
Hände weg!, Abkürzung für „hands off", (Akronym).

hoax
eigentlich: „schlechter Scherz"; im Internet ist hiermit jedoch meistens eine e-Mail gemeint, in der fälschlicherweise vor Viren (siehe dort) gewarnt wird.

hobbit
Hackerslang für *das Wesentliche*. Beispiel: „Dont't tell me the whole story, just give me the hobbit". Kommt von „high order bit", das höherwertige bit eines Bytes.

Hobson's choice (to have ...)
das bekommen, was übrig bleibt (Idiom)

Hofstadter, Douglas R.
Name des Kultbuch-Autors von „Gödel-Escher-Bach".

hoh
komplett, total, völlig, Akronym für „head over heels".

hoist one's flag (to ...)
seine Absichten offenlegen (Idiom)

hold good (to ...)
es bleibt dabei (Idiom)

hold one's peace (to ...)
sich still verhalten (Idiom)

hold your horses
halte dich zurück (Idiom)

hold your tongue
halt den Mund (Slang)

home and abroad (at ...)
im In- und Ausland (Idiom)

home box
Hackerslang für den *heimischen Computer* (nicht Homecomputer). Die Bezeichnung stammt von aus der Zeit, da ein Computer im trauten Heim eher die Ausnahme war. Siehe auch „box".

home brew
hausgemacht, Bezeichnung beispielsweise für selbstverfasste Software; hat immer einen unprofessionellen Beigeschmack..

home machine
siehe home box.

homepage
Hauptseite bzw. *Leitseite* innerhalb des World Wide Web (WWW), mit der sich Organisationen, Personen und Unternehmen im Internet darstellen.

homosexual adapter
Hackerslang für ein *Kabel mit zwei gleichartigen Steckern* bzw. Buchsen an beiden Enden. Andere Bezeichnungen hierfür sind: gender mender, gender blender und sex changer, siehe auch dort.

honky
Abfällig: *ein Weißer*.

hook up (to be ...)
angeschlossen sein (z.B. an einem Netzwerk oder dem Internet).

hooker
die Prostituierte (Dirty Word)

HOOL88
Achtung: Hooligans (88 = HH = Heil Hitler, H = achter Buchstabe des Alphabets), Zeichen für rechtsradikale Fußballrowdies.

hop count
Maßeinheit für die Entfernung im Internet (siehe dort). Ist der „hop count" beispielsweise 3, so bedeutet das, dass zwischen den beiden verbundenen Stationen drei Gateways liegen.

HOPE
Abkürzung für „Hackers on Planet Earth", eine jährlich in New York stattfindende Konferenz, bei der sich Hacker zum Informationsaustausch treffen. Siehe auch HIP.

horny
sexuell erregt, geil (Slang)

horse's mouth (from the ...)
aus berufenem Munde (Idiom)

horse of a different story
eine ganz andere Geschichte (Idiom)

horse of another colour (that is a ...)
dies ist etwas ganz anderes (Idiom)

horse-sense
der gesunde Menschenverstand (Idiom)

hose
Hackerslang für *dickes Kabel*. Auch „bit hose" oder „etherhose", wenn es ein Ethernet-Kabel ist.

hosed
Hackerslang, Synonym für „down", siehe dort.

host
der Zentralcomputer

hot chat
ein Chat, bei dem das Thema Sexualität im Vordergrund steht.

Hotjava
Name einer 3D-Beschreibungssprache der Fa. Sun Microsystems ähnlich HTML (siehe Java). Im Gegensatz zu dieser werden hierbei keine Hypertextdokumente festgelegt, sondern dreidimensionale Szenarien. Java wurde besonderes für das World Wide Web entwickelt. HTML-Dokumente können in 3D-Szenen eingebunden werden. Java ist kompatibel zu VRML (Virtual Reality Modeling Language).

hotkey
die Tastenkombination zur Aktivierung eines Hintergrundprozesses. TSR-Programme werden beispielsweise über solche Hotkeys aus einer laufenden Anwendung heraus gestartet. Hotkey ist weder Slang noch Hackersprache, sondern eine offizielle Bezeichnung.

hotline
Serviceleistung von Herstellern. „Hotline" bedeutet soviel wie *„heißer Draht"* und steht für eine Telefonnummer, unter der ein Käufer sich Rat einholen kann, wenn Fragen zum Produkt oder Probleme auftauchen. Hotline ist weder Slang noch Hackersprache, sondern eine offizielle Bezeichnung.

hotspot
Auch: hotlink. Punkt auf einem Hypertextdokument, der bei Auswahl eine Verbindung zu anderen Dokumenten oder anderen Ressourcen herstellen kann. Ein hotspot kann sowohl aus einer Textstelle, als auch aus einem Symbol bestehen.

hours together (for ...)
stundenlang

hourse's mouth (straight from the ...)
direkt von der Quelle (Idiom)

house on fire (to get on like a ...)
sich sehr gut verstehen (Idiom)

How
Wort für den Buchstaben „H" im amerikanischen Buchstabieralphabet (Phonetic Alphabet). Im deutschen Buchstabieralphabet ist dies „Heinrich" und international sagt man „Havanna". Auch schon mal verwendet wird „Hotel", was aus der Zivilluftfahrt kommt.

how did you hit on that
wie bist du darauf gekommen? (Idiom)

how do you feel about this?
was hältst du davon? (Idiom)

how the land lies (I'll see ...)
auf den Busch klopfen (Idiom)

hrs.
die Stunden, Abkürzung für „hours".

hsik
Abkürzung für „how should I know", zu deutsch: *woher soll ich das wissen ?*

hth
ich hoffe das hilft (ein Tip o.ä.), *viel Glück,* Abkürzung für „hope this helps", (Akronym).

http://
So beginnt eine WWW-Adresse im Internet. Der grundsätzliche Aufbau ist:

Dienst://Rechnername:Port/Pfad/Datei

Mit Dienst ist der Typ des Internet-Servers gemeint; die beiden wichtigsten sind „http" und „ftp". http ist die Abkürzung für „Hypertext Transport Protocol".

hu
Internationale Länderkennung in einer Internetadresse für *Ungarn (Hungaria)*, wird seltener auch schon mal als Abkürzung für den Ländernamen in chats benutzt.

hub
Hardwarebauteil; ein Großverteiler, der Dateien und Nachrichten an die Nodes (siehe dort) im Netzwerk verteilt.

huff (to ...)
Hackerslang für *das Komprimieren einer Datei* mit Hilfe eines Komprimierungsprogrammes, das den Huffmann Code benutzt. Das Dekomprimieren heißt dann „to puff", siehe dort.

Huffmann-Codierung
Methode zur Datenkompression, die nach ihrem Erfinder benannt wurde und besser unter dem Begriff „Squeezing" (Quetschen) bekannt ist. Das Squeezing verschlüsselt die Zeichen einer Datei entsprechend ihrer Häufigkeit. Zunächst werden alle Zeichen einer Datei gezählt und deren Häufigkeit festgestellt. Normalerweise verschlüsselt man in unkomprimierten Dateien alle Zeichen mit jeweils acht Bit (= 1 Byte). Weist man den häufiger vorkommenden Zeichen kleinere Einheiten zu, also beispielsweise lediglich 2 oder 3 Bits, so spart man auch dann noch Platz in der Datei, wenn man seltener vorkommenden Zeichen Bitfolgen zuordnet, die dann auch länger als 8 Bits sein können. Bei normalen Texten lassen sich mit der Huffmann-Codierung Kompressionsraten von 20 bis 30 % erreichen. D.h. eine 100 KB große Datei kann man auf 70 KB komprimieren. Dies ist im Vergleich zu heutigen Möglichkeiten kein besonders hoher Wert, aber das Squeezing ist relativ sicher und zudem ausreichend schnell. Heutige Verfahren erreichen Kompressionswerte um die 50 %, natürlich immer in Abhängigkeit vom Dateiinhalt.

huh
seltene Bezeichnung für das *Fragezeichen* „?", siehe auch „ques".

hum and haw (to ...)
herumdrucksen (Slang)

human engineering
die Ergonomie

humanoide
Begriff der Startreck-Gemeinde: *der Anwender, Menschen*, im Gegensatz zum Computer (Hardware). Siehe auch wetware, meatware.

humma
Hackerslang, ein Füllwort, wenn man nichts zu sagen hat oder glaubt etwas sagen zu müssen. Signalisiert den anderen Teilnehmern, dass man noch anwesend ist.

hunchback
das Fragezeichen, alternative Bezeichnung im Hackerslang. Siehe auch „huh" oder „ques".

hungry puppy
Hackerslang für ein Programm, dessen Priorität auf unterster Stufe anzusiedeln ist.

hungus
Hackerslang für *etwas unhandliches, überaus großes und unüberschaubares.*

hunky-dorey (it is all ...)
es ist alles in Ordnung (Idiom)

hush up a matter (to ...)
etwas vertuschen (Idiom)

hustle and bustle
die Geschäftigkeiten (Idiom)

hustler
die Prostituierte (Dirty Word)

hwmbo
der, dem gehorcht werden muss, meist zynisch gebrauchte Abkürzung für „he who must be obeyed", Akronym.

hyperspace
Hackerslang für einen Speicherbereich im Computer, der nicht genauer definiert, aber jedenfalls „weit weg ist". Beispiel: this bits are

stored in hyperspace – diese Informationen sind irgendwo abgespeichert.

Hypertext
Flexibles Dokumenten-Modell, das Verkettungen und Querverweise von Dokumenten vorsieht, die miteinander in Bezug stehen. Damit besteht die Möglichkeit, durch die Anwahl einer solchen Verkettung bzw. eines Verweises das korrespondierende Dokument automatisch aufzurufen. Dabei unterstützt Hypertext auch die Integration fremder Medien, wie Bilder und Audio. Anwendungsbeispiel: World Wide Web (WWW), das Navigationssystem im Internet.

hyperzine
Bezeichnung für ein e-zine (siehe dort), das als Hypertextdokument mit Links zu anderen Texten ermöglicht.

hysterical raisins
(*hysterische Rosinen*) Hackerslang für alles was unternommen werden muss, um beispielsweise ein Programm mit allen Mitteln zu älteren Programmen kompatibel zu halten. Geht auf den Begriff „historical reasons" zurück, zu deutsch „aus historischen Gründen".

I

I'll see how the land lies
auf den Busch klopfen (Idiom)

I am easy
das ist mir egal (Idiom), Emoticon hierzu:
:-I   ist mir egal

I don't know if I am coming or going
Ich weiß nicht mehr wo mir der Kopf steht (Idiom)

I love You
Neben der allgemein bekannten Bedeutung „Ich liebe Dich" ist dies auch der Name eines Virus (siehe dort), der im Sommer 2000 übers Internet verbreitet wurde.

I say!
hör mal! oder *ach was!*

I think you are having me on
du nimmst mich auf den Arm (Idiom)

I was spoilt for choice
die Qual der Wahl haben (Idiom)

I won't cut off my nose to spite my face
sich nicht ins eigene Fleisch schneiden (Idiom)

I-way
Abkürzung für Information Highway, die Datenautobahn.

i14y
Abkürzung für „interoperability". Die Zahl 14 steht lediglich für die 14 Buchstaben zwischen dem ersten (i) und dem letzten (y). Slang aus der X-Windows Welt. Gemeint ist die Portabilität (Übertragbarkeit) und Kompatibilität auf Binärebene zwischen Programmen verschiedener Computer-Plattformen.

i18n
Abkürzung für „internationalisation". Die Zahl 18 steht lediglich für die 18 Buchstaben zwischen dem ersten (i) und dem letzten (n). Slang aus der X-Windows Welt. Siehe auch „i14y".

iaaa
ich bin ein Buchalter, gemeint ist *„ich nehme es sehr genau"*.
Abkürzung für „I am an accountant" (Akronym)

iaal
ich bin ein Rechtsanwalt, (kann eine Drohung sein, wird aber auch ironisch gebraucht), Abkürzung für „I am an lawyer" (Akronym).
Emoticons hierzu:
:-)8   User trägt Fliege
:-X   User trägt elegante Fliege

laalwtd
ich weiß nicht, was ich tun soll, Akronym für „I'm at a loss what to do".

iabt
Akronym für „it's a bit thick", *das ist aber ein bisschen dick!, jetzt reicht's aber* (Idiom)

iac
jedenfalls, sowieso, auf jeden Fall. Abkürzung für „in any case", (Akronym).

iae
auf jeden Fall, unter allen Umständen, Abkürzung für „in any event", (Akronym).

iamos
sozusagen, Akronym für „in a manner of speaking"

iamtt
Abkürzung für „I am moved too tears", (Akronym). *Ich bin zu Tränen gerührt* (meist ironisch gemeint, zumindest in der Kombination: **iamtt : - >**).

iamu
Abkürzung für „I'm all mixed up", *ich bin ganz durcheinander*, (Akronym)

ian
kurz zusammengefasst, Abkürzung für „in a nutshell", (Akronym).

ianaa
ich bin kein Buchhalter, gemeint ist: ich nehme es nicht so genau, Abkürzung für „I am not an accountant", (Akronym), siehe auch „iaaa".

ianal
ich bin kein Jurist, Abkürzung für „I am not a lawyer", (Akronym). Gemeint ist in etwa: *ich kann es nicht beurteilen, ich will hier nichts verdrehen.*

iaw
mit etwas rechnen, Abkürzung für „in accountance with". Auch Abkürzung für „in accordance with", zu deutsch: *in Übereinstimmung mit* ...(Akronym).

IBM
Natürlich ist in der Regel die Fa. IBM (*International Business Machines*) gemeint, aber Vorsicht: im Hackerslang gibt es eine ganze Reihe anderer Bedeutungen, die sich ebenfalls (jedoch verächtlich) auf die Fa. IBM beziehen:
It's Better Manually
Insidious Black Magic   (siehe auch „black magic")
It's Between Malfunctioning
Incontinent Bowel Movement

ibtd
Akronym für „I beg to differ", *ich bitte, widersprechen zu dürfen, ich erlaube mir anderer Meinung zu sein.*

ICQ
Abkürzung für „I seek You", Name eines kleinen Programms der israelischen Softwarefirma Mirabilis, das alle befreundeten Nutzer anzeigt, die gleichzeitig online sind und es erlaubt, diese anzusprechen. Voraussetzung hierzu ist, dass man sich bei Mirabilis (kostenfrei) registrieren lässt. Hierbei erhält man eine UIN (Universal Internet Number) mit der man für andere Teilnehmer auffindbar ist.

ICR
Abkürzung für „Internet Relay Chat", ein Netz im Netz (Internet, siehe dort). Weltweit stehen ständig Server in Kontakt miteinander und ermöglichen das „chatten".

icr II
Name eines Unix-Programmes (Client-Software), das zum Standard für Chat-Programme geworden ist. Viele ICR-Clients unterstützen die Kommandos von irc II.
Die eigentliche Kommunikation läuft über verschiedene Kanäle.
Jeder Benutzer kann beliebig viele Kanäle anlegen.

ICRland
gemeint ist ein ICR-Channel (siehe dort).

icstfoi
Akronym für „I can't see the fun of it", *ich finde dies überhaupt nicht komisch.*

ICU4T
Akronym für „I see you for tea", gemeint ist: *wir treffen uns dann im Real Life,* →RL.

Idaho
siehe Palace.

idk
Akronym für „I don't know", zu deutsch: *ich weiß nicht.*

ie
das heißt (d.h.), Abkürzung für „id est", aus dem Lateinischen, doch im englischen Sprachgebrauch durchaus üblich.

if the cap fits wear it
wenn die Kritik angebracht ist, stecke sie ein (Idiom), *wenn dir der Schuh passt, ziehe ihn an.*

if you don't object
wenn du nichts dagegen hast (Idiom)

ignore
Befehl, der Private Messages oder öffentlich geschriebene Nachrichten eines bestimmten IRC-Clients herausfiltert.

iihmy
Akronym für „If I had my way", *wenn es nach mir ginge ...*

iirc
Akronym für „If I recall correctly", *wenn ich mich recht erinnere ...*

IITYWTMWYKM
Abkürzung für „If I Tell You What This Means Will You Kiss Me?", zu deutsch: *gibst du mir 'nen Kuss wenn ich Dir sage was das heißt?*

IITYWYBAD
Abkürzung für „If I Tell You, Will You Buy Another Drink", zu deutsch: *wenn ich das erzähle spendierst du dann noch einen Drink?*

IITYWYBMAB
Abkürzung für „If I Tell You, Will You Buy Me A Beer", zu deutsch: *wenn ich das erzähle, kaufst du mir noch ein Bier?*

ill mem ref
der fehlerhafte Speicherzugriff, Abkürzung für „illegal memory reference". In der Technik gibt es diesen Ausdruck nicht, gemeint ist vielmehr eine Gedächtnislücke (beim Anwender).
Emoticon hierzu **:-**

Illuminatus!
Titel eines Kultbuches von Robert Anton Wilson. In der dreibändigen Romanreihe wird die Geschichte des Hagbard Celine geschildert, der mit Hilfe seines computergesteuerten U-Bootes gegen eine weltweite Verschwörung zu Felde zieht. Den Geheimbund der Illuminaten soll es wirklich gegeben haben. Laut Überlieferung wurde er 1776 von Adam Weishaupt in Ingolstadt gegründet und scharte immer mehr Mitglieder um sich. 1785 wurde der Orden wieder aufgelöst. Einige Verfechter der „Illuminaten-Theorie" behaupten sogar, dass Weishaupt, nachdem er in Deutschland gescheitert war, nach Amerika ging und erster Präsident der Vereinigten Staaten wurde. Wilson stellt 1975 in seinem Buch die These auf, dass es diesen Geheimbund auch heute noch gibt und dieser nach wie vor sein Ziel verfolgt: Die Beherrschung der Welt. Anzeichen dafür finden sich angeblich überall; die Zeichen der Illuminaten, Fünfecke und Pyramiden, oder deren magische Zahl 23 tauchen immer wieder auf: Das amerikanische Verteidigungsministerium (→DoD) ist in Form eines Pentagons (Fünfeck) gebaut. Auf der amerikanischen Ein-Dollar-Note befindet sich eine Pyramide mit einem Auge, die auch ein Zeichen der Freimaurer ist. Die Quersumme des Datums der deutschen Wiedervereinigung, 3.10.1990, ergibt 23 usw.
Die Geschichte des Hackers Karl Koch wurde daher unter dem Titel „23" verfilmt. Dieser starb im Alter von 23 Jahren auf mysteriöse Weise.

ILSHIBAMF
Abkürzung für „I Laughed So Hard I Broke All My Furniture!", zu deutsch: *ich habe so sehr gelacht dass mein ganzes Mobiliar draufgegangen ist!*

ilu
Ich liebe dich, Abkürzung für „I love you" (Slang), Emoticon hierzu:
:-X   Küsschen

ily
Ich liebe dich, Abkürzung für „I love you" (Akronym).

ImagiNation
US-amerikanischer Online-Dienst der AT&T Corp. (New York City, New York), der sich auf Spiele spezialisiert hat; geplant sind weiterhin Chating, Teleshopping und E-Mail.

imco
aus meiner Sicht betrachtet, Abkürzung für „in my considered opinion" (Akronym).

ime
nach meiner Erfahrung, Abkürzung für „in my experience" (Akronym).

imho
meiner bescheidenen Meinung nach ..., Abkürzung für „in my humble opinion" (Akronym). Höflichere Formulierung als lediglich „imo". Der Schreiber vertritt eine andere Meinung als der Autor der ursprünglichen Nachricht, oder aber es wird eine Aussage gemacht, die keine Tatsache, sondern lediglich eine Annahme darstellt.

imnsho
meiner unbescheidenen Meinung nach ..., Abkürzung für „in my not so humble opinion" (Akronym).

imo
meiner Meinung nach ..., Abkürzung für „in my opinion". (Akronym)

impov
von meinem Standpunkt aus betrachtet, Abkürzung für „in my point of view". (Akronym)

impromptu speech
die Rede aus dem Stegreif (Idiom)

impudence (I like your ...)
du bist aber ganz schön frech (Idiom)

imr
der fehlerhafte Speicherzugriff, Abkürzung für „illegal memory reference". In der Technik gibt es diesen Ausdruck nicht, gemeint ist vielmehr eine Gedächtnislücke (beim Anwender). Emoticon hierzu **:-**

IN
Abkürzung für „Individual Network e.V.", Name eines deutschen Vereins, der seinen Mitgliedern einen kostengünstigen Zugang zum Internet anbietet.

in a body
alle zusammen (Idiom)

in all one's born days
niemals zuvor im Leben (Idiom)

in demand (to be ...)
in Anspruch genommen werden (Idiom)

in for a penny, in for a pound
wer A sagt, muss auch B sagen (Idiom)

in line of ...
in Übereinstimmung mit ...

in my neck of the woods
da wo ich herkomme (Idiom)

in.
Abkürzung für „inch", siehe dort.

inamtl
es ist nicht zum Lachen, Akronym für „it's not a matter to laugh".

inapt
ungeeignet, untauglich, unpassend

Inc.
(amtlich) eingetragen, Abkürzung für „Incorporated" in Firmenbezeichnungen.

inch
englisch für *Zoll*, 1 inch entspricht 2,54 cm, die Schreibweise ist: 1".

incl.
einschließlich, inklusive, Abkürzung für „inclusive, including".

include (to ...)
Im Hackerslang ist hiermit gemeint: eine Nachricht (oder Teile davon) in einer reply oder einem followup (siehe dort) zu wiederholen.

include war
Wenn das Wiederholen von Nachrichtenteilen und das Zitieren (siehe include) überhand nimmt, spricht der Hacker von einem „include war" (Krieg).

incomming message
die ankommende Nachricht

Incontinent Bowel Movement
Synonym im Hackerslang für die Firma IBM (eigentlich die Abkürzung für: International Business Machines).

incoterms
die internationalen Geschäftsbedingungen, Abkürzung für „International Commercial Terms".

increase twofold (to ...)
sich verdoppeln (Idiom)

India
siehe Item

Indian file (in ...)
einer nach dem anderen, einzeln (Idiom)

indoor
im Hause

inedited
unveröffentlicht

Inet
Abkürzende Zusammenfassung von „Internet" und „Intranet".

initgame
Spiel, bei dem ein Chatter seinen →nickname in die Initialen einer berühmten Persönlichkeit ändert. Die anderen Teilnehmer müssen dann mit Ja-/Nein-Fragen versuchen, die Person zu erraten. In englischsprachigen Chaträumen ist es üblich, eine Hilfe in Form eines Hinweises bestehend aus vier Buchstaben zu geben. Beispiel: FAAR steht für „Female, American, Alive, Real", oder MIAF für „Male, Italian, Alive, Fictional".

initial conditions
die Ausgangsbedingungen

inou
Akronym für „I know you", *ich kenne Dich*.

inpo
Abkürzung für „in no particular order", zu deutsch: *in keiner besonderen Reihenfolge*

input
die Eingabe, normalerweise bezogen auf einen Computer. Im Hackerslang kann der Begriff aber auf alles angewendet werden, also auch auf Personen. Gegenteil: output, siehe dort.
Beispiel: give me an input – erzähl' mir was.

ins and outs
die Einzelheiten, die Details (Idiom)

Insidious Black Magic
Synonym im Hackerslang für die Firma IBM (eigentlich die Abkürzung für: International Business Machines).

instant apocalypse
der totale Zusammenbruch, also schlimmer als ein Systemabsturz, z.B. die unwiederbringliche Zerstörung eines Hardwarebauteils (Hackerslang).

Intel
Bauteilhersteller; zunächst hieß die Firma „Integrated Electronics Corp.", daher die Abkürzung Intel, später einfach Intel Corp.
Der amerikanische Hardwarehersteller begann mit der Entwicklung von Speicherchips und prägte den Begriff Mikroprozessor. Mit dem Erfolg des IBM Personalcomputer wurde Intel zum Begriff für Mikroprozessoren („Intel Inside").

InterCaping
auch BiCapitalization, Hackerslang für *Großbuchstaben innerhalb Produktnamen* wie beispielsweise in CompuServe oder NetWare. NeXt, FrameMaker usw.
Vergleiche mit „upper case", „versalien" und „studlycaps".

Interchange
US-amerikanischer Online-Dienst von AT&T Corp. (New York City, New York), der speziell für das Electronic Publishing entwickelt wurde. Verlage können damit Zeitungen und Zeitschriften im Original-Layout auf den Bildschirm des Abonnenten bringen. Daneben soll es auch Support-Foren großer EDV-Hersteller, Sportnachrichten, Aktienkurse und eine Online-Enzyklopädie geben.

intercommunication
die gegenseitige Verbindung, die Verständigung

intercontinental
von Kontinent zu Kontinent reichend

Internet
das größte Netzwerk der Welt. Auf der Basis eines gemeinsamen Protokolls TCP/IP sind die verschiedensten Rechnernetze zu einem gewaltigen Kommunikationssystem verbunden. Der zurückgelegte Weg einer Nachricht interessiert nicht, nur die Tatsache, dass sie dort ankommt, wo sie ankommen soll.

Internet Relay Chat
Name des Protokolls (siehe protocol), das die Online-Kommunikation zwischen verschiedenen Teilnehmern ermöglicht (Chat).

Internet Talk Radio
Name eines von Internet-Freaks zusammengestellten Radioprogramms in Form einer etwa 15 Mbyte großen Audiodatei mit etwa 30 Minuten Spielzeit im Internet (siehe dort). Gebräuchlich ist auch die Abkürzung ITR.

Internet Underground Music Archive
Abkürzung IUMA, ein Internet-Archiv mit Audio- und Videosamples vieler Musikbands sowie musikalischen Hintergrundinformationen aller Art.

internet worm
Virusprogramm, das sich über das Internet verbreitet. Seine Hauptaufgabe ist die Reproduktion seines Codes. Gab es bis vor einigen Jahren nur →Viren, die sich lediglich in Programmdateien oder Speicherbereichen einnisten konnten, gibt es heute immer neuere Varianten der Textviren.

internet worm attack
Im Jahr 1988 gab es eine weltweite Vireninfektion im Internet mit dem →internet worm. Der Schaden ging in die Milliarden. Hierauf wurde das CERT (Computer Emergency Response Team) von der DARPA ins Leben gerufen. Diese kümmert sich um Sicherheitsrisiken im Internet.

Internetworking
der Netzwerkverbund, Bezeichnung für einen Zusammenschluss unterschiedlicher Netzwerke zu einem großen Verbund. Dabei müssen unterschiedliche Netze mit sogenannten Internetworking Elements verbunden werden.

interrupt
Neben der technischen Bedeutung des Interrupt, gibt es im Hackerslang den Ausruf: „interrupt" = unterbreche!

interrupt interrupt
dringender Ausruf, zur Unterbrechung eines Chat. Typisches Beispiel für die Unterstreichung eines Anliegens durch Wortwiederholungen. Dies kann auch mehr als nur zweimal sein.

interspace
der Zwischenraum

inxs
Akronym für „In Excess", *über alle Maßen*.

IOU
ich schulde dir ..., ich stehe in deiner Schuld, Abkürzung für „I owe you". IOU ist beispielsweise auch ein Akronym für einen Wechsel und nicht lediglich Slang, sondern gehört zum englischen Sprachgebrauch.

iouti
Akronym für „I own up to it", *ich gebe es zu* (Idiom)

iow
mit anderen Worten, Abkürzung für „in other words". (Akronym)

IP
Abkürzung für „Internet Protocol", siehe TCP/IP.

IP-Adresse
IP-Adressen dienen dazu, Nodes zu identifizieren und in einem IP-Netz fungieren sie als eine Art Postfach für die Netzwerkkommunikation mit Maschinen. IP-Adressen bestehen in vielen Fällen aus vier Zahlenkombinationen, die durch drei Punkte voneinander getrennt sind.
z.B. ***123.456.78.90***
Diese Zahlen sind Darstellungen der 8-Bit-Binärzahlen. Vor Jahren kam man schon darauf, dass der Umgang mit reinen Zahlenkombinationen mühsam und fehlerträchtig ist. das Ergebnis war ein Internet Benennungssystem, das es uns ermöglicht, „echte Namen" zu

benutzen. Gleichzeitig wurde eine Datenbank entwickelt, in der Informationen gespeichert sind, die Namen in IP-Adressen umwandeln und ebenso Anfragen über Namensumwandlungen beantworten können. Dieses so genannte Domain Name System (DNS) des Internet ist eine verteilte hierarchische Datenbank, die Hostsystemnamen im Internet organisiert und speichert. Der Platz, den die Namen einnehmen, ist nicht flach (wie Adressen in einem Telefonbuch), sondern er ist in Partitionen aufgeteilt, die Domains genannt werden. Dadurch kann das Management der Internet-Namen durch Organisationen kontrolliert werden, die ihre Netze an das Internet anbinden. In etwa wie die natürliche Aufteilung von Festplattenspeicher in Verzeichnisse und Unterverzeichnisse, so können auch Domains in verwaltbare →Subdomains aufgeteilt werden.

IRC

Abkürzung für „Internet Relay Chat", Name des Protokolls (siehe protocol), das die Online-Kommunikation zwischen verschiedenen Teilnehmern ermöglicht (Chat). IRC basiert auf TCP/IP, einem Netzprotokoll, das für alle Internet-Dienste zur Anwendung kommt. Dabei werden zwei grundlegende Komponenten des TCP/IP genutzt: Client und Server (siehe IRC-Server, IRC-Client). „To chat" heißt übrigens plaudern, was den Charakter dieser Art der Komunikation bestens trifft. Das bedeutet allerdings nicht, dass IRC nur für lockere Gespräche geeignet ist, wenngleich dies z. Zt. auch den größten Teil des Datenaufkommens ausmacht. Man kann IRC ebenfalls zu „seriösem" Informationsaustausch bzw. als Telefonersatz nutzen, was sich kostengünstig auswirkt.
IRC geht zurück auf erste Entwicklung von Studenten an einer finnischen Hochschule in den achtziger Jahren. Jarkko Oikarinen entwickelte es urspünglich nur als Kommunikationssystem für seine Computer-Mailbox „OuluBox". IRChat sich dann über Finnland und die USA im Internet verbreitet und wurde so zu einem weltumspannenden System.

IRC Operator
siehe IRCops

IRC-Client
Kommunikationsprogramm für die Teilnahme an dem „Internet Relay Chat". IRC-Clienten sind auf fast allen FTP-Servern (siehe FTP) verfügbar.

IRC-Net
Das IRC-Net ist 1996 als Abspaltung der europäischen Server (und einiger anderer) vom vormals weltumspannenden →Efnet entstanden. Als typisches europäisches Netzwerk bietet es Chat-Kanäle in allen Sprachen, die in der Europäischen Union (und darüber hinaus) so gesprochen werden. Im IRC-Net konzentrieren sich auch die deutschsprachigen Kanäle. Wenn man also Wert darauf legt, auf Deutsch zu kommunizieren, ist das IRC-Net richtig.
Adresse: *www.ircnet.net*

IRC-Server
Mit Server wird der Teil des IRC-Systems bezeichnet, auf den die Benutzer mit Hilfe der IRC-Clients (siehe dort) zurückgreifen. Dabei bilden die Server die funktionale Struktur, bestehend aus der Vernetzung, der Datenverteilung und der Verwaltung der Kanäle (siehe dort). IRC-Server verwalten alle momentan angeschlossenen Chatter. Im Internet gibt es einige hundert IRC-Server, die von IRCops (IRC Operators) verwaltet werden.

IRCops
Abkürzung für „IRC Operators", man liest jedoch nicht IRC ops, sondern IR Cops. Cops bedeutet umgangssprachlich „*Polizisten*". Aufgabe der IRCops ist es, die Verbindung zwischen den IRC-Servern aufrecht zu erhalten und weniger sich um die einzelnen chat-channels zu kümmern. Dies ist Aufgabe der →channel-operators.

IRG
Abkürzung für „Internet Ressource Guide", Leitfaden für die Betriebsmittel von Internet.

IRL
Abkürzung für „in real life"; also real, nicht virtuell.

iron
das Eisen, Hackerslang für ältere Hardware aber auch für neuere Supercomputer, in jedem Fall aber für große, raumfüllende Maschinen. Siehe auch „big iron".

iron out (to ...)
ins Reine bringen, ausbügeln (Idiom)

iron out a problem (to ...)
ein Problem ausbügeln (Idiom)

ironmonger
Hackerslang für einen *Hardwarespezialisten*.

irp
Bezeichnung für das ständige Wiederholen eines stets gleichen Vorgangs, mit nur geringen Änderungen. (Hackerslang)

ISDN
Eigentlich die Abkürzung für „Integrated Services Digital Network", das diensteintegrierende digitale Telekommunikationsnetz der Deutschen Telekom; Teil des öffentlichen Telekommunikationsnetzes. Aufgrund der oftmals auftauchenden Probleme mit ISDN wird die Abkürzung in Hackerkreisen oftmals so aufgelöst:
„**I S**hure **D**on't k**N**ow" bzw. „**I**ch **S**ehe **D**a **N**ichts".

ismo
Akronym für „I steady myself on", *ich stütze mich auf ...*

ISO
Abkürzung für „International Standardization Organisation", internationaler Ausschuss, der ursprünglich von der UNESCO eingerichtet wurde und Empfehlungen ausspricht, sowie seit 1972 auch Normen festlegt.

ISO
Auf der Suche nach (unentbehrlich in Mitgliedsräumen)

ISONET
Bezeichnung für „World Wide Information Network on Standards", der Name ISONET kommt von „ISO" und „network". Ein weltweites Netzwerk für Normen.

ISP
Abkürzung für „Internet Service Provider", eine Firma, die einen Zugang zum Internet anbietet. Ein solcher Zugangsanbieter hat ähnliche Funktionen wie ein Kabelanbieter für das herkömmliche Fernsehen. Ein Internet Service Provider bestimmt allerdings nicht, was der Kunde zu sehen bekommt oder welche Hilfsmittel dazu

benutzt werden müssen.
Es gib grundsätzlich unterschiedliche Zugangsarten, die ein Service-Provider anbieten kann: vom Zugang mittels einfachem Einwählen, über den SLIP/PPP-Zugang bis zu einer Standleitung. Normalerweise erhält der Service-Provider eine monatliche Gebühr für die Internetzugangsberechtigung. Für diese Grundgebühr gewährt man ihm in der Regel den Zugriff auf das Internet für eine bestimmte Anzahl von Stunden pro Monat oder den Transfer eines entsprechenden Datenvolumens. Wenn man den Service länger benutzt, erhält man normalerweise eine Rechnung für die zusätzlich genutzten Stunden. Bei der Entscheidung für einen ISP sollte man sich also genau die Grundgebühren, die in dieser enthalten Freistunden und die Kosten für zusätzliche Nutzungen unterschiedlicher Anbieter anschauen und diese vergleichen.

issue (that's not the ...)
darum handelt es sich nicht (Idiom)

issue (the point at ...)
der strittige Punkt (Idiom)

isti
ich bleibe dabei, Abkürzung für „I stick to it" (Akronym).

it
Internationale Länderkennung in einer Internetadresse für *Italien*, wird auch schon mal als Abkürzung für den Ländernamen in chats benutzt.

it's a red herring
auf dem Holzweg sein (Idiom)

It's much of a muchness
es ist Jacke wie Hose (Idiom), *es ist gleichgültig*

it came like a bombshell
es schlug wie eine Bombe ein (Idiom)

It caught my eye
es ist mir aufgefallen, es fiel mir ins Auge (Idiom)

it costs a bomb
es kostet ein Vermögen (Idiom)

it has just about had it
das macht es nicht mehr lange (Idiom)

it is a bargain!
abgemacht!

it is a far cry from ...
es ist ganz anders als ... (Idiom)

it is all Greek to me
es kommt mir Spanisch vor (Idiom), *das sind spanische Dörfer für mich.*

it was a feather in his cap
auf etwas stolz sein (Idiom)

it won't make old bones
das wird nicht alt (Idiom)

Item
Wort für den Buchstaben „I" im amerikanischen Buchstabieralphabet (Phonetic Alphabet). Im deutschen Buchstabieralphabet ist dies „Ida" und international sagt man „Italia". Auch schon mal verwendet wird „India", was aus der Zivilluftfahrt kommt.

itfa
nach abschließender Betrachtung, letztendlich, Abkürzung für „in the final analysis" (Akronym).

ITR
Abkürzung für „Internet Talk Radio", Name eines von Internet-Freaks zusammengestellten Radioprogramms in Form einer etwa 15 Mbyte großen Audiodatei mit etwa 30 Minuten Spielzeit im Internet (siehe dort).

its a right turn up for the books
das ist ein Ding! (Idiom)

its bark is worse than its bite
Hunde die bellen, beißen nicht (Idiom)

its dead and buried
es ist vorbei und vergessen (Idiom), aus und vorbei!

itsfwi
Abkürzung für „If the shoe fits, wear it", zu deutsch: *trag´ den Schuh doch wenn er passt!*

IUMA
Abkürzung für „Internet Underground Music Archive", ein Internet-Archiv mit Audio- und Videosamples vieler Musikbands sowie musikalischen Hintergrundinformationen aller Art.

iw!
Akronym für „I wonder", *das würde ich auch gerne wissen! oder ich frage mich ...*

iwbni
es wäre nett, wenn ..., Akronym für „it would be nice if ...".

iwlaf
ich rühre keinen Finger, Akronym für „I won't lift a finger".

iyfeg
bevorzugte ethnische Gruppe einsetzen, Akronym für „insert your favorite ethnic group". Wenn rassistische Witze erzählt werden, steht hier oftmals „iyfeg", um niemanden zu beleidigen.
Alternativ wird hierzu „ <ethnic> " oder „jedr" eingesetzt, siehe dort.

J

J. Random
Bezeichnung für irgendjemanden, jedermann, eine x-beliebige Person.

jack
die Steckbuchse

jack in (to ...)
sich einklinken, sich einmischen (auch sich anmelden im Netzwerk).
→Cracker benutzen diesen Begriff für den Vorgang der Verletzung der Sicherheit eines Servers.

Jack of all trades
der Alleskönner (Idiom)

jaggies
der Treppenstufeneffekt bei der Darstellung von Linien auf dem Monitor (Hackerslang). Die technische Bezeichnung für diesen Effekt ist „Aliasing".

jam
das Durcheinander, auch der Datenstau

jam (!)
einen Moment bitte, Akronym für „just a minute". Siehe auch →sec.

jam-packed
vollgestopft (Slang)

jas
Akronym für „just a second", *einen Moment bitte!*

jaua
Abkürzung für „just another useless answer", zu deutsch: *nur eine weitere nutzlose Antwort*

Java
Name einer Programmiersprache, die Witze mit gleichnamigem Kaffee geradezu heraufbeschwört. Die Fa. Sun Microsystems hat diese neue Programmiersprache entwickelt, die jedermann kostenlos zur Verfügung steht. Das Revolutionäre an Java ist, dass man mit ihr Programme entwickeln kann, die auf jedem beliebigen Rechnersystem laufen können, gleichgültig ob ein Windows-, OS/2-, Unix- oder ein Macintosh-System zugrunde liegt.
Das Programm braucht also nur einmal geschrieben zu werden, und dennoch funktioniert es auf allen denkbaren Rechnerplattformen, sofern überall ein standardisierter Browser vorhanden ist. Auf diese

Weise kann das Programm über das Internet Millionen von Benutzern angeboten werden.
So lässt sich beispielsweise ein innovatives Programm auf dem Internet publizieren und kostenlos herunterladen. Natürlich sind auch kommerzielle Anwendungen vorgesehen.
Gerade im Zeitalter des ständig expandierenden Internet mit dem Verbund der unterschiedlichsten Rechnerplattformen kommt einer Programmiersprache wie Java zukünftig eine Schlüsselrolle zu wenn auch das Konzept der kommerziellen Nutzung stark umstritten ist.

java beans
(Kaffeebohnen). Programmobjekte in der Sprache →Java. Viele Objekte ergeben ein komplettes Programm – viele Bohnen (Beans) ergeben Kaffee (Java). Ein weiteres Beispiel für die kurios-humoristische Namensgebung.

Javangelist
Bezeichnung für jemand, der die Vorteile von Java (siehe dort) predigt, oder einfach jemand, der bei der Fa. Sun Microsystems angestellt ist.

jaws
schon wieder eine Fensteroberfläche, Abkürzung für „just another windows shell", (Hackerslang). Dieses Akronym gibt es nicht erst seit der Ankündigung bzw. Einführung von Windows 95.

jazz something up (to ...)
etwas verschönern (Slang)

jedr
Abkürzung für „joke ethnic denomination race". Wenn rassistische Witze erzählt werden, steht hier oftmals „jedr", in Anlehnung an das deutsche Wort „*jedermann*", um niemanden zu beleidigen. Alternativ hierzu gibt es „iyfeg", oder „<ethnic>", siehe dort.

jerk
der Trottel. Emoticon hierzu: : -]

jerk off (to ...)
onanieren (Slang, Dirty Word)

Jesus boots
die Sandalen

jfcl (to ...)
etwas abbrechen, annullieren (Hackerslang). JFCL ist eigentlich ein Maschinenbefehl eines älteren Computermodells gewesen (PDP-10) und bedeutet: „Jump if Flag set and then CLear the flag".

jfyi
Abkürzung für „just for your information", zu deutsch: *nur zu Deiner Information*

jiffy
wörtlich bedeutet jiffy etwa soviel wie *„Augenblick"*. Die Länge dieses Augenblick ist in der Regel jedoch sehr ungewiss. Jiffy kann durchaus auch „ewig" bedeuten. (Hackerslang). Siehe hierzu auch „T".

Jig
Wort für den Buchstaben „J" im amerikanischen Buchstabieralphabet (Phonetic Alphabet). Im deutschen Buchstabieralphabet ist dies „Julius" und international sagt man „Jerusalem". Auch schon mal verwendet wird „Juliett", was aus der Zivilluftfahrt kommt.

jock
Bezeichnung für einen Programmierer, der brute force Programme schreibt. Diese versuchen ein Problem durch gnadenloses Ausprobieren zu lösen, sind also nicht sehr anspruchsvoll programmiert (Hackerslang).

joe code
Hackerslang für schlecht geschriebene Programme, besonders wenn sie schlecht zu warten sind. Wird auch mit anderen Namen (in der Regel dem des entsprechenden Programmierers) benutzt

jog along (to ...)
langsam, aber sicher weiterkommen (Idiom)

john
die Herrentoilette (Slang)

join forces (to ...)
sich mit jemandem zusammentun (Idiom)

Jojo-Modus (deutsch)
Begriff für einen Zustand, in dem ein System sehr instabil arbeitet: mal hoch mal runter, mal besser mal schlechter.

joking asside!
Spaß beiseite!

jotting
die Notiz

Joystick
Eingabegerät in Form eines *Steuerknüppels*, vorwiegend für Computerspiele. Mit dem Joystick lassen sich Bewegungen auf dem Bildschirm realisieren.

jp
Internationale Länderkennung in einer Internetadresse für *Japan*, wird auch schon mal als Abkürzung für den Ländernamen in chats benutzt.

JRL
Abkürzung für „J. Random Luser", ein Meta-Name, also irgend jemand, Hackerslang. Alternative: JRN = „J. Random Nerd".

jrst
Abkürzung für „jump an restore flags", eine Technik bei der Programmierung. Gemeint ist allerdings *„von einer Sache zu einer anderen springen"* und *„Themawechsel"*.

judgement (in my ...)
meiner Auffassung nach (Idiom), siehe auch „imo".

judging from what you say
nach dem zu urteilen, was du sagst

juggle the books
Unterlagen fälschen (Idiom)

Juliett
siehe Jig

jump
der Sprung, ein elementarer Maschinenbefehl, in etwa vergleichbar mit dem GOTO-Befehl höherer Programmiersprachen.

jump aboard the bandwagon
auf der Seite der Sieger sein (Idiom)

jump the gun (to ...)
einen Fehlstart machen, voreilig sein, jemandem zuvor kommen (Idiom).

junk
Allgemein für *Kram, Abfall*.

junk mail
Abfall-Post, in der Regel unverlangt eingehende (Werbe-) Post. Gilt sowohl für elektronische, als auch für konventionelle Postzustellung. Siehe hierzu auch spam.

jupiter (to ...)
IRC-Slang für das Herauswerfen eines Teilnehmers und Einnehmen seines Platzes inklusive dessen →nickname.

just in time
rechtzeitig

K

K
Im Hackerslang wird das „K" oftmals als Vorsilbe für *1.000* (Kilo-) auch für nicht-technische Größen eingesetzt.
Beispiel: 2K$ sind somit 2.000 Dollar.
Im Zusammenhang mit Bytes entspricht 1 KByte allerdings 1.024 Bytes!

K$
1000 Dollar, siehe „K".

k-lined
Teilnehmer, die sich in einen chat-channel nicht (mehr) einloggen dürfen, stehen auf dem →MOTD in einer sogenannten kill line, sie sind k-lined.

kahuna
Synonym für „wizard", „guru" (siehe dort), Hackerslang. Kahuna ist ein Shamane auf Hawaii.

Kanal (deutsch)
ist im ICR-Sprachgebrauch das gleiche wie ein Chat-Room.

kangaroo code
Synonym im Hackerslang für „spaghetti code", siehe dort.

Karl Koch
Name eines Hackers, dessen Geschichte unter dem Titel „23" verfilmt wurde. Siehe hierzu auch Illuminatus!

katholisch (deutsch)
alles das, von dem ein Hacker glaubt, es sei richtig, ist für ihn „katholisch". Das englische Gegenstück hierzu ist „the right thing". (Hackerslang)

keep a bay (to ...)
jemanden in Schach halten (Idiom)

keep a low profile (to ...)
sich im Hintergrund halten (Idiom)

keep a straight face (to ...)
sich das Lachen verkneifen, keine Miene verziehen (Idiom)

keep in ckeck (to ...)
in Schach halten (Idiom)

keep it under your hat
behalte es für dich (Idiom)

keep me posted
halte mich auf dem Laufenden (Idiom)

keep mum (to ...)
still sein (Idiom)

keep skirting the issue (don't ...)
rede nicht um den heißen Brei herum (Idiom)

keep the fingers crossed (to ...)
die Daumen halten (Idiom)

keep the pot boiling (to ...)
genug verdienen zum Leben (Idiom)

keep this private
behalte das für dich

keep your hands of
lass die Finger davon! (Idiom)

keep your nose clean (you better ...)
halt dich da bitte raus (Idiom)

keep your trap shut
halt die Schnauze (Slang)

ken
Hackerslang für einen „flaming user", siehe flame.

Kermit-Protokoll
Das Kermit-Protokoll ist nur eines unter verschiedenen und wurde ursprünglich für die Datenübertragung zwischen PCs und Großrechnern entwickelt. Es lässt sich aber ebenso einsetzen bei der Verbindung zweier PCs. Im Fehlerfall steuert das Kermit-Protokoll die

Wiederholung der Datensendung und erhöht somit die Sicherheit. Kermit-Protokoll ist die offizielle Bezeichnung und kein Slang o.ä. Siehe auch „protocol".

kernel
der Kern, kernel ist das Innerste eines Betriebssystems, auf das die übrigen Komponenten aufbauen. Er besitzt Schnittstellen, über die höhere Funktionen auf die Hardware zugreifen können.

Kernschmelze (deutsch)
Wenn ein Datenpaket (siehe dort) derart verstümmelt beim Empfänger ankommt, dass das Empfangssystem abstürzt, spricht man von einem Tschernobilogramm oder einer „Kernschmelze". (Hackerslang)

kettle of fish (a different ...)
etwas gänzlich anderes (Idiom)

kettle of fish (that's a pretty ...)
das ist eine schöne Bescherung (Idiom)

Kevin Mitnick
Einer der bekanntesten Hacker, 1995 in North Carolina verhaftet. Er war einer der meistgesuchten Hacker im Cyberspace.

key entry
die Tastatureingabe, die direkte Dateneingabe

khyf
Abkürzung für „know how you feel", zu deutsch: *ich weiß wie du dich fühlst*

KIBO
Akronym für „Knowledge In – Bullshit Out". Siehe auch GIGO.

kick
Bezeichnung für den Rausschmiss eines IRC-Clients aus einem →Channel. Auch: bankick, siehe ban.

kick off
fang an (Slang)

kick the bucket (to ...)
den Löffel abgeben (Idiom), Emoticon hierzu:
8-#   (= Tod). Bei der DFÜ ist ein User schon „tot", wenn keine Daten mehr fließen.

kicking up the daisies
das Zeitliche segnen (Idiom)

kill line
siehe k-line

kill time (to ...)
die Zeit totschlagen (Idiom)

killer application
auch „killer app", Bezeichnung für ein *marktbeherrschendes Programm*. Gekillt wurden dabei die Mitbewerber. Nicht zu verwechseln mit einem Computervirus o.ä.

kilo-
Im Hackerslang wird „kilo" oftmals als Vorsilbe für *1.000* auch für nicht-technische Größen eingesetzt. Siehe auch „K".
Beispiel: kilo$ = 1.000 Dollar oder kiloperson = 1.000 Personen.

King
Wort für den Buchstaben „K" im amerikanischen Buchstabieralphabet (Phonetic Alphabet). Im deutschen Buchstabieralphabet ist dies „Kaufmann" und international sagt man „Kilogramme". Auch schon mal verwendet wird „Kilo", was aus der Zivilluftfahrt kommt.

kinky
sexuell ein bisschen abnormal (Slang)

kiss
Abkürzung für „keep it simple, stupid", zu deutsch: *bleib´ unkompliziert, Dummkopf.*
Auf Dinge bezogen ist mit kiss auch *„idiotensicher"* gemeint.

kiss principle
das KISS-Prinzip, Abkürzung für „keep it simple, stupid", Hackerslang.

kisser
der Mund

Kiste (deutsch)
Im deutschen Hackerslang ist *der Computer* eine „Kiste". Andere Bezeichnungen sind: Eimer, Büchse, Gurke oder Erbse.

kita
Akronym für „Kick in The Ass", der *Tritt in den Hintern*.

Klammeraffe (deutsch)
deutsche Bezeichnung des Zeichens „@". Die korrekte Bezeichnung ist „commercial at", siehe dort.

Kleinweich (deutsch)
die Firma Microsoft im deutschen Hackerslang

kludge
seltenere Variante von „kluge", siehe dort; Hackerslang.

kluge
Bezeichnung im Hackerslang für *„cleverer Programmiertrick, der 'bugs' beseitigt"*. (Computerlingo) Siehe auch „bug". Mit „kluge" wird auch etwas bezeichnet, das einwandfrei funktioniert, obwohl dies nach allen Regeln der Technik eigentlich nicht möglich ist. Dies kann sowohl Hardware als auch Software betreffen.

kluge up
Hackerslang für *das gemeinschaftliche Hacken*.

kmp
Akronym für „keep me posted", *halte mich auf dem Laufenden* (Idiom)

Knacken
„Einen zunächst unbekannten Zustand oder Vorgang durch Nachdenken und Experimentieren transparent machen." Mit anderen Worten, man spricht von Knacken, wenn ein zuvor unbekanntes Passwort gefunden wird oder andere Schutzmaßnahmen unwirksam gemacht werden.

knickers in a twist (don't get your ...)
rege dich nicht so auf (Idiom)

knit up a subject (to ...)
ein Thema abschließen (Idiom)

knock off
der Geschlechtsakt (Slang, Dirty Word)

knock something into shape (to ...)
etwas zurückbiegen (Idiom)

knock-out (it is a ...)
es ist ein Riesenerfolg (Idiom)

knockers
die Brüste (Slang) Emoticon hierzu: **(o)(o)**

know one's stuff (to ...)
seine Sache verstehen (Idiom)
Emoticon für „nicht verstehen" **:-s**

knuckle (near the ...)
an der Grenze des guten Geschmackes (Idiom)

knucklehead
ein *sehr dummer Mensch*

Kode 14
Begriff der Startreck-Gemeinde: Kode 14 ist der Geheimbefehl der Sternflotte, einen Gegenstand nicht wie befohlen, zu beamen, sondern zu vernichten.

Kollision (deutsch)
Wenn beispielsweise in einem Netzwerk zwei Datenpakete (siehe dort) bei der Übertragung aufeinander treffen und so den Transfer verhindern, spricht man von Kollision (offizielle technische Bezeichnung – kein Slang)

kow
Abkurzung für „knock on wood", *also klopf auf Holz*, (Akronym).

krauts
Abfällige Bezeichnung von Amerikanern für Deutsche, vergleichbar mit dem kaum besseren „Spaghettis" für Italiener. So wie wir glauben, dass Amerikaner nur Hamburger essen, stehen die Deutschen im Verdacht sich von „sauerkraut und wuerstchen" zu ernähren. Übrigens: Alle Deutsche tragen doch auch Lederhosen oder?

Kryptanalyse (deutsch)
wissenschaftlicher klingt: „die Analyse chiffrierter Daten zum Zweck ihrer Dechiffrierung". Man könnte auch einfach sagen, die Kryptanalyse ist die vornehme Umschreibung vom *Knacken eines Codes*.

Kryptographie
die Wissenschaft der Datenverschlüsselung (engl. data encryption).

ktp!
behalte das für dich, Abkürzung für „keep this private" (Akronym).

L

L8R
zu lesen als: later, deutsch: *später*.

labatyd
das Leben ist kurz und bescheiden, („bescheiden" ist eine vornehme und eigentlich unkorrekte Übersetzung). Abkürzung für „life's a bullshit and then you die". (Hackerslang), im Deutschen würde man auch sagen: *es ist alles so maßlos traurig ...*

labour a point (to ...)
mit einer Argumentation übertreiben (Idiom)

labour an argument (to ...)
eine Frage ausführlich behandeln (Idiom)

laddism
Das Wort „lads" bedeutete ursprünglich einfach „junge Burschen"; gemeint waren hiermit früher elegante, gebildete und leicht versnobte Männer. Heutige Lads sind eher halbgebildet und vulgär, dennoch pflegen sie ihre Spleens. Laddism bezeichnet deren Bestreben sich möglichst schlecht zu benehmen. Für sie geht es in der Regel um Saufen, Sex und Fußball. Dazu schreibt der Spiegel: „Er benutzt vulgäre Ausdrücke, legt null Wert auf ein gepflegtes Äußeres, bekennt sich offen zum Konsum von Pornos, harten Alkoholika und weichen Drogen. Und er behandelt Frauen voller Überzeugung als Sexobjekte".

lads
Siehe laddism

lag
Bezeichnung für die durch Überlastung der Leitung bedingte zeitliche Verzögerung beim chatten (oder anderen Internet-Diensten).

lag time
die Totzeit, die Stillstandszeit

lamer
Synonym für →luser, Hackerslang.

Lametta (deutsch)
deutsche Bezeichnung für *unnötiges „Drumherum"* (Hackerslang), siehe auch „bells and wistles".

LAN
Abkürzung für „Local Area Network", ein Netzwerk, das eine räumlich begrenzte Ausdehnung aufweist, beispielsweise innerhalb eines Gebäudes.

land down under (the ...)
Hiermit ist der Kontinent *Australien* gemeint.

landscape representation
das Breitformat, das Querformat (manchmal auch nur „landscape")

Langes Leben und viel Glück (deutsch)
die Begrüßungsformel der Vulkanier (Mr. Spock), Begriff der Startreck-Gemeinde.

languages of choice
die Sprachen der Wahl, Hacker meinen hiermit entweder die Programmiersprache „C" oder „LISP", in jedem Fall aber Programmiersprachen.

Lara Croft
Sexidol der Videospieler (Cybergirl aus Tomb Raider), eine virtuelle Figur und beliebtes Pseudonym.

large (at ...)
in der Gesamtheit (Idiom)

Larn
Name eines klassischen Rollenspiels, das seinen Bekanntheitsgrad der Verbreitung über Mailboxen (siehe dort) verdankt.

lase (to ...)
Hackerslang für: *etwas auf den Laserdrucker ausgeben*.

last but one (the ...)
der, die, das vorletzte (Idiom)

last legs (he is on his ...)
er pfeift auf dem letzten Loch (Idiom)

latalq
Akronym für „lucid answer to a lucid question", *ein klare Antwort auf klare Frage* (Idiom)

laugh on the other side of one's face
Schadenfreude verspüren (Idiom)

laundromat
Synonym für „disk farm", siehe dort (Hackerslang)

lay
eine Person, die nur als Sexualobjekt betrachtet wird (Slang).

lay claim to (to ...)
Anspruch erheben auf ... (Idiom)

lay down the law (to ...)
jemandem die Meinung sagen (Idiom)

lay stress on something (to ...)
etwas besonders betonen (Idiom)

layman
der Laie

lb
Internationale Länderkennung in einer Internetadresse für den *Libanon*, wird auch schon mal als Abkürzung für den Ländernamen in chats benutzt.

lead someone up the garden path
jemanden auf eine falsche Fährte setzen (Idiom)

lead the life of old Riley (to ...)
ein tolles Leben führen (Idiom)

leading light (a ...)
eine prominente Person (Idiom)

learn off by heart (to ...)
auswendig lernen (Idiom)

lease of life (to get a new ...)
sich wie neugeboren fühlen (Idiom)

leased line
die Standleitung

lecture
die Vorlesung, Vorlesungen halten

Leff's List
Name der Liste aktueller Bulletin Board Systeme im Internet (siehe dort) für Journalisten.

left adjusted
linksbündig

left handed
linkshändig, aber auch linkisch, fragwürdig, Emoticon hierzu:
(-:   Linkshänder

left holding the baby, (to be ...)
der Angeschmierte sein (Idiom)

left no stone unturned (to ...)
nichts unversucht lassen (Idiom)

Legacy Hardware Devices
Hardwarekomponenten, die noch nicht Plug and Play unterstützen. Legacy bedeutet dabei soviel wie „veraltet", womit auch ganz allgemein Hardware und Software bezeichnet wird, die nicht mehr dem neuesten Stand entspricht.

Lehigh
Name eines Computervirus. Siehe auch „Virus".

lemon isn't worth shit (this ...)
diese Schrottkiste ist wertlos (Slang), gemeint ist in der Regel der Computer.

lend a hand (to ...)
helfen (Idiom)

les
eine Lesbierin (Slang)

less ten per cent
abzüglich 10 %

less than no time
sofort (Idiom)

let's get down to the nitty-gritty
lass uns der Sache auf den Grund gehen (Idiom)

let's put some meat on the bones
lass uns die Sache zuende bringen (Idiom)

let know (to ...)
Bescheid geben (Idiom)

let on (to ...)
etwas verlautbaren lassen (Idiom)

let one rip (to ...)
einen fahren lassen (Slang)

let someone down (to ...)
jemanden sitzen lassen (Idiom)

let the cat out of the bag (to ...)
die Katze aus dem Sack lassen (Idiom)

let the smoke out
Hackerslang, siehe „magic smoke".

letterbomb
die Briefbombe; gemeint ist eine E-Mail, die ein System zum Absturz bringen kann. Dies muss nicht, kann aber beabsichtigt sein. In der Regel wird der Absturz durch Steuerzeichen oder die übermäßige Größe der Mail provoziert.

level with (on a ...)
auf gleicher Höhe (Idiom)

LHD
Abkürzung für „Legacy Hardware Devices", Hardwarekomponenten, die noch nicht Plug and Play unterstützen. Legacy bedeutet dabei soviel wie „veraltet", womit auch ganz allgemein Hardware und Software bezeichnet wird, die nicht mehr dem neuesten Stand entspricht.

lib
Abkürzung für „Library"

lift up one's horn (to ...)
sich selbst loben (Idiom)

like a bombshell (it came ...)
es schlug wie eine Bombe ein (Idiom)

like a wet blanket (to be ...)
völlig lustlos sein (Idiom)

like enough
wahrscheinlich (Idiom)

Lima
siehe Love

line feed
der Zeilenvorschub

line is he in? (what ...)
in welcher Branche ist er? (Idiom)

line of conduct
das Benehmen (Idiom)

line speed
die Übertragungsleistung, entweder in bit/sec oder in Baud.

line starve
das Zeilensterben. Hiermit ist gemeint, dass man eine Textzeile zurückspringt z.B. um die vorhergehende zu überschreiben. Siehe auch „^H^H^H".

line up
die Inbetriebnahme

link
die Verbindung, binden, die Übertragungsstrecke zwischen zwei voneinander entfernen Geräten.

listener
der Sprecher

listing
die Liste, der Ausdruck, das Protokoll, alle ausgedruckten Informationen eines EDV-Systems.

literature (the ...)
Im Hackerslang sind dies *Computerzeitschriften*.

little avail
nutzlos (Idiom)

live long and prosper!!
Grußformel der Star Treck Gemeinde. Heißt soviel wie „*lebe lang und sei erfolgreich*".

liveware
der Anwender, Menschen, im Gegensatz zum Computer (Hardware). Siehe auch wetware, meatware.

living in cloud cuckoo land (to be ...)
von der Realität weit entfernt sein (Idiom)

living-links
dynamische Verknüpfungen (z.B. in Hypertextdokumenten)

LJIII
Abkürzung für „LaserJet III", weit verbreiteter Laserdrucker von Hewlett Packard

llap
Abkürzung für „live long and prosper", Grußformel der Star Treck Gemeinde. Heißt soviel wie *„lebe lang und sei erfolgreich"*.

llta
Abkürzung für „lots and lots of thunderous (or thundering) applause", zu deutsch: *sehr reichlicher, donnernder Beifall*

lmao
Abkürzung für „laughing my ass off", zu deutsch: *ich lache mir den Arsch ab*

load of old codswallop
eine Menge Unsinn (Idiom)

load of tripe (what a ...)
was für ein Blödsinn (Idiom), *was für ein Unsinn*

lobotomy
Hackerslang für das *Auswechseln des Mikroprozessors*, um ihn zu ersetzen oder um Aufzurüsten.

loc.cit.
am angegebenen Ort, Abkürzung für „loco citato", lateinisch aber im englischen Sprachgebrauch durchaus üblich.

local apparent time
die wahre Ortszeit

local call
das Ortsgespräch (Telefon)

local chinaman (to be a ...)
ein Außenstehender sein (Idiom)

log off (to ...)
abmelden, ausloggen

log on (to ...)
anmelden, einloggen

logic bomb
siehe *logische Bombe*

logical
logisch, in der EDV oftmals das Gegenteil von „physikalisch". Laufwerksnamen unter MS-DOS sind beispielsweise „logische", sie sind austauschbar. Ein und dasselbe (physikalische) Laufwerk kann sogar gleichzeitig unter verschiedenen (logischen) Namen angesprochen werden. Siehe auch physical.

Login-Hacker
Bezeichnung für ein Programm, welches durch Ausprobieren von Passwörtern versucht, Zugang zu einem System zu erlangen (Hackerslang).

logisch nullen (deutsch)
etwas einfach vergessen, siehe auch „to zero"; Hackerslang.

logische Bombe (deutsch)
Bezeichnung für ein Programm oder einen Code, der zum Absturz oder zum Aufhängen eines Systems führt (Hackerslang).

logoff
die Trennung einer Verbindung (Gegenteil: logon)

logoff note
Bezeichnung für eine Nachricht, die man beim Verlassen einer Mailbox (siehe dort) schreiben kann. Der nächste Anrufer sieht diese Nachricht beim Einloggen.

logon
der Beginn einer Arbeitssitzung (Gegenteil: logoff)

Löhn-Software (deutsch)
Bezeichnung (Hackerslang) für *kommerzielle Software* (im Gegensatz zu PD-Software), die durch ein Copyright geschützt ist. In vielen Mailboxen (siehe dort) ist solche Software nicht erwünscht.

lol
Abkürzung für „laughing out loud": *lautes Gelächter!!*, oder die Abkürzung für „lots of luck", zu deutsch: *viel Glück!* (Akronym)

long odds
ungünstige Bedingungen (Idiom)

long run (in the ...)
auf die Dauer (Idiom)

long tongue (to have a ...)
eine lose Zunge haben (Idiom)
Emoticon hierzu: **:-P** (heißt eigentlich: die Zunge herausstrecken)

long wind (he has a ...)
er besitzt eine große Ausdauer (Idiom)

long-headed (to be ...)
weitblickend sein, klug sein (Idiom)

look like the back of a bus
hässlich aussehen (Slang)

look out for squalls (to ...)
auf der Hut sein (Idiom)

looks the part (he ...)
die Rolle steht ihm gut (Idiom)

looming large
von großer Bedeutung sein (Idiom)

loony bin
das Irrenhaus

loop through (to ...)
etwas von einer Liste durcharbeiten (Hackerslang)

loose end (to be at a ...)
unbeschäftigt sein, nichts mit sich anfangen können (Idiom)

lord high fixer
Hackerslang für eine Person innerhalb einer Organisation, die das größte Fachwissen über ein Teil eines Systems hat.

lord it over (to ...)
sich arrogant benehmen (Idiom)

lose one's cool (to ...)
die Geduld verlieren (Idiom)

lossage
Hackerslang, das Resultat eines „bug", siehe dort.

lot of pull (to have ...)
großen Einfluss haben (Idiom)

lot of tommy rot
ganz schöner Blödsinn (Slang)

lots of MIPS but no I/O
Hackerslang; Bezeichnung für eine Person, die große technische Fähigkeiten besitzt, aber Defizite in der Kommunikation mit Menschen hat.
MIPS ist die Abkürzung für „Millionen Anweisungen pro Sekunde", ein Maß für die Leistungsfähigkeit eines Computers und I/O steht für „Input - Output".

Love
Wort für den Buchstaben „L" im amerikanischen Buchstabieralphabet (Phonetic Alphabet). Im deutschen Buchstabieralphabet ist dies „Ludwig" und international sagt man „Liverpool". Auch schon mal verwendet wird „Lima", was aus der Zivilluftfahrt kommt.

love muscle
der Penis (Slang) Emoticon hierzu: 3===>

low profile (to keep a ...)
sich im Hintergrund halten (Idiom)

low-bandwidth
Hackerslang zur Beschreibung eines Chats (oder ganz allgemein eines Gespräches), der zwar nicht inhaltslos, jedoch recht wenig informativ verlaufen ist. Die Bandbreite ist eigentlich ein technischer Begriff für den Frequenzbedarf einer Nachricht bei der Datenübertragung.

low-key approach (to use a ...)
eine Sache langsam angehen, sich Zeit lassen (Idiom)

lparen
Alternative Bezeichnung im Hackerslang für *das linke Klammerzeichen* „ (", siehe auch „left paranthesis".

ltbnmot
das darf nicht wieder vorkommen, Akronym für „let there be no more of this".

Ltd.
mit beschränkter Haftung, Abkürzung für „limited" in Firmenbezeichnungen.

ltip
Abkürzung für „laughing til' I puke", zu deutsch: *bis zum Erbrechen ablachen*

lu
Internationale Länderkennung in einer Internetadresse für *Luxembourg*, wird auch schon mal als Abkürzung für den Ländernamen in chats benutzt.

lucid answer to a lucid question
eine klare Antwort auf eine klare Frage (Idiom)

lurker
Teilnehmer, die nur wenig beim Chatten beitragen, sondern sich mehr beobachtend im Hintergrund halten, werden „lurker" genannt, was sich in etwa mit *„auf der Lauer liegend"* übersetzen lässt. Siehe auch „tourist".

luser
zusammengesetztes Wort aus „loser" und „user", ein luser ist ein *Versager*, vornehmlich ein Programmanwender, der grundsätzlich alles falsch und dem Sysop (siehe dort) das Leben schwer macht (Hackerslang).

Lycos
Name einer Suchmaschine im Internet.

lying so-and-so (he is a ...)
er lügt, dass sich die Balken biegen (Idiom)

M

M
Kurzform für die Vorsilbe *Mega* (= 10^6), also 1.000.000. In der Bedeutung von Mbytes sind dies allerdings 1.048.576 Bytes.

M$
Hackerslang für die Firma Microsoft in Anspielung auf deren Geschäftstüchtigkeit.

M-),:X),:-M
Eigentlich ein Super-Emoticon: es handelt sich um die drei Affen, die *nichts hören, nichts sehen, nichts sagen*.

M.D.
Dr. med., Abkürzung für lateinisch „Medicinae Doctor", *Doktor der Medizin*.

Mac
Kurzform für „Macintosh", siehe dort.

macdink (to ...)
Hackerslang für etwas an einer Software ständig kosmetisch unnötigerweise zu ändern. Oftmals war der Ausgangszustand besser als das Endergebnis. Bezeichnung kommt vom Apple Macintosh-System, dem man nachsagt ein solches Verhalten zu unterstützen.

machinable
Hackerslang für "machine-readable", also *maschinenlesbar* (z.B. Barcode). Siehe auch "softcode".

Macintosh
PC-Familie der Fa. Apple, die als erste mit einer grafischen Benutzeroberfläche bedient werden konnte.

Macintoy
Hackerslang für den *Macintosh* der Fa. Apple, hiermit wird implementiert, dass es sich wohl um ein Spielzeug (toy) handelt.

Macintrash
Alternativer (geringschätzender) Name im Hackerslang für den *Macintosh* der Fa. Apple. Siehe auch "beige toaster".

mad as a March hare (to be as ...)
wild wie einer junger Hund sein (Idiom)

made to measure
nach Maß (Idiom)

mag (deutsch)
Abkürzung für *"mit amüsierten Grüßen"*.

maggotbox
Name im Hackerslang für den *Macintosh* der Fa. Apple. Siehe auch "Macintoy", "Macintrash" und "beige Toaster". Maggotbox lässt sich mit *Madenschachtel* übersetzen.

magic
Bezeichnung für den Platzhalter einer Datei, der bei einem Fido-Node zum filerequest (siehe dort) bereitliegt. "Magic" ist aber auch

ein Begriff für alles das, was sich nicht mehr erklären lässt: eben magisch.

magic smoke
Begriff im Hackerslang, für das magische etwas, das in einem Chip für dessen Funktionieren sorgt. Wenn der Chip durchbrennt, entweicht der magische Rauch.

mail (to ...)
versenden (Briefe, Nachrichten usw.)

mail order house
das Versandhaus

Mail Reflector
Spezielle E-Mail-Adresse einer zentral verwalteten Adressliste; mit dem Mail Reflector adressierte E-Mails werden automatisch an die in der Liste aufgeführten Empfänger weitergeleitet. Zur Anwendung kommt dieser Adresstyp beispielsweise in E-Mail-basierten Diskussionsgruppen.

mail space
Die Gesamtheit aller Netzwerke die E-Mails (siehe dort) untereinander austauschen können (auch: „matrix"). Der „mail space" umfasst das Internet, Bitnet, FidoNet, UUCP, kommerzielle Dienste wie CompuServe, America Online, T-Online usw.

mailbomb
die Briefbombe; gemeint ist eine E-Mail, die ein System zum Absturz bringen kann. Dies muss nicht, kann aber beabsichtigt sein. In der Regel wird der Absturz durch Steuerzeichen oder die übermäßige Größe der Mail provoziert.

mailbox
der Briefkasten. Eine Mailbox ist definitionsgemäß eine Funktionseinheit in einem Kommunikationsnetz zur Hinterlegung von Nachrichten und anderen Daten (beispielsweise auch Programme).

mainframe
der Großrechner

mains
das Stromnetz

maintained data
Bezeichnung für aktuelle „gewartete" Daten, im Gegensatz zu „archived data".

MajQa
Begriff der Startreck-Gemeinde: Klingonisches Ritual. Ziel dieses Rituals ist es, eine Vision seines eigenen Vaters zu sehen.

make a B-Line for something
schnurstracks auf etwas zugehen (Idiom)

make a blunder (to ...)
einen Schnitzer machen (Idiom)

make a row (to ...)
Krach schlagen (Idiom)

make a song and dance about it
viel Aufhebens darüber machen (Idiom)

make ends meet (to ...)
mit seinem Geld auskommen (Idiom)

make fast (to ...)
festmachen (Idiom)

make head or tail of it (to ...)
nicht klug daraus werden (Idiom)

make mountains out the molehills
aus einer Mücke einen Elefanten machen, eine Sache aufblähen (Idiom)

make no headway (to ...)
nicht vom Fleck kommen (Idiom)

make off (to ...)
sich aus dem Staub machen (Idiom).

make old bones (it won't ...)
es wird nicht alt (Idiom)

make ot (to ...)
entziffern

makeup time
die Wiederholungszeit

MAN
Abkürzung für „Metropolitan Area Network", zu deutsch etwa „*Großstadtnetz*". Ein Netzwerk mit einer Ausdehnung etwa zwischen einem LAN und einem WAN.

man-hour
die Arbeitsstunde

Mandelbrot
Name eines Mathematikers, der den Begriff des Fraktals geprägt hat.

mandelbug
Hackerslang für einen Fehler, dessen Ursachen so undurchschaubar und komplex sind, dass sie chaotisch erscheinen. Begriff in Anlehnung an den Mathematiker →Mandelbrot. Siehe auch bug und Heisenbug.

mangler
Hackerslang für „*Manager*". Alternativer Begriff: „mango"

manner of speaking (in a ...)
sozusagen (Idiom)

manpower
die menschliche Arbeitskraft

manual
das Handbuch, mit der Hand gemacht

manual input
die manuelle Eingabe, die Eingabe von Daten über eine Konsole
(siehe dort).

many happy returns
herzlichen Glückwunsch (Idiom)

March hare (to be as mad as a ...)
wild wie einer junger Hund sein (Idiom)

mark my words
merk dir meine Worte! (Idiom)

marketing droid
siehe marketroid.

marketing slime
Werbeversprechen (Hackerslang)

marketroid
Hackerslang für einen *Werbestrategen*, der viel verspricht, aber wenig hält. Weitere Bezeichnungen sind: marketeer, marketing slime und marketing droid.

masquerade as (to ...)
sich ausgeben als (Idiom)

massage (to ...)
Hackerslang für das *Konvertieren von Daten*, beispielsweise vom PCX- in das GIF-Format.

Matrix
Name eines weltumspannenden Datennetzes aus dem Science Fiction Roman „Neuromancer" von William Gibson.

Matrixmail
Bezeichnung für eine *persönliche Nachricht* an einen anderen Benutzer im FidoNet (siehe dort).

matter of fact
tatsächlich (Idiom)

matter of form (it's merely a ...)
es ist nur Formsache (Idiom)

MausNet
Name eines deutschen Mailboxnetzes mit mehreren Systemen. Die erste Box wurde 1985 in Münster installiert. Damals stand MAUS für Münster Apple User Service.

Maustausch (deutsch)
Bezeichnung für ein Verfahren (MausNet), in sehr kurzer Zeit sämtliche neuen Nachrichten zu empfangen und dann bequem offline zu bearbeiten.

may I have the floor?
Ich bitte um das Wort! (Idiom)

MB
Abkürzung für *Megabyte*, 1 MB = 1024 Kilobyte.

MBG
Abkürzung für „money back guarantee", zu deutsch: *„Geld zurück Garantie",*

MC
Im Zusammenhang mit Zahlungsverkehr: Abkürzung für „MasterCard", *die Master-Scheckkarte.*

McCoy (this is the real ...)
das ist der wahre Jakob (Idiom)

mean business (to ...)
es ernst meinen (Idiom)

mean no harm by it (to ...)
nichts (Schlechtes) dabei denken (Idiom)

mean value
der Mittelwert

means to an end (a ...)
ein Mittel zum Zweck sein (Idiom)

meatware
der Anwender, der Mensch, im Gegensatz zum Computer (Hardware). Siehe auch wetware, liveware.

meddle with something (to ...)
sich in etwas einmischen (Idiom)

medicine (to take one's ...)
eine Kritik einstecken (Idiom)

meet one's match (to ...)
seinen Meister finden (Idiom)

meet the deadline (to ...)
einen Termin einhalten (Idiom)

meeting without coffee
die unangenehme Besprechung (Idiom)

meg
Kurzform (Abkürzung) für *Megabytes* im Hackerslang, siehe auch „gig".

mega-
Vorsilbe für 10^6, also *eine Million*, im Slang oftmals zusammen mit nicht technischen Begriffen gebraucht. Beispiel: mega-bad, also sehr sehr schlecht. Auch im deutschen Sprachgebrauch üblich Beispiel: „megaschlecht". Siehe auch „kilo -".

Megabit
1024 Kbit oder *1048576 bit.*

megapenny
Hackerslang für *10.000 Dollar*. Gemein sind *1.000.000 Cent* (mega =

10^6), was den gleichen Wert darstellt. Bezogen auf Hardware bzw. Software ist in der Regel gemeint, dass für viel Geld (mega) wenig (penny) geboten wird. Siehe auch „K$".

mego
Akronym für „my eyes glaze over", zu deutsch: *ich traue meinen Augen nicht.*

Meltdown
die Kernschmelze. Wenn ein Datenpaket (siehe dort) derart verstümmelt beim Empfänger ankommt, dass das Empfangssystem abstürzt, spricht man von einem Meltdown des Systems. Der Begriff Meltdown kommt eigentlich aus der Automkrafttechnik.

melting-pot (it is in the ...)
es wird weiterhin berücksichtigt (Idiom)

memory farts
Hackerslang für das Geräusch, das vom BIOS eines Rechners erzeugt wird, wenn der Hauptspeicher beim Hochfahren des Systems geprüft wird. „fart" heißt übrigens Furz.

mental computation
das Kopfrechnen

menu bar
die Menüleiste (in einem Programm)

merc
Danke, Kurzform für „merci".

mere child's play (that's ...)
das ist ein reines Kinderspiel (Idiom)

merely a matter of form (it's ...)
es ist nur Formsache (Idiom)

mesh
Raute, Masche. Name des Zeichens „#".

meshed net
Das vermaschte Netzwerk. Wenn in einem Netzwerk unterschiedliche Routen möglich sind, spricht man von Vermaschung. Vorteil ist hierbei die mögliche Wahl alternativer Routen (Ausweichrouten) im Netz, bei Überlastung oder Ausfall der ursprünglich vorgesehenen Route.

mess-dos
Begriff im Hackerslang für das Betriebssystem *MS-DOS*. Gebräuchlich sind auch messy-dos, mess-loss, mess-dog, mess-dross und mush-dos. Alle diese Begriffe implementieren eine grundlegende Abneigung bzw. Minderschätzung dieses Betriebssystems.

message
Bezeichnung für private Nachrichten, die an einen oder mehrere andere →IRC-Clients verschickt werden können. Nur Absender und Empfänger lesen dabei mit.

message queue
die Nachrichtenfolge, die Nachrichten-Warteschlange, siehe auch „queue".

messagearea
Die messagearea ist eine *Gruppe des Nachrichtenbereiches* einer Mailbox (siehe dort).

messagebase
Bezeichnung für den *Nachrichtenbereich* einer Mailbox. Dieser ist in Gruppen aufgeteilt, in den man Nachrichten schreiben und lesen kann.

messy-dos
Hackerslang für das Betriebssystem *MS-DOS*. Gebräuchlich sind auch mess-loss, mess-dog, mess-dross und mush-dos.

meta-character
das Metazeichen, ein Zeichen, das für ein oder mehrere andere Zeichen stehen kann. Das bekannteste Metazeichen beispielsweise in der MS-DOS-Welt ist der Joker „*", der für einen Dateinamen oder eine Dateiendung stehen kann oder das Fragezeichen „?", das hier einen Buchstaben ersetzt. Nach dem gleichen Muster gibt es in

vielen Datenbankabfragesprachen Metazeichen mit denen die Abfragen erleichtert werden. Hiermit lässt sich in einer Datenbank dann auch nach Begriffen suchen, deren Schreibweise nicht eindeutig bekannt ist. Siehe auch „wildcard".

meta-language
die Metasprache, dient zur Beschreibung einer anderen Sprache, also beispielsweise einer Programmiersprache. Letztere heißt in diesem Zusammenhang auch „Objektsprache".
Metasprache kann dabei die natürliche Umgangssprache sein (beispielsweise in einen Lehrbuch für eine Programmiersprache), oder aber eine besondere, meist formale Beschreibungssprache wie beispielsweise die sogenannte „Backus-Normal-Form".

mfg (deutsch)
Abkürzung für *„mit freundlichen Grüßen"*.

mftl
Abkürzung für „my favorite toy language", Hackerslang für *eine schwierige Programmiersprache*.

mhoty
Ich ziehe meinen Hut vor dir, alle Achtung, Abkürzung für „my hat's off to you". (Hackerslang)

mhr
Akronym für „many happy returns", *herzlichen Glückwunsch* (Idiom)

Michelangelo
Name eines Computervirus. Siehe auch „Virus".

mickey
Hackerslang für *das Auflösungsvermögen einer Computermaus*.

mickey mouse -
Das Voranstellen von „mickey mouse" klassifiziert jeden und alles darauf folgende ab. Beispiele: mickey mouse program, mickey mouse computer, mickey mouse user usw.

mickey mouse program
Hackerslang für *ein sehr einfaches Programm*.

mickey out of someone (to take the..)
sich über jemanden lustig machen (Idiom)

microfloppy
veraltete Bezeichnung für die *3,5" Diskette*. Die erste Floppy hatte die gewaltige Abmessung von 8", die später entwickelte 5,25" Diskette nannte man „minifloppy" und die nächst kleinere Größe eben „microfloppy".

Microsloth Windoze
Hackerslang für *Microsoft Windows*, anspielend auf dessen Größe, mangelnde Geschwindigkeit und „Fehlerkompatibilität" zu MS-DOS.

Microsoft Comic Chat
Name eines Chat-Clientprogrammes für den PC, dessen Oberfläche die Chattsitzung in Form eines Comics darstellt. Die Chatter werden dabei als Zeichentrickfiguren abgebildet.

midget smileys
Bezeichnung für vereinfachte, verkümmerte Smileys (siehe dort), auch *Zwergensmileys* genannt. Midget Smileys bestehen in der Regel nur aus zwei Zeichen, so dass beispielsweise der Querstrich für die Nase entfällt. Beispiele:

:)	happy
: (	traurig
: *	Küsschen!
: [	bin deprimiert

usw.

Eine ganze Reihe von midget smileys haben eine identische Bedeutung, nämlich die Frage „Was?"

:< :> : @ : Q : C :{

midnight oil (to burn the ...)
bis spät in die Nacht arbeiten (Idiom)
Emoticon hierzu: %-)

Mike
Wort für den Buchstaben „M" im amerikanischen Buchstabieralphabet (Phonetic Alphabet). Im deutschen Buchstabieralphabet ist dies „Martha" und international sagt man „Madagaskar".

mil
Abkürzung für *military*, Bereichsname im Internet (siehe dort) für „militärische Organisationen".

militate against (to ...)
entgegenwirken (Idiom)

milliLampson
Hackerslang: „milliLampson" ist die Einheit für die *Sprechgeschwindigkeit* von Usern, abgekürzt in mL. Ein durchschnittlicher Mensch spricht in 200 mL.

mimo
Hackerslang für: *zerbrechlich, instabil*, Abkürzung für mimosing.

min
Kurzform für „minute", *die Minute*; auch in der Bedeutung: *eine Minute Geduld bitte!*
Seltener die Abkürzung für „minimal", im Deutschen jedoch oftmals Abkürzung für *„mindestens"*.

mind fuck
jemanden manipulieren (Dirty Word)

minifloppy
veraltete Bezeichnung für die *5,25" Diskette*. Siehe auch „microfloppy".

mint of money
eine Stange Geld (Idiom)

minzig (deutsch)
deutsche Wortschöpfung abgeleitet aus *„minimal winzig"* (Hackerslang).

Mirc Vision
Name eines Chat-Clientprogrammes für den PC (Windows 95).

misc
Abkürzung für „miscellaneous", Kurzbezeichnung einer Diskussionsgruppe zu *ganz allgemeinen Themen*.

miscallaneous
Vermischtes, vielseitig

misprint
der Druckfehler

miss the boat (to ...)
eine Chance verpassen (Idiom)

Missed'em-five
Hackerslang für das Betriebssystem *UNIX V* (von AT&T), siehe dort.

misspell
falsch buchstabieren, falsch schreiben

MIT
Abkürzung für „Massachusettes Institute of Technology". Technische Universität in Amerika, an der viele Impulse für die Entwicklung von Computern ausging.

mix-up
das Durcheinander

mixed blessing
Vor- und Nachteile haben (Idiom)

miye
Akronym für „mud in your eyes", *Hals- und Beinbruch* (Idiom)

mL
Hackerslang: Abkürzung für „milliLampson", die Einheit für die *Sprechgeschwindigkeit* von Usern. Ein durchschnittlicher Mensch spricht in 200 mL.

mla
Abkürzung für „multiple letter acronym", ein aus mehreren Buchstaben bestehendes Akronym, „mla" selbst ist ebenfalls ein Akronym.

mmw
Abkürzung für „mark my words", *merk dir meine Worte!* (Akronym)

mnemonic
mnemonisch, aus dem Griechischen kommender Begriff (Göttin der Erinnerung). Mnemotechnische Begriffe sind selbsterklärend, sie erwecken die Erinnerung. Beispiel: der Maschinenbefehl JMP steht für „JuMP".

MNP
Abkürzung für „Microcom Network Protocol". Klasse von Übertragungsprotokollen für Modems, die Fehler online korrigieren, Start- und Stopbits reduzieren und ab MNP-5 zusätzlich eine Datenkomprimierung durchführen. Unabhängig von der Modulationsart. Je nach Modemklasse kann MNP mit einer Datenkompression arbeiten, welche die Übertragungsgeschwindigkeit drastisch erhöht. MNP erkennt dabei bereits komprimierte Dateien automatisch und versucht nicht, diese nochmals zu komprimieren.

mobitel (deutsch)
Akronym für „*Moment bitte, Telefon*".

moby
Bezeichnung im Hackerslang für *etwas ganz Großes*, Komplexes. Wird oftmals auch als eine Art Anrede für bewundernswürdige Freunde benutzt: „Dear moby John!"
Moby ist auch die Slangbezeichnung für den Gesamtspeicher eines Computers.

mockingbird
Hackerslang für ein Programm, das die Kommunikation zwischen Anwendern und Hosts manipuliert, indem es dem Anwender System-Antworten vortäuscht um Passworte oder IDs abfragen zu können. Es handelt sich im Prinzip um eine Art →Trojanisches Pferd, auch wenn mockingbird eigentlich Spott-Drossel heißt.

mod (to ...)
Abkürzung für „modifizieren".

mode
der Modus, der Zustand. Im Hackerslang wird das Wort „mode" nicht nur auf Hardware angewendet, sondern kann auch einen Lebensumstand, eine Situation beschreiben.
Siehe hierzu auch day-mode: im Gegensatz zu normalen Menschen, die tagsüber arbeiten, blühen Computerfreaks meist in der Nachtschicht (night mode) auf.
Emoticon hierzu: %-)

Modem
Kunstwort aus *Modulator und Demodulator*. Gerät, das durch Modulation, Demodulation (Umsetzung von Gleichstromsignale in Wechselstromsignale und umgekehrt) und (ggf.) Synchronisation die Übertragung von Daten über analoge Fernsprech- und Breitbandwege ermöglicht.

modulo
Begriff aus der Mathematik, bedeutet im Hackerslang soviel wie „ausgenommen". Beispiel: the program works right, modulo speed – das Programm arbeitet zufriedenstellend mit Ausnahme der Geschwindigkeit.

mof
Tatsache, tatsächlich, sachlich, nüchtern, Abkürzung für „matter of fact".

moforw
Akronym für „male or female or what?", zu deutsch: *männlich, weiblich oder was noch?* Siehe hierzu auch: morf?

Mok'bara
Begriff der Startreck-Gemeinde, ein ritueller klingonischer Kapmfsport.

molly guard
Hackerslang für eine Schutzvorrichtung, die verhindern soll, dass versehentlich der Netzschalter (siehe auch big red switch) betätigt wird.

mompls
einen Moment bitte, Akronym für „moment please".

money for jam
leicht verdientes Geld (Idiom)

Mongolian Hordes Technique
die Mongolische Horden Technik, Hackerslang für die Entwicklung eines Systems, eines Programmes oder ganz allgemein eine Arbeit, an der hunderte von Personen fleißig arbeiten.
Letztes Beispiel war das Abschreiben der deutschen Telefonbücher mit Hilfe von 500 Taiwanesen, da das einfachere Abscannen der Bücher von der Deutschen Telekom untersagt worden war.

monkey (to make a ...)
lächerlich machen (Idiom)

monkey business (to make ...)
ein Theater machen (Idiom)

monkey up
Hackerslang für *das gemeinschaftliche Hacken*.

monstrosity
die Monströsität, Hackerslang beispielsweise für ein gewaltiges Programm oder eine gewaltige Hardware, deren Leistung ganz im Gegensatz zum Umfang steht. Siehe auch „baroque".

month of Sundays
sehr selten (Idiom)

monty
„*voll bestückt*", veralteter Hackerslang für 16 MB Hauptspeicher älterer PCs. Dies war einmal die Obergrenze eines PC mit AT- oder ISA-Bus und einem gewöhnlichen BIOS. Auch full monty.

moo
Abkürzung für „Multi-User Dungeon Object Oriented", was frei übersetzt etwa „objektorientiertes Verlies für mehrere Anwender" heißt. Natürlich landed man hierbei nicht im Kerker, es handelt sich viel-

mehr um eine Gruppe von textorientierten Abenteuerspielen im Internet.

moot point (the ...)
der umstrittene Punkt (Idiom)

mop one's brow (to ...)
den Schweiß vom Gesicht wischen (Idiom)

more haste less speed
nicht so hastig ! (Idiom)

morf?
männlich oder weiblich?, Akronym für „male or female". Bei einem online-chat sieht man sich nicht, und der Name des Gesprächspartners gibt hierüber nicht immer ausreichend Antwort. Emoticons hierzu:

:-	User ist männlich
>-	User ist weiblich
:-}	User benutzt Lippenstift
:-)-{8	User ist ein großes Mädchen

moria
Name eines Simulationsspieles (MUD), welches für viele Rechner verfügbar ist.

mosaic
Name des ersten brauchbaren →Browsers, der zwischenzeitlich von Netscape und Windows-Explorer verdrängt wurde.

motas
möglicher Sexualpartner, Abkürzung für „member of the apropriate sex", zu deutsch: Angehörige(r) des passenden Geschlechts (Hackerslang). Vergleiche auch motos und motss.

MOTD
Abkürzung für „Message of the Day", Bezeichnung für den Begrüßungsbildschirm eines →IRC-Servers.

mother blue
Hackerslang für *die Firma IBM*, siehe auch „big blue".

motherboard
die Hauptplatine eines Personalcomputers. Siehe auch „board".

motherfucker
Eines der im Internet nicht erlaubten „seven words", siehe dort. Motherfucker entspricht vielleicht am ehesten dem Begriff *„Riesenarschloch"*, wörtlich übersetzt ist dies jedoch nicht. Ausdruck größter Verachtung (Slang, Dirty Word).

motos
möglicher Sexualpartner, Abkürzung für „member of the opposite sex", zu deutsch: Angehörige(r) des anderen Geschlechts (Hackerslang). Vergleiche auch motas und motss.

motss
Abkürzung für „member of the same sex", zu deutsch: *Angehörige(r) des gleichen Geschlechts* (Hackerslang). Vergleiche auch motos und motas.

mouse around
veralteter Hackerslang, entspricht in etwa dem heutigen *Surfen* (im Internet):

mouse belt
Der *„Maus-Gürtel"*, Hackerslang für die Kabelbinder aus Kunststoff, die durch ihre sägezahnartigen Einkerbungen beim Anlegen selbstständig arretieren. Ein Lösen ist oftmals nur durch ein Zerschneiden dieser Bänder möglich. Größere Kabelbinder heißen auch „rat belt".

mouse elbow
Hackerslang für den Krampf, den man in die Hand bekommt, wenn man zu viel mit der Maus arbeitet. In Anlehnung an den Begriff „tennis elbow" (= Tennisarm).

mouse potato
Bezeichnung für einen User, der den ganzen Tag mit der Maus in der Hand vor dem Computer herumhängt und sich mit der Maus durch

Programme oder das Internet klickt (Hackerslang). Der Begriff ist eine Abwandlung von „couch potato" für jemanden, der den ganzen tag vor dem TV sitzt.

mouso
Hackerslang für einen *Fehler in der Mausbedienung*.

mousy
schüchtern (Slang)

move on (to get a ...)
Dampf machen (Idiom)

moving on thin ice
sich auf dünnem Eis bewegen (Idiom)

mph
Eigentlich die Abkürzung für „miles per hour", also die Geschwindigkeitsangabe für Fahrzeuge: Meilen pro Stunde. Im Hackerslang bedeutet mph soviel wie „many (somethings) per hour", also *„viele (irgend etwas) pro Stunde"*.

MS-DOS
Abkürzung für „Microsoft Disk Operating System", das Standard-Betriebssystem für den Personalcomputer. MS-DOS ist ein Einplatz-Betriebssystem.

msg
die Nachricht, Akronym für „message".

mtm
Abkürzung für „made to measure", *nach Maß* (Idiom)

mtw
Akronym für „mum's the word", *behalte es für dich* (Slang)

mu
Hackerslang, typische Antwort auf eine Frage, deren Beantwortung mit Ja oder Nein unmöglich ist, da unlogisch.
Die Frage: „läuft dein Rechner mit Windows 98 fehlerfrei?" kann

beispielsweise dann weder mit Ja noch mit Nein beantwortet werden, wenn man eben nicht mit Windows 98 arbeitet. Die korrekte Antwort ist hier also: mu.

much of a muchness (It's ...)
es ist Jacke wie Hose (Idiom)

muck about (to ...)
herumalbern (Slang)

mud in your eyes
Hals- und Beinbruch (Idiom)

mug's game
Arbeit für Dumme (Idiom)

multicasting
die Versendung einer Nachricht an eine Teilnehmergruppe.

Multiplexen
Bezeichnung für ein Verfahren bei der Übertragung von Daten, das es ermöglicht, auf einem Übertragungsweg verschiedene Signale zusammenzufassen. Beim Demultiplexen werden diese Signale dann wieder getrennt. Es gibt dabei verschiedene Möglichkeiten, das Multiplex-Verfahren zu betreiben. Bei der Datenfernübertragung über Telefonleitungen oder Funkstrecken wird jedem Signal eine bestimmte Frequenzbank zugeordnet und so eine gleichzeitige Übertragung verschiedener Signale ermöglicht.

multitask
Im Hackerslang wird dieser technische Begriff auch auf Personen angewendet, die *mehrere Dinge gleichzeitig erledigen*.

mum's the word
behalte es für dich (Idiom)

mumble
Hackerslang, Ausruf, wenn man nicht mit etwas einverstanden ist. Mumble wird oftmals aber auch eingesetzt wie im deutschen (Comic-Slang): grummel, grummel. Gemeint ist das abwartende Überdenken

beispielsweise einer Antwort.
Nicht selten findet man „mumble" auch in Form einer metasyntaktischen Variablen. Siehe auch meta-character.

munch (to ...)
Hackerslang für das *Entschlüsseln* einer Datenstruktur oder das Ordnen von Datenmengen.

munching
Hackerslang für das *Auskundschaften* von Sicherheitslücken in fremden Computern.

munchkin
Hackerslang: Bezeichnung für ein Kind, das auf dem bestem Wege ist, ein Hacker (siehe dort) zu werden. Erste Gehversuche finden auch heute immer noch in der Programmiersprache BASIC statt. „Munchkin" war einer der Zwergen in dem Buch „Der Zauberer von Oz".

mung
Bezeichnung im Hackerslang für *„mutwillig zerstören"*. Mung ist ein sogenanntes rekursives Akronym, d.h. es beinhaltet sich selbst: „mung until no good". Die Anfangsbuchstaben ergeben wiederum mung. Man könnte es so übersetzen: herummengen (in einem Programm oder System) bis es nicht mehr lauffähig ist.

murder the Queen's Englisch (to ...)
einen Dialekt sprechen (Idiom)

Murphy's Law
eine Gesetzmäßigkeit, nach der alles schiefgeht, was nur schiefgehen kann. Diese Gesetzmäßigkeit lässt sich mit dem Computer hervorragend optimieren und das nicht nur in Hackerkreisen. Joachim Graf hat dies in seinem Büchlein zu „Murphieys Computergesetze" folgendermaßen formuliert: „Mit der Erfindung von Checksummen, Korrektur- und Backup-Programmen sowie fehlertoleranten Systemen erschließt sich dem staunenden Menschen die Vielseitigkeit der elektronischen Datenverarbeitung dadurch ... dass auch alles dann schief geht, wenn eigentlich nichts schiefgehen kann. Bei Computern ist nichts undenkbar, geschweige denn unmöglich – außer dem Wünschenswerten." und „In der EDV enden Pannen nicht, sondern gehen, einander überlappend, ineinander

über. Pannen warten geduldig auf den ungünstigsten Zeitpunkt, um dann erbarmungslos zuzuschlagen."

mush-dos
Hackerslang für das Betriebssystem *MS-DOS*. Gebräuchlich sind auch mess-dos, messy-dos, mess-loss, mess-dog und mess-dross.

mutilated character
das verstümmelte Zeichen

mutter (to ...)
Hackerslang: einen Computerbefehl still und heimlich eingeben. Niemand darf einem dabei über die Schulter schauen. Hiermit ist weniger die Eingabe von Passwörtern oder ähnlichem gemeint.

mutual
gegenseitig, wechselseitig, gemeinsam

mx
Internationale Länderkennung in einer Internetadresse für *Mexiko*, wird auch schon mal als Abkürzung für den Ländernamen in chats benutzt.

my hair stands on end
mir stehen die Haare zu Berge (Idiom), Emoticon hierzu =:-)
Hat nichts mit „hair" zu tun, siehe dort.

my two cents
meine zwei Cents, Bedeutung: „Ich will meinen bescheidenen Beitrag dazutun, meiner bescheidenen Meinung nach". Auch bekannt als „$0,02".

myob
kümmere dich um deine eigenen Angelegenheiten, Abkürzung für „mind your own business" (Akronym).

myriad of
unzählige ...

myth
siehe netmyth

N

n.d.
Abkürzung für „no date", zu deutsch: *ohne Datum*.

n/a
Abkürzung für „not applicable", zu deutsch: *ungeeignet*

nagware
Hackerslang für →shareware, bei der man ständig mit großformatigen Aufforderungen zur Registrierung genervt wird.

NAK
Die Abkürzung kommt eigentlich aus dem technischen Bereich, NAK ist die Bezeichnung für das negative Quittierungssignal bei der Datenübertragung über eine serielle Schnittstelle.
Der Ausdruck „NAK" wird oftmals in einer E-Mail gebraucht. Wenn eine frühere E-Mail noch nicht beantwortet wurde und der Sender fragt ACK (siehe dort) was soviel bedeutet wie „are you there?", ist die humorvolle Antwort dann nicht selten NAK, was dann wiederum bedeutet: „No. I'm not here".

naked eye (with the ...)
mit bloßem Auge (Idiom)

name but a few (to ...)
um nur einige zu nennen (Idiom)

name-dropping
das Erwähnen von Namen, um Eindruck zu schinden (Slang)

Nan
Wort für den Buchstaben „N" im amerikanischen Buchstabieralphabet (Phonetic Alphabet). Im deutschen Buchstabieralphabet ist dies „Nordpol" und international sagt man „New York". Auch schon mal verwendet wird „November", was aus der Zivilluftfahrt kommt.

nano
in kürzester Zeit, Hackerslang in Anlehnung an die Vorsilbe in Nanosecond = 10^{-9} Sekunden. Beispiel: „I'll be back in a nano"

nano -
Im Hackerslang als Vorsilbe für etwas *„sehr kleines"* gebraucht. Beispiel: nanomoney – fast umsonst. Vergleiche auch „kilo -" oder „mega -".

narrow squeak (a ...)
um Haaresbreite (Idiom)

nastygram
Andere Bezeichnung für eine flame (siehe dort), eine unangenehme Nachricht.

native language support
die Unterstützung der Landessprache

native tongue
die Muttersprache

nb
Nota bene! (lateinisch), zu deutsch: *Merke wohl!, Übrigens.*

nbd
kein großes Geschäft, keine große Sache, Abkürzung für „no big deal".

nd
ohne Datum, nicht datiert. Abkürzung für „no date"

NDA
Vereinbarung der Nichtoffenlegung. Abkürzung für „non-disclosure agreement".

near the knuckle
an der Grenze des guten Geschmackes (Idiom)

nearly having kittens
zu Tode erschrocken sein oder *verrückt vor Freude sein* (Idiom)

neat hack
die clevere Technik (Hackerslang)

neck of the woods (in my ...)
da wo ich herkomme (Idiom)

need dutch courage (to ...)
Mut antrinken (Idiom)

need something like a hole in my head
etwas überhaupt nicht gebrauchen können (Idiom)

neep-neep
der Computerbegeisterte (Hackerslang)

neeping
Eine lange Unterhaltung über das Thema Computer und alles was dazu gehört (Hackerslang).

neither rhyme nor reason in that
weder Hand noch Fuß (Idiom)

neophilia
Hackerslang für den Zustand eines Users, von allem neuen grenzenlos begeistert zu sein. Letzte bekannte größere User-Infektion: die Freigabe von Windows 98.

neophobia
Hackerslang für die *Angst eines Users vor allem neuem* – das Gegenteil der neophilia.

neophyte
der Anfänger (Hackerslang)

nervbot
Bezeichnung für →robots, die automatisch Nachrichten versenden, was oftmals als störend empfunden wird. Solche Programme nennt man auch annoybots.

nerve of old Nick (to have the ...)
Nerven haben! Der hat Nerven (Idiom)

net
Abkürzung für network, Bereichsname im Internet (siehe dort) für „Netzwerk- und Serviceanbieter".

net (the ...)
das Netz der Netze, das Internet, siehe dort.

net head
der Netzfreak, ein Online-Besessener.

net.cop
Bezeichnung für jemand, der immer nur dann aktiv wird, wenn er die netiquette (siehe dort) verletzt glaubt. Also jemand der schulmeisterisch eingreift. Ein „Cop" ist ein Polizist.

net.personality
Personen, die sich im Netzwerk einen Namen gemacht haben, User die (fast) jeder kennt (Hackerslang). Hierzu gehört beispielsweise sicherlich Bill Gates.

net.police
Bezeichnung für Anwender, die peinlich genau auf die netiquette (siehe dort) achten und ständig meinen, andere Teilnehmer maßregeln zu müssen (Hackerslang).

netburp
Hackerslang für die *Überlastung des Netzes*. Burp ist zu übersetzen mit „Rülpser".

netdead (to be ...)
Netztot sein (Hackerslang), Emoticon hierzu: **8-#** Tod
Bei der DFÜ ist ein User schon „tot", wenn keine Daten mehr von ihm kommen.

Netguide
Name einer deutschsprachigen Internet-Suchmaschine von Focus Online.

Nethack
Name eines klassischen Rollenspiels (Simulationsspiel, MUD), das in vielen Mailboxen (siehe dort) zu finden ist.

netiquette
Kunstwort aus Network und Etikette. Gemeint ist das korrekte Verhalten in einem Netzwerkverbund. Verstöße gegen die „netiquette" kann zum Ausschluss der Teilnahme am Netzwerk führen. Jeder soll seine Meinung äußern dürfen, aber eben auch die anderen Teilnehmer und deren Meinung achten.
In der Regel gelten zwei Grundsätze:
1) Thou shalt not excessively annoy others – ärgere andere nicht zu sehr.
2) Thou shalt not be too easily annoyed – lass dich nicht zu leicht ärgern.
Desweiteren wird aktive Werbung überhaupt nicht gerne gesehen und in einer internationalen (in der Regel also englischsprachigen) Runde, sollte beispielsweise nicht in Deutsch gesprochen (geschrieben) werden.

netizen
ein Bewohner des globalen Dorfes, Hackerslang für jemanden, der beispielsweise eine eigene Homepage besitzt oder durch regen Austausch von e-Mails auffällt. Netizen ist eine Wortschöpfung aus „Net" und „Citizen".

Netland
gemeint ist *das Internet* (siehe dort).

netmail
die persönliche Nachricht, im Gegensatz zur Echomail, der allgemeinen Nachricht, siehe dort.

netmyth
der Netzmythos, das Netzmächen. Bezeichnung für Geschichten, die im Internet kursieren, deren Wahrheitsgehalt aber mehr als fragwürdig erscheint. Siehe hierzu auch Darwin-Preis.

netrock
veraltete Bezeichnung für eine „flame", siehe dort; Hackerslang.

Netscape
Komfortable graphische Benutzeroberfläche für das Arbeiten im World Wide Web (WWW). Der WWW-Browser (siehe dort) ist besonders auf die Nutzer zugeschnitten, die sich über Modem in das Internet einwählen. So werden im Durchschnitt WWW-Seiten mit Netscape etwa um den Faktor 10 schneller übertragen als mit herkömmlichen Programmen.

Netscape Chat
Name eines Chat-Clientprogrammes für den PC (Windows 95).

netsleazing
die sexuelle Anmache in Chats, gemeint ist hiermit aber auch die Verbreitung obszönen Materials über das Netz. „Sleazing" lässt sich mit Schlüpfrigkeit übersetzen.

netsplit
die Netzspaltung, Hackerslang für die Überlastung des Netzes. Siehe auch split.

Netta Gilboa
Herausgeber des Hackermagazins im Internet: grey areas (Grauzonen).

netter
jemand der am Usenet teilnimmt und eine eigene Netzwerkadresse (e-Mail Adresse) besitzt. Wird auch ganz allgemein auf Netzwerkteilnehmer angewendet.

network congestion
der Datenstau im Netzwerk

network meltdown
die Netzwerk-Kernschmelze. Wenn ein Datenpaket (siehe dort) derart verstümmelt beim Empfänger ankommt, dass das Empfangssystem abstürzt, spricht man von einem Meltdown (siehe dort) des Systems.

Netz (das ...)
gemeint ist: *das Internet*.

Netz-Knigge (deutsch)
siehe netiquette

Netzmärchen (deutsch)
siehe netmyth

netztot sein (deutsch)
(Hackerslang), Emoticon hierzu: **8-#**   Tod
Bei der DFÜ ist ein User schon „tot", wenn keine Daten mehr von ihm kommen.

Netzwischer (deutsch)
die Stromunterbrechung, Hackerslang.

Neuromancer
Titel eines Kultbuches aus der Hackerszene. Der Autor ist William Gibson.

never mind
ist schon gut! (Idiom)

never say die!
nie die Hoffnung aufgeben (Idiom)

never-never (to bought it on the ...)
auf Raten gekauft (Slang)

New Jersey
Im Hackerslang ist hiermit etwas *schlecht gemachtes* oder dummes gemeint.

new lease of life (to get a ...)
wie neugeboren fühlen (Idiom)

newbie
der Anfänger (Hackerslang), gemeint sind in der Regel Neulinge im Internet. Der Begriff lässt sich aus „new boy" herleiten.

NewNet
Neueres →IRC-Netzwerk als Abkopplung vom →Efnet entstanden, mit derzeit rund 50 Servern, davon 8 in Europa.
Adresse: *www.newnet.net*

news
Abkürzung für „newsgroup", siehe dort; Kurzbezeichnung einer Diskussionsgruppe über die Diskussionsgruppen.

newsadmin
Newsgroup-Administrator, siehe auch „admin" bzw. „newsgroup".

newsfeed
Bezeichnung für eine Box, die Nachrichten in das Netz einspeist.

newsfroup
Synonym für newsgroup (siehe dort), Hackerslang.

newsgroup
Name im Subnet für ein öffentliches "schwarzes Brett" zum Nachrichtenaustausch. In anderen Netzen: spricht man von Brett, Gruppe oder Echo.

newsreader
Name eines Programmes, das dem User Mails präsentiert.

nfw
Abkürzung für „no fucking way", zu deutsch: *keine verdammte Möglichkeit.*

nhoh
habe nie von ihm gehört, Abkürzung für „never heared of him" (Akronym).

nibble
vier Bits (kein Slang)

nibble at the subject (to ...)
an einer Sache seine Zeit vertrödeln (Idiom)

nice toy
das Spielzeug, ein Hacker meint hiermit natürlich seinen *Computer*. Ist er sehr zufrieden mit dem Modell, ist es ein „nice toy".

nick
Kurzform für „nickname", siehe dort.

nick (to ...)
stehlen

nick of time (in the ...)
gerade noch rechtzeitig (Idiom)

nickle
Hackerslang für *5 Bits*. Der Name kommt vom US-amerikanischen 5 Cent Stück, hierfür ist der Name „nickle" umgangssprachlich.

nickname
das Pseudonym (maximal aus neun Zeichen bestehend), das beim ICR angegeben werden kann. Der nickname erscheint statt des login-Names am Bildschirm der Chat-Partner. Der Befehl zum Setzen des nickname ist /nick, siehe dort. Es hat sich eingebürgert (zumindest in den USA) als nickname den Vornamen gefolgt vom ersten Buchstaben des Nachnamens anzugeben. Übersetzt heißt nickname eigentlich Spitzname. Vergleiche hierzu auch „alias".

nickname collision
Bezeichnung für den Konflikt, der entsteht, wenn zwei Anwender den gleichen nickname (siehe dort) im Netz wählen wollen. Da der nickname einmalig sein muss, erhält lediglich der erste Teilnehmer das Pseudonym, der andere wird abgewiesen.

nickname collision kill
Normalerweise stellen IRC-Server sicher, dass ein nickname nicht doppelt vorhanden sein kann. Wenn jedoch gesplittete Teilnetze

(→netsplit, →split) wieder verbunden werden, kann es vorkommen, dass zwei Chatter den gleichen nickname benutzen. Dann werden sie von den beteiligten IRC-Servern in der Regel automatisch hinausgeworfen.

night mode
der Nachtmodus. Normale Menschen arbeiten tagsüber (day mode), Computerfreaks blühen hingehen meist in der Nachtschicht auf. Das liegt nicht selten daran, dass nachts die Telefonkosten niedriger sind, wenn man sich in ein Netz einlogt.
Emoticon hierzu: %-)

Nightmare File System
Hackerslang für das NFS (Network File System).

nih
Abkürzung für „not invented here", zu deutsch: *nicht hier erfunden*.

nil
ist eigentlich die Abkürzung für „no items located", wird aber meist mit einer anderen Bedeutung eingesetzt. Im Lateinischen bedeutet „nil" soviel wie: null, nichts. In Dialogen heißt „nil" einfach „nein".

nimby
Abkürzung für „not in my back yard", zu deutsch: *nicht bei mir*

nineteen to the dozen (to talk ...)
das Blaue vom Himmel erzählen (Idiom)

nip in the bud (to ...)
von vornherein etwas abstellen, unterbinden (Idiom)

nl
Internationale Länderkennung in einer Internetadresse für die *Niederlande*, wird auch schon mal als Abkürzung für den Ländernamen in chats benutzt.

nm!
Abkürzung für „never mind", *schon gut!* (Akronym)

no
Internationale Länderkennung in einer Internetadresse für *Norwegen*, wird seltener auch schon mal als Abkürzung für den Ländernamen in chats benutzt.

no parity
keine Parität. Das sogenannte „Paritätsbit" dient der Datensicherheit. Hiermit arbeitet man beispielsweise bei der Datenübertragung, aber auch bei der Datenaufzeichnung auf Diskette oder Festplatte. Das System fügt die Prüfbits den Datenbytes (= 8 Bits) hinzu und bildet eine Art Prüfsumme. Bei der Datenaufzeichnung bzw. -übertragung kann das System nun selbständig prüfen, ob ein fehlerhaftes Byte vorliegt oder nicht. Man unterscheidet drei Arten von Paritätsprüfungen: even parity – gerade Parität, odd parity – ungerade Parität, no parity – keine Parität.

no spring chicken (to be ...)
nicht mehr jung sein (Idiom)

no-op
Hackerslang für jemanden, der nichts beisteuert zu einem Projekt, der im Team nutzlos ist (no-operator).
Ursprünglich ist no-op ein Assemblerbefehl, der keine Aktion auslöst, ein sogenannter Null-Befehl.

nodding acquaintance
die flüchtige Bekanntschaft (Idiom)

node
der Knoten. Im FidoNet bezeichnet man so auch eine einzelne Mailbox (siehe dort).

nodelist
die Knotenliste. Es handelt sich hierbei um eine maschinenlesbare Liste aller nodes, weltweit.

NOMEX underwear
Begriff aus dem Hackerslang; wird gebraucht, wenn eine „flame" erwartet wird. NOMEX ist der Hersteller von feuerfester Unterwäsche für Formel-I Rennfahrer. Siehe auch „fire-proof" oder „asbestos underwear".

non permissible
nicht zulässig

non-fiction
die Fachliteratur

none of your business (that's ...)
das geht dich nichts an (Idiom)

none the wiser (to be ...)
nicht klüger sein, als zuvor (Idiom)

Normalo (deutsch)
Das Gegenteil eines „Digitalo", also eines Hackers: der „normale Anwender" (Hackerslang).

Norton
Die Norton Utilities sind eine Sammlung von Hilfsprogrammen, die nach ihrem Programmierer dem Amerikaner Peter Norton benannt sind. Viele dieser Utilities wurden in der ein oder anderen Weise kopiert und finden sich heute als Bestandteil von Programmen und sogar Betriebssystemen.

nosey-parker (to be a ...)
wißbegierig sein (Idiom)

not a stich of clothing
keinen Fetzen am Leibe tragen (Idiom)

not enough room to swing the cat
es ist sehr eng (Idiom)

not guts (to have ...)
keinen Mum (in den Kochen) haben (Idiom)

not in the least
nicht im geringsten (Idiom)

not my cup of tea (that's ...)
dies ist nicht nach meinem Geschmack (Idiom)

not negotiable cheque
der Verrechnungsscheck

not that it matters
es macht nichts, es fällt nicht ins Gewicht (Idiom)

nothing on earth
keine Macht der Welt (Idiom)

notify
In eine sogenannte notify-Liste kann man die →nicknames derjenigen Personen eintragen, von deren Anwesenheit man beim Eintritt ins →IRC informiert werden möchte. Der IRC-Server zeigt die gesuchten nicks beim Eintritt und beim Verlassen an.

notwork
Begriff aus dem Hackerslang für ein *Netzwerk, das nicht funktioniert* (not works).
Siehe auch „nyetwork".

November
siehe Nan

nqa
es wurde nichts gefragt, keine Fragen, Abkürzung für „no questions asked" (Akronym).

nrn
eine Antwort ist nicht notwendig, Abkürzung für „no reply necessary" (Akronym).

nsd!
Akronym für „never say die!", *nie die Hoffnung aufgeben* (Idiom)

ntim
es macht nichts, es fällt nicht ins Gewicht. Abkürzung für „not that it matters" (Akronym).

ntimm
Abkürzung für „not that it matters much", zu deutsch: *nicht als ob es viel ausmacht* (Akronym).

NTSC
Eigentlich die Abkürzung für „National Television Standard Code", die amerikanische Fernsehnorm. In Hackerkreisen wird die Abkürzung folgendermaßen aufgelöst: „Never Twice the Same Color", in Anspielung auf die schlechte Farbstabilität dieser Norm.

ntymi
Abkürzung für „now that you mention it", zu deutsch: *jetzt, da du es erwähnst ...*

NUA
Abkürzung für „Network User Address", ein Code für die Teilnahme am Datex-P Dienst, die „Adresse" des Users. Dies kann beispielsweise die sogenannte Datenrufnummer unter Datex-P sein.

NUDE
Abkürzung für „Nihilistischer User Daten Editor" (MausNet), die Analogie zum englischen Wort nude (= nackt) ist natürlich nicht zufällig.

nude
Hackerslang für Computer, die ohne Betriebssystem ausgeliefert oder verkauft werden. Vergleiche hierzu auch „bare metal".

NUI
Abkürzung für „Network User Identification", ein Passwort für die Teilnahme an Datex-P.

nuke (to ...)
Synonym für „to dike", siehe dort; Hackerslang.

null character
das Füllzeichen

number cruncher
der „Zahlenfresser", umgangssprachlich für *Supercomputer*

number serially (to ...)
durchnummerieren

number sign
Alternative Bezeichnung für das Zeichen „#", siehe auch „mesh".

nutshell (in a ...)
kurz zusammengefasst, in aller Kürze (Idiom)

nxm
Abkürzung für „non existent memory". In der Technik gibt es diese Abkürzung zwar nicht, aber gemeint ist hiermit, dass beispielsweise Informationen an Speicherstellen gesucht werden, die es nicht gibt. (Hackerslang)

nyetwork
Bezeichnung für ein *Netzwerk, das nicht ordentlich funktioniert*. Nyet (russisch) = nein.
Siehe auch „notwork".

nyp
Akronym für „not your problem", *es ist nicht dein Problem.*

O

o
Ein einsames eingetipptes „O" bedeutet oftmals „Over to You", zu deutsch: *Du bist nun dran, ich übergebe an Dich.* (Bloß nicht mehr eintippen als dringend notwendig – man spart Zeit und Telefonkosten.)

O+
Emoticon mit der Bedeutung: *Frauen unter sich* oder *Frauengruppe.*

o.r.
auf Gefahr des Eigentümers, Abkürzung für „owners risk", wird auch im Sinne von „own risk" (= auf eigene Verantwortung) angewendet.

ob.
gestorben, Abkürzung für „obiit", lateinisch aber im englischen Sprachgebrauch durchaus üblich.

Oberon
Name einer Programmiersprache, die aus Modula weiterentwicklet wurde und damit starke Verwandschaft zu Pascal aufweist. Der Entwickler von Oberon, Nikolaus Wirth, hat diesen Namen bewusst gewählt. Oberon war der Zwergenkönig in einer französischen Sage und in Shakespears Sommernachstraum.

Oboe
Wort für den Buchstaben „O" im amerikanischen Buchstabieralphabet (Phonetic Alphabet). Im deutschen Buchstabieralphabet ist dies „Otto" und international sagt man „Oslo". Auch schon mal verwendet wird „Oscar", was aus der Zivilluftfahrt kommt.

obscure
bedeutet etwa soviel wie: *unverständlich, unbegreiflich, unbekannt* usw. Deutsche Hacker sagen hierfür übrigens: „tiefschwarz".

obtw
ach übrigens, nebenbei gesagt, Abkürzung für „oh by the way" (Akronym).

octal forty
Hackerslang für ein *Leerzeichen* (Code: octal 40), siehe auch „blank".

octet
8 Bits, andere Bezeichnung für ein *Byte* (siehe dort).

octothorpe
Alternative Bezeichnung im Hackerslang für das Zeichen „#", siehe auch „mesh".

odds and ends
die Kleinigkeiten (Idiom)

of age (to be ...)
volljährig sein

of course
selbstverständlich

off one's guard (to be ...)
nicht aufpassen (Idiom)

off the hook (to get someone ...)
jemandem in der Not helfen (Idiom)

off the record
nicht offiziell, inoffiziell

off topic
am Thema vorbei

office packet
(techspeak) Programmpaket je nach Hersteller meist bestehend aus Textverarbeitung, Tabellenkalkulation, Grafikprogramm und Datenübertragungsprogramm. Microsoft Office besteht z.B. aus den Programmen Word, Excel, Powerpoint und Access.

offline
man spricht ganz allgemein von „offline", wenn keine Datenverbindung besteht. Diesen Zustand gibt es beispielsweise zwischen Personalcomputer und Drucker , aber auch zwischen PC-Modem und Datenbank (Netz) usw. Das Gegenteil von „offline" ist „online", siehe auch dort.

ohdh
Abkürzung für „old habits die hard", zu deutsch: *alte Gewohnheiten sind kaum tot zu kriegen.*

oiabm
Abkürzung für „once in a blue moon", *alle Jubeljahre, selten* (Akronym)

oic
Abkürzung für „Oh, I see". (Akronym), *ach so, ich verstehe!*

oil someones tongue (to ...)
jemandem schmeicheln (Idiom)

old hand (an ...)
etwas aus Erfahrung gut können (Idiom)

old Nick (he has the nerve of ...)
der hat Nerven! (Idiom)

old wives' tale
die unglaubwürdige Geschichte (Idiom)

oldbie
das Gegenteil zu newbie (siehe dort), also ein alter Junge (old boy), hier sagt man wohl eher „*alter Hase*".

omigod
um Gottes Willen, Kunstwort für den Ausruf „Oh my god!"

on a crest of a wave (to be ...)
oben schwimmen (Idiom)

on a wild goose chase (to be ...)
auf dem Holzweg sein (Idiom)

on line
in Verbindung, der On-Line Betrieb

on site
vor Ort

on solid ground (to be ...)
recht haben, rechtschaffen sein (Idiom)

on the alert, (to be ...)
auf der Hut sein (Idiom)

on the rocks (to be ...)
pleite sein (Idiom)

on the top of my head
zu aller oberst, zu aller erst (Idiom)

once bitten twice shy
ein gebranntes Kind scheut das Feuer (Idiom)

once in a blue moon
alle Jubeljahre, selten (Idiom)

online
ein Gerät, dass sich augenblicklich im Datenaustausch mit einem System befindet oder ein Anwender der gerade mit externen Datenbeständen arbeitet oder chattet ist „online". Das Gegenteil hierzu ist „offline", siehe auch dort.

online dating
Online Verabredung, solche Rendezvous finden in der Regel in chatrooms (siehe dort) statt.

only fit for the dustbin (this is ...)
dies ist unnütz (Idiom)

only the tip of the iceberg
nur die Spitze des Eisberges (Idiom)

onna
Abkürzung für „oh no, not again", zu deutsch: *oh nein, nicht schon wieder!*

onnta
Abkürzung für „oh no, not this again", zu deutsch: *oh nein, nicht das schon wieder!*

OO
Abkürzung für *„ordentlicher Onliner"*. Hiermit bezeichnen Hacker „normale" Teilnehmer beispielsweise im Internet oder unter Datex-P.

oo
Ende, Schluss; Abkürzung für „over and out", Akronym. Vorsicht, wenn in Klammern gesetzt **(oo)** handelt es sich um ein Emoticon mit

der Bedeutung „Hintern" oder schlimmer noch das berühmte Götz-Zitat.

Oo-mox
Begriff der Startreck-Gemeinde. Die Ohren der Ferengis sind ihre erogensten Zonen. Das Streicheln dieser nennen sie Oo-mox.

ootb
gerade erst aus der Kiste, brandneu, Abkürzung für „out of the box",. Beispiel: This OS release is ootb – diese Betriebssystemversion ist brandaktuell. (Hackerslang).

Opa (deutsch)
Ein Teilnehmer (oder mehrere) eines chat-channels ist der sogenannte channel-operator (auch: „oper" oder „chanop"). Natürlich hat auch dieser einen →Nickname, dem allerdings das Zeichen „@" vorangestellt ist. Der channel-operator sorgt für Ordnung in seinem channel und kann Teilnehmer ggf. ausschließen (kick off). Der chanop kann auch den Betriebsmodus eines channels ändern.

OPAC
Bezeichnung für Online Publikumskataloge von Universitätsbibliotheken.

open
umgangssprachlich für die *„linke Klammer"*, die rechte heißt demnach „close".

open switch
der offene Schalter, gemeint ist eine unbeantwortete Frage, ein ungelöstes Problem.

oper
Ein Teilnehmer (oder mehrere) eines chat-channels ist der sogenannte channel-operator (auch: „chanop"). Natürlich hat auch dieser einen →Nickname, dem allerdings das Zeichen „@" vorangestellt ist. Der channel-operator sorgt für Ordnung in seinem channel und kann Teilnehmer ggf. ausschließen (kick off). Der oper kann auch den Betriebsmodus eines channels ändern.

OPERATOR
Befehl in vielen Mailboxen, der den Sysop zum Chat auffordert.

opportunity arises (the ...)
die Gelegenheit bietet sich

optical diff
der sichtbare Unterschied, Hackerslang, siehe auch „vdiff".

or
auf Gefahr des Eigentümers, Abkürzung für „owners risk",. Wird auch im Sinne von „own risk" (= auf eigene Verantwortung) angewendet.

or
Name für das Sonderzeichen „ | ". Alternative: „or-bar" oder „bar".

orchestrate a move (to ...)
etwas gemeinsam angehen (Idiom)

ordinary run of things (in the ...)
normalerweise (Idiom)

org
Abkürzung für Organisation, Bereichsname im Internet (siehe dort) für „sonstige Organisationen".

Organization:
Schlüsselwort der Zusatzinformation in einer E-Mail. Hier steht die Organisation, der der Absender angehört.
Andere Schlüsselwörter sind: Return-Path:, Date:, From:, To:, Subject:, Content-Length:, Comments:, Reply-To:, Priority:, X-Info:, X-Mailedby:, X-List: und X-Sender.

origin
die Herkunft, der Ursprung, gemeint ist meistens eine Mailbox, aus der die Nachricht stammt, Bezeichnung für eine Art Absenderzeile unter einer Nachricht.

originator
der Urheber

OS
das Betriebssystem, allgemeine Abkürzung für „Operating System". Hiermit ist nicht zwingend das OS/2 der Fa. IBM gemeint.

OS/2
Name eines Betriebssystems der Fa. IBM.

Oscar
siehe Oboe

ostgotisch (deutsch)
Bezeichnung aus der Hackersprache für *hochgradig dilettantische* Programme. „Ostgotisch" ist die Steigerung von gotisch. Im Englischen sagt man „rude", siehe dort.

OT
Abkürzung für „off topic", *nicht zum Thema gehörend*.

other strings to one's bow
andere Eisen im Feuer haben (Idiom)

otl
Abkürzung für „out to lunch", zu deutsch: *bin beim Essen*

otoh
andererseits, Abkürzung für „on the other hand". (Akronym)

otr
nicht offiziell, Abkürzung für „off the record" (Akronym).

otth
Abkürzung für „on the third hand" (Hackerslang)

ottomh
zu aller oberst, zu aller erst, Abkürzung für „on the top of my head".

out of the box
gerade erst aus der Kiste, brandneu, Beispiel: This software release is out of the box – diese Programmversion ist brandaktuell. (Hackerslang).

out of the question (that's ...)
das kommt nicht in Betracht, das kommt überhaupt nicht in Frage (Idiom)

out-and-out
total (Idiom)

out-dated
zeitlich überholt

outage
Bezeichnung für den Ausschluss eines Teilnehmers von der Kommunikation (aus technischen Gründen). Vergleiche hierzu „netiquette".

outgoing message
abgehende Nachricht

output
die Ausgabe, normalerweise bezogen auf einen Computer. Im Hackerslang kann der Begriff aber auf alles bezogen werden, also auch Personen. Beispiel: I'm not interestet in your output – mich interessiert nicht, was du da sagst.

over
seltenere Bezeichnung für das Zeichen „ / ", den Slash.

over an above
außerdem

over my head (that's ...)
das geht über meinen Verstand (Idiom)

over the hill (to be ...)
die beste Zeit hinter sich haben (Idiom)

over the odds (to be ...)
über dem normalen Preis liegen (Idiom)

overdraft on the bank (to have an ...)
das Konto überzogen haben (Idiom)

overflow PDL
PDL ist die Abkürzung für „push down list", zu deutsch: *Liste der zu erledigenden Angelegenheiten*. Wenn man sich diese Liste nicht mehr merken kann, ist dies ein „overflow" und man muss sich Notizen machen. Diese schriftliche Liste ist der „overflow PDL".

overhear something (to ...)
etwas erlauschen (Idiom)

overrun oneself (to ...)
sich selbst übertreffen (Idiom)

overshoot the mark (to ...)
es übertreiben, über das Ziel hinausschießen (Idiom)

overstep the mark (to ...)
den Bogen überspannen, eine Grenze überschreiten (Idiom)

P

P
Vorsicht vor unbekannten Kombinationen mit dem Buchstaben „P". Korrekt ausgebrochen bedeutet P [pi:] soviel wie pinkeln. Aber auch gebräuchliche Abkürzungen wie IP (Abkürzung für „Internet Protocol") werden in der Internetgemeinde belächelt. Vergleiche hierzu auch P-mail.

p-file
Hackerslang: *Programmdateien* – im Gegensatz zu g-files (*für User lesbare Dateien*, also beispielsweise Textdateien).

P-mail
Hackerausdruck für die *„gelbe Post"*, andere Bezeichnungen sind „paper-net" und „snail mail", siehe dort. Die Bezeichnung P-mail ist eigentlich obszön, man liest Pee-mail (Pinkel-Post = gelbe Post). Siehe hierzu den Eintrag „P".

P-net
Alternative zu →paper-net, vergleiche auch P-mail.

p.o.d.
die Nachnahmezahlung, Abkürzung für „pay on delivery". Im Hackerslang auch: Piece Of Data (Anwenderdaten im Gegensatz zu Programmcode).

p/c
die Preisliste, Abkürzung für „price current".

p?
wie bitte, Abkürzung für „pardon ?", (Akronym).

Packen
andere Bezeichnung für das *Komprimieren von Daten* (Datenkompression). Um Speicherplatz zu sparen packen manche Programme die erzeugten Daten, beispielsweise entfernen sie die Leerzeichen o. ä.. Ein häufig hierbei angewandtes Verfahren ist das „run lenght encoding". Der Begriff „Packen" ist kein Slang. Siehe auch „to huff".

pad character
das Füllzeichen

pain in the net
Hackerslang für einen „flamer" (siehe dort)

paint somebody's name black (to ...)
schlecht über jemanden reden (Idiom)

paint the lily (to ...)
etwas noch weiter verbessern (Idiom)

Paket (deutsch)
Innerhalb eines Netzwerkes werden Daten in Form von Paketen weitergeleitet. Pakete verfügen über eine bestimmte Größe, eine Adresse und einen Absender, in Abhängigkeit vom verwendeten Protokoll (siehe protocol). Der Begriff „Paket" ist kein Slang.

Paketvermittlung (deutsch)
Vermittlungsverfahren, bei dem die Datenübermittlung paketweise
geschieht. Längere Informationen werden dabei in mehrere Pakete
zerlegt. Bei Paketvermittlung steht keine direkte (physische) Verbindung zwischen den beiden Anschlüssen zur Verfügung; es wird eine
virtuelle Verbindung hergestellt, über die Daten in Form von genormten und mit Adressen versehenen Paketen übertragen werden.

Palace (The ...)
Name eines Chat-Programmes, das wie ein Abenteuerspiel anmutet.
Es basiert zwar auf dem Client-Server-Modell des Internet, wurde
aber aus einem Multimedia-Autoren-System namens Idaho entwickelt. Es gibt hier die verschiedensten Palace-Welten, die optisch
ansprechend als unterschiedliche Räume gestaltet sind und zum
Chatten durchwandert werden können (3D-Chat). Hier finden Parties
und sonstige Aktionen statt, an denen man in Form eines →Avatars
teilnehmen kann.

pansy
ein Homosexueller (Slang)

papa
siehe Peter

paper over a flaw (to ...)
einen Schaden vertuschen (Idiom)

paper-net
Hackerausdruck für *die „gelbe Post"*, andere Bezeichnungen sind „P-net" und „snail mail", siehe dort. Der Begriff paper-net wird jedoch
auch schon einmal für ein extrem langsames Netzwerk angewendet.

paperwhite
papierweiß, auch die Darstellung von schwarzen Zeichen auf weißen
Grund

param
Abkürzung für *„Parameter"*, Slang.

paranthesis
die Klammerzeichen „ (", bzw. „) ", siehe auch „paren".

pardon me for butting in
Entschuldigung für meinen Einwand

pardon me for jumping in
Verzeihung, dass ich mich einmische

paren
Alternative Bezeichnung im Hackerslang für die *Klammerzeichen* „( )". Man unterscheidet in left paren und right paren. „Paren" ist die Abkürzung für „parenthesis".

parent message
die Elternnachricht, eine vorangehende Nachricht.

parenthisey
Alternative Bezeichnung im Hackerslang für das *linke Klammerzeichen* „ (", das Gegenteil ist „unparenthisey" für die rechte Klammer.

park oneself (to ...)
sich hinsetzen (Slang)

Parkinson's Law of Data
besagt, dass Daten immer den zur Verfügung stehenden Platz belegen. Die Anschaffung einer größeren Festplatte ist daher in der Regel immer frustrierend, da sie nach kurzer Zeit wieder zu klein sein wird.

parm
Abkürzung für „*Parameter*", Slang.

parry an awkward question (to ...)
einer unliebsamen Frage ausweichen (Idiom)

parse (to ...)
kapieren, verstehen, begreifen, Hackerslang.
Emoticon für „nicht verstehen"   **:-s**

participant
der Teilnehmer

party line
andere Bezeichnung für den Internet Realy Chat, siehe dort.

partypooper (to be a ...)
ein Spielverderber sein (Slang)

Pascal
Name einer prozeduralen Programmiersprache, benannt nach dem Mathematiker Blaise Pascal, 1623 bis 1662, der eine mechanische Rechenmaschiene konstruiert hat. Weiterhin ist er ein Vordenker moderner Logik gewesen und war maßgeblich an der Entstehung der Wahrscheinlichkeitsrechnung beteiligt.

pasii!
Akronym für „put a sock in it!" *Halt die Schnauze, Ruhe!* (Slang)

pass by on the other side (to ...)
ein Problem ignorieren (Idiom)

pass one's eye over (to ...)
etwas überfliegen (Idiom)

pass the buck (to ...)
den schwarzen Peter weitergeben (Idiom)

passives routing
Bezeichnung für das Transportieren von Daten innerhalb eines Netzes anhand eines Pfades, der im Header der Daten enthalten ist im Gegensatz zum „aktiven routing". Hierbei wird der kürzeste, schnellste billigste oder nächstbeste Routweges gesucht.

passphrase
Begriff für eine *Kombination von mehreren Passwörtern* zur Erhöhung der Datensicherheit.

pastie
Hackerslang für Klebeetiketten, mit denen umdefinierte Tasten kenntlich gemacht werden (selten).

patch
der Flicken, flicken. Ein Programm kann beispielsweise gepatched werden, um provisorisch einen Fehler (bug) zu entfernen.

Pathworks
Überbegriff für die Softwareprodukte der Fa. Digital zur Integration von Personalcomputern und Servern. Die Integrationsstrategie für Standard-PCs wird auch mit PCSA (Personal Computing System Architecture) bezeichnet.

patience is wearing thin (my ...)
meine Geduld ist bald am Ende (Idiom)

Paul Pry (to be a ...)
ein Herumschnüffler sein (Idiom)

pause retry
die verzögerte Wiederholung, das kurze Aussetzen nach einem Fehler und anschließendes Fortfahren

pay on the dot (to ...)
pünktlich bezahlen (Idiom)

pay on the nail (to ...)
bar bezahlen (Slang)
Siehe auch „CSH".

pay-station
der öffentliche Fernsprecher (Telefon)

payware
Hackerslang für Software, die käuflich erworben werden muss, im Gegensatz zu shareware oder freeware (siehe dort).

PC
Abkürzung für „political correctness", eine der Verhaltensregeln beim chatten (siehe dort) und anderen online-Aktivitäten.
PC ist natürlich ebenfalls die Abkürzung für Personal Computer.

pce
Akronym für „present company excepted", *Anwesende natürlich ausgeschlossen* (Idiom)

pcix
Name eines Mehrbenutzer-Betriebssystems.

PCMag
Abkürzung für „PC Magazine", Name einer US-amerikanischen Computerzeitschrift

pcs
die Stücke, Abkürzung für „pieces".

PCW
Abkürzung für „PC Week Magazine", Name einer US-amerikanischen Computerzeitschrift.

PCWeak
gemeint ist das „PC Week Magazine", spöttische Bezeichnung (weak = schwach) für die US-amerikanische Computerzeitschrift.

PCWhirl
gemeint ist das „PC World Magazine", spöttische Bezeichnung (whirl = Wirbel) für die US-amerikanische Computerzeitschrift.

PD
Abkürzung für „public domain", Software, die beliebig kopiert und weitergegeben werden darf, sie ist *„öffentliches Eigentum"*.

PDL
Liste der zu erledigenden Angelegenheiten, Abkürzung für „push down list".

pdq
verdammt schnell, Abkürzung für „pretty damn quick" (Hackerslang).

peanuts
die Kleingkeiten (Idiom)

pee
der Urin (Slang)

Pegasus Mail
Name eines freien E-Mail Programmes für Personalcomputer.

pell-mell
Hals über Kopf (Idiom)

penis envy
siehe „Pentium envy".

penny dropped (then the ...)
dann ist der Groschen gefallen (Idiom)

penny numbers (in ...)
in kleinen Dosen, in kleinen Mengen (Idiom)

penny, in for a pound (in for a ...)
wer A sagt, muss auch B sagen (Idiom)

pent
Abkürzung für „Pentium", Name einer Prozessorfamilie der Firma Intel.

Pentium
Name des Intel 80486-Nachfolgers. Logisch wäre auch der Name 80586 für diesen Prozessor gewesen, doch die Firma Intel wollte dokumentieren, dass es sich nicht lediglich um eine Weiterentwicklung des 80486 handelt. So war als weiterer Name auch P5 im Gespräch. Das „P" stand zunächst noch für Processor, dann entschied man sich für den Namen „Pentium", aus dem griechischen/neulateinischen entliehen, was soviel wie *„der Fünfte"* heißt. P5 wäre als Produktname auch unmöglich gewesen, siehe „P".

Pentium envy
der Pentium-Neid, gleichgültig wie schnell ein Rechner auch sein mag, der des Gesprächspartners oder der des Freundes ist immer schneller (behauptet dieser zumindest); gilt nicht nur für Pentium-Rechner. Die Ähnlichkeit mit dem Begriff des penis-envy (= Penis-neid) ist natürlich gewollt (Hackerslang).

peon
Bezeichnung für jemanden ohne besondere Rechte im Netz.

percent-S
Hackerslang für: *irgend jemand* (ohne besondere Funktion oder Stellung), siehe auch „J. Random".

perf
Bezeichnung im Hackerslang für die vom Endlospapier abgelösten *Perforationsstreifen*, werden auch selvage oder chad (siehe dort) genannt. „perf" ist die Abkürzung für Perforation.

perfory
Alternative Bezeichnung zu „perf", Hackerslang.

PERL
Eigentlich Abkürzung für „Practical Extraction and Report Language", der Name einer Programmiersprache. Im Hackerslang jedoch: „Pathologically Eclectric Rubbish Lister", der *nicht-schöpferische Sammler nutzloser Daten*.

perpetrate a pun (to ...)
ein Wortspiel machen (Idiom)

PersMail
Bezeichnung für eine persönliche Nachricht an einen anderen Netzbenutzer.

personal confuser
Humorvoller Hackerslang für *Personalcomputer* (der persönliche Verwirrer).

pessimal
Bezeichnung (Hackerslang) für „maximal schlecht".

pessimize
Bezeichnung für die Auswahl der *schlechtes möglichen Lösung* für ein Problem (Murphy lässt schön grüßen!), das Gegenteil von „to optimize", optimieren. (Hackerslang)

pest
Akronym für „Please excute slow typing", zu deutsch: *Entschuldige meine langsame Eingabe.*

Peter
Wort für den Buchstaben „P" im amerikanischen Buchstabieralphabet (Phonetic Alphabet). Im deutschen Buchstabicralphabet ist dies „Paula" und international sagt man „Amsterdam". Auch schon mal verwendet wird „Papa", was aus der Zivilluftfahrt kommt.

PETSCII
veraltete Bezeichnung im Hackerslang für die Sonderzeichen des Commodore PET, die zur Herstellung von einfachen Grafiken dienten.
Der Ausdruck PETSCII wird heute – wenn überhaupt – nur noch negativ vergleichend benutzt. PETSCII-Zeichen wurden übrigens auch von den Nachfolgern des PET, dem CBM und dem erfolgreichen C64/128 benutzt.

PG
Abkürzung für „Parental guidance suggested" zur Kennzeichnung von Filmen in den USA.
„Some material may not be suitable for children" heißt es im Originaltext weiter. Zu deutsch: Einige Szenen sind ungeeignet für Kinder, Erklärung und Orientierung durch Eltern ist sinnvoll.
Vergleiche hierzu auch: U, X, R und G.

Ph. D.
Doktor der Philosophie

phage
Bezeichnung im Hackerslang für ein Programm, das andere Programme oder Datenbanken in unerlaubter Weise ändert, also ein Virus.

phantom
ein Programm, das im Hintergrund arbeiten kann, also beispielsweise ein TSR-Programm (= Terminate and Stay Resident) das im Hintergrund des Hauptspeichers arbeitet, während andere, ganz normale Programme wie gewohnt ablaufen. Ein „phantom" ist etwa das gleiche wie ein „dragon".

phase of the moon
die Mondphase, im Hackerslang muss sie für vieles herhalten, besonders, wenn etwas schief gegangen ist: „it depends on the phase of the moon", es ist von der Mondphase abhängig.

phone jack
die Telefonsteckdose

phonetic output
die Sprachausgabe

Phrack
Name eines Computer-Undergroundmagazins im Internet.

Phrauen (deutsch)
Selbstbezeichnung weiblicher Web-Nutzer.

phreaker
Kunstwort aus „Phone" und dem Kunstwort „Cracker", also ein krimineller Hacker der sich des Telephonnetzes bedient.

phreaking
das was „phreaker" tun, siehe dort.

phrog
Bezeichnung im Hackerslang für *„unangenehmer Typ"*.

physical
physisch, Beispiel: physische Laufwerke sind Hardwareeinheiten, die von 0 beginnend durchnumeriert werden. Das erste Diskettenlaufwerk ist immer das physikalische Laufwerk Nr. 0, das zweite Diskettenlaufwerk das physikalische Laufwerk Nr. 1 usw. Diese Numerierung ist unabhängig von dem Laufwerksformat. Unter MS-DOS werden (theoretisch) bis zu 128 physikalische Laufwerke unterstützt. Der Anwender arbeitet jedoch nicht mit den physischen Laufwerken, sondern mit den logischen.
Logische Laufwerke sind Bezeichnungen, anhand derer MS-DOS verfolgt, wohin es Daten sendet. Logische Laufwerksbezeichnungen sind die Buchstaben A bis Z. Jedes physische Laufwerk hat ein entsprechendes logisches Laufwerk. Nicht jedes logische Laufwerk hat jedoch ein entsprechendes physisches.

physical bboard
bboard ist die Abkürzung für Bulletin Board, siehe dort. Mit „physical bboard" ist im Gegensatz zum elektronischen ein herkömmliches gemeint, eine Pinwand.

physisch nullen (deutsch)
etwas definitiv löschen, im Gegensatz zum „logisch nullen", siehe dort; etwas einfach vergessen, siehe auch „to zero". Hackerslang.

pick a squarrel (to ...)
einen Streit vom Zaun brechen (Idiom)

pick and choose (to ...)
wählerisch sein (Idiom)

pick holes in (to ...)
etwas kritisieren (Idiom)

pico
in kürzester Zeit, Hackerslang in Anlehnung an die Vorsilbe in Picosecond = 10^{-12} Sekunden. Beispiel: „I'll be back in a pico".

pico -
Im Hackerslang als Vorsilbe benutzt: *etwas sehr sehr kleines*. Vergleiche auch „mega -" und „kilo -".

pie in the sky (to be ...)
weit hergeholt sein (Idiom)

piece of advice (a ...)
ein Rat

piece of cake (it is a ...)
es ist kinderleicht (Idiom)

piece of news
die Nachricht (Idiom)

pig (to run like a ...)
Hackerslang für *ein Programm, das besonders langsam abläuft*.

pig in a poke (to buy a ...)
die Katze im Sack kaufen (Idiom)

pig-pen
Alternative Bezeichnung im Hackerslang für das Zeichen „#", siehe auch „mesh".

pigeonhole a thing (to ...)
etwas zu den Akten legen (Idiom)

piggy back
Huckepack. Hiermit ist das Aufsockeln eines Chips auf einen anderen gemeint.

pigs
die Polizei (abfällig)

pigs might fly
dies ist weit hergeholt (Idiom)

pile it on (to ...)
übertreiben (Idiom)

pile on the agony (to ...)
etwas verschlimmern (Idiom)

pile up the rocks (to ...)
viel Geld machen (Slang)

pillar to post (from ...)
von Pontius zu Pilatus (Idiom)

pillar to post (send someone from ...)
jemanden von Pontius zu Pilatus schicken (Idiom)

pilot error
der Anwenderfehler (Hackerslang)

pimp
der Zuhälter (Slang)

PIN
Abkürzung für „persönliche Identifikationsnummer", benötigt man beispielsweise beim Homebanking.

pinched for time (to be ...)
keine Zeit haben (Idiom)

PING
Abkürzung für „Packet Internet Groper", ein Programm, mit dessen Hilfe die Verfügbarkeit eines entfernten Computers getestet werden kann.

ping (to ...)
Hackerslang für *„Aufmerksamkeit erregen"*. Kommt von →PING, gemeint ist aber auch der Ton, den man von einem Echolot in einem U-Boot kennt.

Ping of Death
Ein Verfahren, mit dem Hacker Systeme zum vollständigen Zusammenbruch bringen. Der Hacker benutzt dazu illegal große →PING-Pakete, die der Zielrechner nicht mehr bearbeiten kann.

pink shirt book
Bezeichnung im Hackerslang für das Kultbuch „Peter Norton Programmers Guide to the IBM". Auf dem Buchumschlag ist ein Foto von Peter Norton und er trägt ein rosa T-shirt.

pip (to ...)
kopieren, veralteter Hackerslang

pipe
alternativer Name für das Sonderzeichen „ | ", Kurzform von pipesinta, siehe auch „bar".

pipesinta
Hackerslang, alternativer Name für das Sonderzeichen „ | ", siehe auch „bar".

piss (to ...)
Eines der im Internet nicht erlaubten „seven words", siehe dort. To piss wird mit *„pissen"* übersetzt und der Gebrauch dieses Wortes entsprechend der netiquette geahndet.

piss (to ...)
urinieren

piss off
verschwinde! (Slang)

pissed (he was ...)
er war betrunken (Slang)

pistol
Hackerslang: ein Hilfsprogramm, das schwierig zu handhaben ist, und das leicht zu irreparablen Schäden führen kann, eben wie eine Pistole.

pit stop (to make a ...)
eine Pinkelpause machen (Slang)

pit-thwong
Alternative Bezeichnung im Hackerslang für das *Semikolon*.

pita
wie der nervt!, Abkürzung für „pain in the ass", (Akronym)

pizza-box
Hackerslang für extrem flache Computergehäuse. Seltener gebraucht wird der Begriff pizza für wechselbare Massenspeicher-Kassetten. Der Einführungsschlitz des dazugehörigen Laufwerkes ist demnach logischerweise der pizza-oven.

PKUNZIP
Name eines Dekomprimierungsprogrammes.

PKZIP
Name eines Komprimierungsprogrammes. „PK" sind die Anfangsbuchstaben seines Entwicklers Phil Katz; siehe auch „to zip".

pl
Internationale Länderkennung in einer Internetadresse für *Polen*, wird auch schon mal als Abkürzung für den Ländernamen in chats benutzt.

plague somebody (to ...)
jemanden belästigen (Idiom)

plain old telephone system
das herkömmliche Telefonsystem (Hackerslang).

plain sailing (it's ...)
es ist problemlos (Idiom)

plain speaking (to do some ...)
ein offenes Wort sprechen (Idiom)

plain text
der Klartext, die Handschrift

plain-ASCII
Hackerslang für einen Text, der lediglich 7-bit ASCII-Code und nur Standard Kontrollzeichen beinhaltet. Siehe auch „flat-ASCII".

play a waiting game (to ...)
Zeit gewinnen (Idiom), auch: to play for time

play booty (to ...)
mit unsauberen Mitteln arbeiten (Idiom)

play for time (to ...)
Zeit gewinnen (Idiom)

play gooseberry (to ...)
das fünfte Rad am Wagen sein (Idiom)

play havoc with (to ...)
etwas durcheinander bringen (Idiom)

play second fiddle (to ...)
die zweite Geige spielen (Idiom)

play the field (to ...)
sich nicht an einen (Partner) binden (Idiom)

playte
Hackerslang für: *16 Bits.*

plbkac
Abkürzung für „problem lies between keyboard and chair", *das Problem ist der User.*

please help yourself
bitte, bediene Dich (Idiom)

pling
anstelle eines *Ausrufungszeichens* kann man das Wort „pling" an einen Satz anhängen, um einer Aussage mehr Nachdruck zu verleihen. Vergleiche auch „bang".

plokta
Akronym für „press lots of keys to abort", gemeint ist hiermit eine ganze Reihe von Tasten (willkürlich oder zufällig) zu drücken, in der Hoffnung, dass der Computer eine Reaktion zeigt.
In anderem Zusammenhang ist hiermit gemeint, *viele Tasten auszuprobieren* um beispielsweise eine unbekannte (oder vergessene) Tastenkombination zu erreichen. In beiden Fällen ist das Ergebnis oftmals gleich: der Absturz (abort) des Systems.

pluck up your courage (to ...)
das Herz in die Hände nehmen (Idiom)

plumb the depths (to ...)
die Wahrheit herausfinden (Idiom)

plunge in at the deep end (to ...)
ins kalte Wasser geworfen werden (Idiom)

plz
bitte, Abkürzung für „please", Beispiel: plz call me at 6 pm – bitte rufe mich um 18^{00} an, (Akronym).

pm
Abkürzung für „personal mail", also eine *persönliche Nachricht*.

pm
Abkürzung für „post meridiem", lateinisch, zur Unterscheidung der Uhrzeit üblich: 10:00 p.m. entspricht 10^{00} *abends* (also 22^{00}) und 10:00 a.m. entspricht 10^{00} vormittags, (a.m. = ante meridiem).

Pmail
Name eines freien E-Mail Programmes für Personalcomputer.

pmetc
Abkürzung für „pardon me, etc", zu deutsch: *Entschuldigung usw.*

pmfbi
Entschuldigung für meinen Einwand, Abkürzung für „pardon me for butting in" (Akronym).

pmfji
Abkürzung für „pardon me for jumping in", *Entschuldige mein Hineinspringen.*

pmigbom
Abkürzung für „put mind in gear, before opening mouth", zu deutsch: *vor öffnen des Mundes Gehirn einschalten.*

pmji
Entschuldigung, dass ich mich einmische, Abkürzung für „pardon me for jumping in" (Akronym).

point
Bezeichnung für einen User, der eine Art Minimalmailbox installiert hat. Er pollt bei seinem BossNode die Nachrichten in einem kompakten Paket und kann sie dann bequem offline bearbeiten.
Point ist aber auch der Name eines Programmes zum Offline-Bearbeiten von Nachrichten (Zerberus).

point (to the ...)
treffend

point at issue (the ...)
der strittige Punkt (Idiom)

point of fact (in ...)
in Wahrheit (Idiom)

point of presence
der Einwahlknoten eines Providers (siehe dort).

point-blank (I told him ...)
ich sagte ihm klipp und klar (Idiom)

poke fun at (to ...)
lächerlich machen (Idiom)

poke one's nose in .. (to ...)
seine Nase in etwas hineinstecken, sich einmischen (Idiom)

pole to pole (from ...)
auf der ganzen Welt (Idiom)

policy
Bezeichnung für die Zusammenstellung internationaler Regeln für das Verhalten im FidoNet und anderswo.
In der Regel gelten zwei Grundsätze:
1) Thou shalt not excessively annoy others – ärgere andere nicht zu sehr.
2) Thou shalt not be too easily annoyed – lass dich nicht zu leicht ärgern.
Desweiteren wird aktive Werbung überhaupt nicht gerne gesehen und in einer internationalen (in der Regel also englischsprachigen) Runde, sollte beispielsweise nicht in Deutsch geschrieben werden.
Siehe auch „netiquette".

polish off the job (to ...)
der Arbeit den letzten Schliff geben (Idiom)

political correctness
eine der Verhaltensregeln beim chatten (siehe dort) und anderen
online-Aktivitäten. Siehe auch „policy" und „netiquette".

poll (to ...)
Slang für: *fragen, abfragen*.

pollen
Bezeichnung für: ein Nachrichtenpaket empfangen und das eigene
Paket abliefern.

pom
die Mondphase, Akronym für „phase of the moon". Programme die
unzuverlässig arbeiten sind „pom", sie arbeiten sozusagen mondabhängig (gilt auch für Hardware und Anwender). Beispiel: it depends
on the pom – es ist von der Mondphase abhängig.

poofter
ein Homosexueller (Slang)

poor delivery (he has a ...)
er kann keine gute Rede halten (Idiom)

POP
Abkürzung für „Point of Presence", *der Einwahlknoten* eines Providers (siehe dort).

pop (to ...)
Bezeichnung für *„auf den Punkt bringen"* (Hackerslang), kann aber
auch soviel wie abschießen, streichen (von einer Liste) bedeuten.

Popeye
beliebtes Pseudonym, hierfür gibt es sogar ein eigenes Emoticon: :-\

post (to ...)
eine Nachricht (posting) versenden

post mortem dump
Bezeichnung für einen Speicherauszug (siehe auch dump) nach dem
Absturz eines Rechnersystems zur Fehlersuche.

Auf Personalcomputern ist dies nicht möglich. Der Begriff „post mortem dump" ist kein Hackerslang, sondern kommt aus der Technik.

Posthoheit (deutsch)
Die nationalen Post- oder Telegrafieträger besitzen in den jeweiligen Ländern ein Monopol für die Nachrichtenübermittlung. Aus diesem Monopol leitet sich die Verpflichtung, die dazu erforderlichen Einrichtungen dem Bedarf entsprechend einzurichten und zu unterhalten. Hierzu gehören Vermittlungseinrichtungen, Sendeanlagen und im besonderen die Netze.

Postmaster
Name für den Verwalter einer Mailbox (FidoNet), der für Probleme beim Nachrichtenaustausch zuständig ist.

pots
Abkürzung für „plain old telephone system", *das herkömmliche Telefonsystem* (Hackerslang).

pots of money (to have ...)
Säcke voll Geld haben, reich sein (Idiom)

pottering about (he is ...)
er tut dies und das (Idiom)

Poulsen, Kevin
Name eines der bekanntesten →Cracker.

pound
seltene Bezeichnung für das Zeichen „#", siehe auch „mesh".

pound on (to ...)
Hackerslang für das *Austesten* von Hardware oder Software. Siehe auch „bang on".

pov
der Standpunkt, der Gesichtspunkt, die Ansichtssache. (Akronym) Abkürzung für „point of view". Beispiel: In my pov ... – aus meiner Sicht.

power cycle
Hackerslang für das Ausschalten eines Computers und das sofortige Wiedereinschalten, beispielsweise zum Neustart des Systems nach einem Absturz. Auch „120 reset" oder nur „cycle", siehe dort.

power glitch
Ausdruck für einen *Stromausfall*. Glitch (siehe dort) heißt eigentlich glitschen, gleiten und bezeichnet einen „Ausrutscher".

ppl
Abkürzung für „people", zu deutsch: *Leute*

present company excepted
Anwesende natürlich ausgeschlossen (Idiom)

present day (down to the ...)
bis zum heutigen Tage (Idiom), *bis heute*

preset
vorwählen, voreinstellen (siehe auch „default").

press the point (to ...)
auf etwas bestehen (Idiom)

pressed for time (to be ...)
in Zeitnot sein (Idiom)

PRESTEL
Akronym für „press telephon button", zu deutsch: *die Telefontaste drücken*. Veraltete Norm im Anfangsstadium von BTX, das durch T-Online abgelöst wurde.

pretty good privacy
Name eines Kryptographie-Systems das eingesetzt werden kann um Nachrichten zu verschlüsseln, bzw. um Nachrichten zu signieren. Klartextnachrichten werden mit einem Schlüssel versehen, anhand dessen man die Authentizität des Absenders feststellen kann.

pretty kettle of fish (that's a ...)
das ist eine schöne Bescherung (Idiom)

pretty penny (it cost a ...)
es kostet eine Menge Geld (Idiom)

prick
der Penis (Slang, Dirty Word) Emoticon hierzu: **3===>**

prime time
die bevorzugte Zeit, gemeint ist sind die Abendstunden, da hier die Telefongebühren beim chatten niedriger sind.

printing discussion
Hackerslang: Bezeichnung für eine, sich dahinschleppende uninteressante Diskussion über Nebensächlichkeiten.

Priority:
Schlüsselwort der Zusatzinformation in einer E-Mail. Hier steht die Priorität einer Nachricht, beispielsweise „normal".
Andere Schlüsselwörter sind: Return-Path:, Date:, From:, To:, Subject:, Content-Length:, Comments:, Organization:, Reply-To:, X-Info:, X-Mailedby:, X-List: und X-Sender.

private (in ...)
unter vier Augen

Procomm
Name eines weit verbreiteten Terminalprogrammes.

Prodigy
US-amerikanischer Online-Dienst von Prodigy Services Corp. (White Plains, New York), einem Joint Venture von IBM und Sears, Roebuck & Co.; Zielgruppe sind Familien und Heimanwender; das Angebot umfasst Nachrichten, Unterhaltung, Teleshopping, Telebanking. Prodigy offeriert den vollen Zugang zum Internet, einschließlich WWW (World Wide Web).

programming fluid
Hackerslang für koffeinhaltige Getränke für Cola oder Kaffee. Emoticon hierzu:
(_)]   eine Tasse Café.

Promis
Name einer Software zur Verknüpfung unterschiedlichster Datenquellen wie Banken, Ärzte, Justiz usw. Hiermit lassen sich Datenprofile von Personen erstellen. „Promis" kam ins Gerede, da nach undokumentierten Quellen der US-amerikanische Geheimdienst NSA (National Security Agency) angeblich hierin eine Funktion eingebaut hat, die es ihm ermöglichen soll, Zugriff auf alle Daten eines Rechners zu haben, auf dem Promis installiert ist, gleichgültig ob dieser Rechner vernetzt ist oder nicht. Es soll angeblich möglich sein, solche Daten über die Abstrahlung eines Mikroprozessorsystem sogar über Satelliten zu empfangen.

prompt
Das Prompt ist das *Aufforderungszeichen* des Betriebssystems. In der Regel ist das Prompt beispielsweise unter MS-DOS voreingestellt als ein Laufwerksbuchstabe (aktuelles Laufwerk), ein Pfad (z.B. die Root-Directory) und das Zeichen ">" oder "_". Erscheint das Prompt auf dem Bildschirm, zeigt dies dem Anwender, dass er sich auf der DOS-Ebene befindet (also nicht in einem Anwenderprogramm) und von hieraus entweder DOS-Befehle oder Programme aufrufen kann. Das Betriebssystem wartet nun auf eine Eingabe des Anwenders, daher heißt das Prompt auch „Eingabeaufforderung".
Das Prompt unter MS-DOS sieht so aus: **C:\>_**
Es handelt sich hierbei ausnahmsweise nicht um ein Emoticon!
Siehe auch „coding line".

propeller head
Synonym für „computer geek", siehe dort (Hackerslang)

protocol
das Protokoll. Es handelt sich hierbei um einen Satz von Regeln und Vereinbarungen, die den Informationsfluss in einem Kommunikationssystem steuern.
Eine Datenübertragung findet in der EDV ständig statt, nicht nur zwischen zwei Computern, sondern beispielsweise zum Drucker, zur oder von der Festplatte bzw. Diskette usw. Bei einem Protokoll handelt es sich in erster Linie um eine Übereinkunft, in welcher Form und zeitlicher Abfolge Daten gesendet und empfangen werden. Zudem wird festgelegt, wann und wie lange Daten bzw. Steuerbefehle gesendet werden und nicht zuletzt, welche Datenleitungen für welchen Zweck verwendet werden. Protokolle sind dabei auch in der Lage, Übertragungsfehler zu erkennen.

protocol (to do ...)
Ausdruck (Hackerslang) um eine Aktion mit jemanden einzuleiten, bzw. etwas genau nach Protokoll (förmlich) durchführen, also korrekt.

provided that
vorausgesetzt, dass ...

provider
Anbieter von Kommunikationsdiensten wie beispielsweise einem Internetzugang o.ä.
Bekannteste Provider sind in Deutschland AOL, MSN, CompuServe und T-Online.

prox.
nächsten Monat, Abkürzung für „proximo", lateinisch aber im englischen Sprachgebrauch durchaus üblich.

proxy server
Der stetig anwachsende Datentransfer im Internet verlangsamt die Verbindungen. So genannte Proxy-Server sollen diesem Zustand Abhilfe verschaffen. In vielen Unternehmen sind die Rechner der Mitarbeiter inzwischen mit →Web-Browsern ausgestattet. Tag für Tag oder auch mehrmals am Tag werden immer die gleichen Daten aus dem Internet aufgerufen, z.B. Börsendaten. Bei solchen Standardaufrufen und entsprechend hohem Datenaufkommen erlahmt das Internet mehr und mehr. Proxy-Server treten an, um das Internet schneller zu machen und solche Standardaufrufe zu optimieren. Die Proxy-Software wird auf einem zentralen Rechner im Netzwerk installiert und dient als Schaltstelle zwischen den vernetzten Computern und dem Internet.

PS
Normalerweise Abkürzung für „post scriptum", der Nachtrag (lateinisch). Vorsicht: PS könnte auch schon mal die Abkürzung sein für „picolo stronzo", itialienisch für „kleines Arschloch". Abgleitet von der gleichnamigen Comic-Figur von Walter Moers.

pseudo
siehe Pseudonym

Pseudonym
Benutzernamen können beliebige Namen sein, die nichts mit dem richtigen Namen des Benutzers zu tun haben. Das Gegenteil hiervon ist der „Realname", siehe dort.

ptmy
Abkürzung für „please to meet you", *freut mich, angenehm!* (Akronym)

PTT
Abkürzung für „Post, Telegraph and Telephones", allgemeine Bezeichnung für Post- oder Telegrafieträger. Diese besitzen in den jeweiligen Ländern ein Monopol für die Nachrichtenübermittlung. In Deutschland ist dies zur Zeit noch die Deutsche Telekom.

pube directory
Auch: public directory, das *öffentliche Verzeichnis* einer Site, das den →FTP-Zugriff erlaubt (Hackerslang).

public domain
der öffentliche Bereich, die jedermann zugängliche Software

publication
die Veröffentlichung, die Bekanntmachung

publicity
die Öffentlichkeit

puff (to ...)
Hackerslang für *das Dekomprimieren* von Dateien (Huffman Kodierung), Gegenteil: „to huff", siehe dort.

puke (to ...)
erbrechen (Slang)

pull a fast one (to ...)
jemanden übers Ohr hauen, ein falschen Spiel spielen (Idiom)

pull one's punches (to ...)
sich zurückhalten (Idiom)

pull one's weight (to ...)
seinen Teil dazu beitragen (Idiom)

pull someone's leg (to ...)
jemanden auf den Arm nehmen (Idiom)

pump one's brain (to ...)
sich den Kopf zerbrechen (Idiom)

punched card
die Lochkarte, dieser Begriff wird manchmal für etwas gebraucht, was ebenso veraltet ist wie die Lochkarte selbst.

punt (to ...)
Begriff der ursprünglich aus der Reihe der Rugby-Spieler kommt: to punt heißt *„streichen, aufgeben"*. Ein Vorhaben kann beispielsweise gestrichen werden.

push down list
die *Liste der zu erledigenden Angelegenheiten*. Wenn man sich diese Liste nicht mehr merken kann, ist dies ein „overflow" und man muss sich Notizen machen. Diese schriftliche Liste ist der „overflow PDL", siehe dort.

push on open door (to ...)
eine offene Türe einrennen (Idiom)

push-services
Normalerweise werden Informationen im Internet von einem Server angefordert und dann zum Client-Rechner übertragen. Bei den Push-Diensten sorgt der Server eigenständig dafür, dass die Informationen auf den Rechner des Benutzers gelangen. Über ein festgelegtes Benutzerprofil sind natürlich zuvor für den Benutzer interessante Themen ausgewählt worden.

pushed for time (to be ...)
keine Zeit finden (Idiom)

put a false construction on the matter
etwas falsch auslegen (Idiom)

put a match to it (to ...)
etwas anzünden (Idiom)

put a questionmark against (to ...)
etwas bezweifeln (Idiom)

put a sock in it!
Halt die Schnauze, Ruhe! (Slang)

put it mildly (to ...)
gelinde gesagt (Idiom)

put on an act (to ...)
etwas vortäuschen (Idiom)

put on the map (to ...)
bekannt machen (Idiom)

put one's foot down (to ...)
energisch auftreten (Idiom)

put one's house in order (to ...)
vor der eigenen Tür kehren (Idiom)

put one's neck on the block (to ...)
den Hals in die Schlinge legen (Idiom)

put one's oar in (to ...)
seinen Senf dazu geben (Idiom)

put some meat on the bones (to ...)
die Sache zu ende bringen, etwas vollenden (Idiom)

put someone in the picture (to ...)
jemanden informieren (Idiom)

put someone through the mill (to ...)
jemanden durch die Mühle drehen (Idiom)

put-up job (it's a ...)
es ist ein abgekartetes Spiel (Idiom)

puzzled (to be ...)
perplex sein (Idiom)

Q

qd!
beruhige dich, Abkürzung für „quiet down" (Akronym).

QNet
Name eines →IRC-Netzes, vorwiegend mit Kanälen für alternativen Lebensstil und für die schwule/lesbische Gemeinde. Derzeit 10 Server in den USA, Australien, Schweden und Finnland.
Adresse: www.irc.q.net

Qo'noS
Begriff der Startreck-Gemeinde, der Heimatplanet der Klingonen.

qotd
das Zitat des Tages, Abkürzung für „Quotation of the Day"– meist ironisch gemeint.

quad
Hackerslang für zwei bits, siehe auch „tayste".

quadruple bucky
Hackerslang für die Benutzung einer *Tastenkombination mit vier Tasten* (gibt es auf MS-DOS Rechnern nicht). Der Begriff ist abgeleitet von „bucky bits" einer Bezeichnung für die Reserven, die als letzte Rettung mobilisiert werden können. Ursprünglich waren „bucky bits" diejenigen Bits, die die durch Tastenkombinationen erzeugten Zeichen repräsentieren. Mit Shift-, Control-, Alt-, und AltGr-Taste kann man ebenfalls auf eine große „Reserve" an Zeichen zugreifen. Siehe auch „bucky bits".

qualifier
die Kennzeichnung

qualms about (to have no ...)
keinen Zweifel haben (Slang)

Quebec
siehe Queen

Queen
Wort für den Buchstaben „Q" im amerikanischen Buchstabieralphabet (Phonetic Alphabet). Im deutschen Buchstabieralphabet ist dies „Quelle" und international sagt man „Quebec".

Queen's Englisch (to murder the ...)
einen Dialekt sprechen (Idiom)

Queen's Englisch (to write the ...)
ein perfektes Englisch schreiben (Idiom)

Queen Ann is dead!
das sind doch alte Kamellen (Slang)

queer
homosexuell (Slang)

queer (to be)
eigentlich: sonderbar, seltsam, aber auch *schwul*.

queer as a coot
total verrückt (Idiom)

Queer-Street (to be in ...)
Probleme haben (Idiom)

query language
Oberbegriff für *Abfragesprachen*, die in Datenbanksystemen zum Einsatz kommen (z.B. SQL).

ques
die Frage, Kurzform für „question", ques kann auch als fragendes „was?" eingesetzt werden (Akronym). Mit ques wird auch das Fragezeichen selbst bezeichnet.

ques ques
Siehe „ques", typisches Beispiel für die Unterstreichung eines Anliegens durch Wortwiederholungen. Dies kann auch mehr als nur zweimal sein.

questionable taste (in ...)
geschmacklos, fragwürdiger Geschmack (Idiom)

questionaire
der Fragebogen

questionmark
das Fragezeichen, siehe auch „ques".

questionmark against (to put a ...)
etwas bezweifeln (Idiom)

Quetschen (deutsch)
Hackerslang für das *Komprimieren einer Datei*. Siehe auch „to huff".

queue
die Warteschlange, Daten oder Befehle stehen in einer Warteschlange, wenn sie in geordneter Reihenfolge zur Verarbeitung bereit gehalten werden. Der Ausdruck wird auch auf Personen angewendet.

quick on the trigger (to be ...)
schnell eine Antwort parat haben (Idiom)

quick-and-dirty
schnell und schmutzig, Hackerslang für etwas, was unter Zeitdruck und daher nicht besonders sauber (ordentlich) erstellt wurde.

quiet down
beruhige dich

Quittung (deutsch)
Mit Quittung (engl. Acknowledge, siehe auch ACK) bezeichnet man die Bestätigung eines Empfängers bei der Datenübertragung. Das Quittungssignal ist Bestandteil eines Protokolls.

quiz-shows (rigging the ...)
schwindeln (Idiom)

quote (to ...)
Bezeichnung für *das Zitieren von Textpassagen* aus anderen Mitteilungen (Mails).

quoten
das Zitieren einer Nachricht, siehe auch „to quote".

quux
eine metasyntaktische Variable wie „foo" oder „foobar", Hackerslang. Siehe auch meta-character. Wird manchmal auch „quuux" oder „quuuux" geschrieben.

QWERTY
Trotz weitreichender Standardisierung gibt es doch hin und wieder unüberwindliche, länderspezifische Eigenschaften, die zu beachten sind. Die Umlaute Ä, Ö, Ü und der Buchstabe ß finden sich beispielsweise nicht im Englischen (und vielen anderen Sprachen). Besonders deutlich kann dies bei der Tastatur werden, wenn man vergeblich z.B. diese Umlaute sucht. In einem solchen Fall handelt es sich in der Regel um eine Tastatur nach der US-Norm (ASCII). „QWERTY" sind die ersten sechs Buchstabentasten (daher der Name). Bei US-Tastaturen liegt im Gegensatz zur deutschen Tastatur rechts neben dem T der Buchstabe Y, bei uns ist dies der Buchstabe Z. Daher werden deutschsprachige Tastaturen oft mit QWERTZ bezeichnet.

QWERTZ
siehe QWERTY

qy
Anfrage, Abkürzung für „query". Beispiel: tnx 4u qy – danke für deine Anfrage.

R

R
Abkürzung für „Restricted" zur Kennzeichnung von Filmen in den USA.
„Under 17 requires accomanying parent or adult guardian" heißt es im Originaltext weiter. Zu deutsch: Für Jugendliche unter 17 Jahren nur in Begleitung von Erziehungsberechtiger.
Vergleiche hierzu auch: U, X, G und PG.

rabbit-ears
die Hasenohren, im Hackerslang eine alternative Bezeichnung für „Anführungszeichen". Im Deutschen kennt man die „Gänsefüßchen".

rack one's brain (to ...)
sich den Kopf zerbrechen (Idiom)

raebnc
Abkürzung für „read and enjoyed, but no comment", zu deutsch: *gelesen, Spaß gehabt aber ich sage nichts dazu*.

rag
die Damenbinde (Slang, Dirty Word)

rain dance
der Regentanz, im Hackerslang ist damit die Reparatur von Hardware gemeint.

raise a dust (to ...)
Ärger verursachen (Idiom)

raise hell (to ...)
Krach schlagen (Idiom)

raise one's eyebrow (to ...)
das Gesicht verziehen, die Augenbrauen heben (Idiom)

raise the roof (to ...)
sich ärgern (Idiom)

raka (deutsch)
Abkürzung für *„Rationalisierung auf Kosten anderer"*, Akronym im deutschen Hackerslang.

RAM footprint
Hackerslang für den miminalen Speicherbedarf, den ein Betriebssystem benötigt.

random
zufällig, beliebig. Im Hackerslang gibt es allerdings viele weitere Bedeutungen, die nur im Textzusammenhang genau auszumachen sind. Random kann bedeuten: wahlfrei, wild, ungeordnet, schlecht organisiert, unberechenbar, uninteressant, ziellos, unproduktiv usw. Siehe auch „J.Random".

randy
sexuell erregt (Dirty Word)

rape (to ...)
Bezeichnung für *ein Programm unwiederbringlich zerstören*.
Andere Bedeutung: *ein Hardwarebauteil zerlegen*, Hackerslang.

raster burn
Hackerslang für die *Augenschmerzen*, die entstehen, wenn man stundenlang auf einen möglicherweise schlechten Monitor gestarrt hat.
Hiermit sind aber auch die Einbrennspuren des Elektronenstrahls auf der Bildröhre gemeint, die vor allen Dingen bei textorientierten Systemen im Laufe der Zeit auftreten können.

rat bag
die hässliche, alte Frau (Slang)

rat belt
Der *„Ratten-Gürtel"*, Hackerslang für die Kabelbinder aus Kunststoff, die durch ihre sägezahnartigen Einkerbungen beim Anlegen selbstständig arretieren. Ein Lösen ist oftmals nur durch ein Zerschneiden dieser Bänder möglich. Kleinere Kabelbinder heißen auch „mouse belt".

ratio
das Verhältnis. Gemeint ist hier das Verhältnis zwischen Upload und Download (siehe dort). Eine Ratio von 1:4 bedeutet beispielsweise, dass man nach einem Upload von 100 Kilobyte maximal 400 Kilobyte downloaden kann.

räuspern (deutsch)
Wenn ein Programm „sich räuspert", meint man damit, dass es umständlich ein Problem zu lösen versucht, es „schwirrt" erst herum, bevor man merkt, was eigentlich passieren soll. Das englische Pendant heißt „buzz", (Hackerslang), siehe dort.

rave (to ...)
jemanden beleidigen, nerven, beispielsweise mit einem uninteressanten Thema in einer E-Mail. Hiermit ist im Hackerslang aber auch gemeint: über etwas sehr bestimmt sprechen, ohne davon eine Ahnung zu haben.
Vergleiche auch „flame".

rave on!
Sarkastische Aufforderung, weiter zu reden. Zugleich wird hiermit ausgedrückt, dass der „raver" als ein solcher erkannt wurde.

rcvd
empfangen, Abkürzung für „received" (Akronym).

RDY
Abkürzung für „Ready", eine Kontrollstatuskennung bei der Datenübertragung für gültig empfangene Daten.

re-edit (to ...)
neu herausgeben

re:
bezüglich ..., Abkürzung für „in regards to...". Beispiel: re: your pm from last week... – bezüglich deiner personal mail von letzter Woche....

reach deadlock (to ...)
am toten Punkt angekommen sein (Idiom)

read me file
(techspeak) *„Lies mich Datei"*, Datei mit neuesten Informationen zu einem Produkt.

read-only user
Bezeichnung für einen Computernutzer oder Chat-Teilnehmer, der nur E-Mails und Bulletin Boards (siehe dort) liest und nichts dazu beisteuert.

ready tongue (to have a ...)
eine spitze Zunge haben (Idiom)
Emoticon hierzu: **:-P**   (heißt aber eigentlich: die Zunge herausstrecken)

real terms (in ...)
effektiv (Idiom)

real user
Bezeichnung für einen „normalen" User, einen Normalo im Gegensatz zu einem Digitalo (siehe dort). Ein real-user ist auch ein kommerzieller Anwender (Hackerslang).

real world
Bezeichnung für alles außerhalb des cyberspace (siehe dort) bzw. der Ebene des Internet.

reality check
Hackerslang für den „Idiotentest" für Software. Es ist die einfachste Art von Test, die man sich vorstellen kann. Beispiel: das Lösen der Rechenaufgabe 2 + 2 = ?

realize (to ...)
verwirklichen, sich vorstellen, zu Geld machen

realname
Bezeichnung für den *richtigen Namen* eines Users, also Vorname und Nachname, im Gegensatz zu einem Pseudonym.

rec
Abkürzung für „recreational", Kurzbezeichnung einer Diskussionsgruppe zu den Themen Musik, Kunst und allgemein zu Hobbys.

receipt
die Empfangsbestätigung

record
der Datensatz, einzelne Daten werden in der Regel zu einem Record zusammengefasst, damit sie leichter zu handhaben sind, beispielsweise bei der Datenaufzeichnung oder der Organisation innerhalb einer Datenbank.

red herring (it's a ...)
auf dem Holzweg sein (Idiom)

red ink (to be in ...)
hoch verschuldet sein (Idiom)

red tape
Bürokratie (Slang), *übertriebene Förmlichkeiten* (Idiom)

red-handed (to be caught ...)
auf frischer Tat ertappt werden (Idiom)

red-letter day
der besondere Tag (Idiom)

Redundanz (deutsch)
die zur Darstellung einer Nachricht zur Verfügung stehenden, aber nicht benötigten Zeichen bezeichnet man als die Redundanz (*Weitschweifigkeit*) dieser Nachricht. Das Maß der Redundanz hat große Bedeutung für die Sicherheit eines Codes gegen Verfälschungen.

regexp
Abkürzung für „regular expression", Slang.

region
Bezeichnung für die geographische Zusammenfassung aller nodes (FidoNet).

RegPol
Abkürzung für „region policy", regionale Policy, siehe „policy".

rehi
hallo, bin wieder da, Zusammengesetztes Akronym aus „re" und „hi".
Wird auch als Antwort auf die Begrüßung mit „hi" benutzt.

reinvent the wheel
die Wiedererfindung des Rades (Idiom); eine sinnlose, überflüssige
Arbeit.

Reisschachtel (deutsch)
veralteter Hackerslang für einen taiwanesischen Computernachbau.

release
die Freigabe, die Programmfreigabe; wird immer mit einer Versions-
nummer oder einem Datum angegeben. Release bedeutet für den
Endverbraucher nichts anderes als „Version". Die Freigabe einer
neuen Programmversion geschieht natürlich erst nach einer mehr
oder weniger intensiven Testphase. Bis zu dieser Freigabe spricht
man von Beta-Versionen (siehe dort), die normalerweise allerdings
nur an einen kleinen Kreis von Software-Testern geliefert wird.

religious issues
Hackerslang für Fragen, die einen „Glaubenskrieg" auslösen können,
beispielsweise welches wohl das beste Betriebssystem sei, oder was
von der Marktpolitik der Firma Microsoft zu halten ist.

remote
entfernt, gemeint sind auch Aktionen zwischen weit auseinanderlie-
genden Systemen oder Systemteilen.

remote control
die Fernbedienung

remote station
die Außenstelle

reply
die persönliche Antwort an den Verfasser einer E-Mail.

reply (to ...)
antworten, erwidern

Reply-To:
Schlüsselwort der Zusatzinformation in einer E-Mail. Hier steht die genaue Adresse für Antworten auf diese Nachricht, wenn die Antwortadresse von der Absenderadresse abweicht.
Andere Schlüsselwörter sind: Return-Path:, Date:, From:, To:, Subject:, Content-Length:, Comments:, Organization:, Priority:, X-Info:, X-Mailedby:, X-List: und X-Sender.

request for confirmation
die Bestätigungsanfrage

requesten
Bezeichnung für das (ferngesteuerte) Anfordern eines Binärfiles aus einer anderen Mailbox (siehe dort), das Bestellen von Dateien

requester
ein Fenster oder ein Feld am Bildschirm, das eine Frage an den Benutzer richtet.

reset
das Zurücksetzen (auch als Verb benutzt); *der Neustart* eines Computersystem ist beispielsweise ein Reset.

residence time
die Verweildauer

respectfully (yours ...)
hochachtungsvoll

response time
die Antwortzeit, gemeint ist die Zeit, die zwischen Eingabe und der hieraus resultierenden Ausgabe (Antwort) liegt.

restart
der Wiederanlauf (eines Systems), beispielsweise nach dem Auftreten eines Fehlers.

retransmission
die wiederholte Übertragung (nach einem Fehler)

return from the dead
von den Toten auferstanden, Hackerslang für das Wiedereinloggen nach langer Netz-Abstinenz.

return of post (by ...)
postwendend, umgehend

return-path
Bezeichnung für den Weg, den man benutzen muss, um einem Autor einer öffentlichen Nachricht persönlich zu antworten (SubNet).

Return-Path:
Schlüsselwort der Zusatzinformation in einer E-Mail. Falls die Nachricht nicht zugestellt werden kann, wird sie an diese Adresse zurückgeschickt..
Andere Schlüsselwörter sind: Date:, From:, To:, Subject:, Content-Length:, Comments:, Organization:, Reply-To:, Priority:, X-Info:, X-Mailedby:, X-List: und X-Sender.

reverse virgule
seltene Bezeichnung für das Zeichen „\", den *Backslash* (siehe dort).

RFC
Abkürzung für „Request For Comments", zu deutsch etwa: mit der Bitte um Stellungnahme.
Mit RFC wird aber auch die Zusammenfassung aller Regeln im Netz bezeichnet, an die sich Software halten sollte, die sich mit Nachrichten befasst.

RFD
Abkürzung für „Request For Discussion", zu deutsch: *mit der Bitte um Diskussion*. Im Usenet ist dies beispielsweise eine Zeitspanne von zwei bis drei Wochen, in der die Einzelheiten einer neuen Newsgroup (siehe dort) ausgehandelt werden können.

RFP
Abkürzung für „Request For Proposals", zu deutsch: *Anfrage für Ideen oder Vorschläge.*

RFQ
Abkürzung für „Request For Quotes", zu deutsch: *Anfrage nach Zuordnung*.

rhip
Abkürzung für „Rank has its privileges", zu deutsch: *Dienstgrade haben ihre Vorteile*.

rhyme or reason (to be without ...)
weder Hand noch Fuß haben (Idiom)

rice box
die Reisschachtel, veralteter Hackerslang für einen taiwanesischen Computernachbau.

Richard Cheshire
Pseudoname eines US-amerikanischen Hackers. Dieser Name wird auch gerne von anderen Hackern benutzt, so dass man nie genau wissen kann, wer nun wirklich dahinter steckt.
Der Name kommt wahrscheinlich von der sagenumwobenen Katze „Cheshire" aus „Alice im Wunderland", die immer ganz plötzlich auftaucht und genauso plötzlich wieder verschwindet.
Alternativer Pseudoname ist „Cheshire Catalyst", siehe dort.

ride out the storm (to ...)
durchhalten (Idiom)

rifa
wiederversuchen – übergehen – versagen – abbrechen ?, Abkürzung für „retry, ignore, fail, abort ?", Akronym.
Kürzer könnte man sagen „was denn nun ?" oder „wie soll es weitergehen?".
In Anlehnung an die MS-DOS-Fehlermeldung, die erscheint, wenn ein Laufwerk nicht bereit ist. hier sieht sie so aus:
Wiederholen (W) Abbrechen (A) Übergehen (U) ?

rigging the quiz-shows
schwindeln (Slang)

right adjusted
rechtsbündig

right away
auf der Stelle, sofort

right note (to strike the ...)
die richtigen Worte benutzen (Idiom)

right turn up for the books (its a ...)
das ist ein Ding! (Idiom)

ring a bill (to ...)
eine Erinnerung wecken (Idiom)

RIP
Abkürzung für „Remote Imaging Protocol", ein Grafikformat. Bisher ist der Gebrauch von VGA-Grafiken in Mailboxsystemen eher selten zu finden. Das Problem liegt in der großen Menge von Daten, die bei den hochauflösenden Grafiken über die Telefonleitung zu schicken sind. Besitzern langsamer Modems waren die Wartezeiten nicht zuzumuten, ganz zu schweigen von den dabei entstehenden Kosten. RIP soll hier Abhilfe schaffen. Es handelt sich dabei um eine sehr flexible, textbasierte Script-Sprache, die im Wesentlichen das gleiche Prinzip nutzt, wie das bekannte ANSI oder AVATAR. Zur Datenübertragung des jeweiligen RIP-Kommandos benutzt man 7-bit-ASCII-Zeichen, weshalb RIP nicht nur auf dem Personalcomputer funktioniert, sondern rechnerunabhängig ist. Damit RIP die Bilder ansehnlich auf den Bildschirm bringen kann, arbeitet es anhand von zehn Befehlskategorien. Diese beinhalten je nachdem entweder simple Grafikbefehle wie Linien und Kreise zeichnen oder aber mächtige Kommandos, die beispielsweise in der Lage sind, ganze Bilder, sogenannte Icons, einzuladen. Auch die Maussteuerung sowie die Generierung von Dialogboxen und Buttons sind ausführlich in der Scriptsprache implementiert. Um z.B. ein RIP-Logo seiner Stamm-Mailbox anzeigen zu lassen, muss das entsprechende Terminalprogramm nur ein einziges Mal das Bild downladen und zeigt es dann bei jedem neuen Login (lokal) an.

rip
ruhe in Frieden, schlafe weiter, Abkürzung für „rest in peace" Akronym. Eigentlich als Grabsteininschrift (in der real world) üblich. Emoticon für „User schläft" |-I

rip off
der Schwindel

rip-off (it's a ...)
das ist Wucher (Idiom)

RIPE
Abkürzung für „Reseaux IP Européene". Das europäische TCP/IP Netz, das von EUNet betreut wird.

rise out of someone (to take the ...)
jemanden auf den Arm nehmen (Idiom)

RJ45
Bezeichnung einer international genormten Anschlusstechnik, auch Western-Stecker genannt. Diese wird genutzt, um beispielsweise ein Modem an das Telefonnetz anzuschließen. RJ ist die Abkürzung für Registered Jack. „Registered" bedeutet, dass die Kabelanordnung standardisiert ist.

rl
Abkürzung für „real life", Hackerslang: *im richtigen Leben*.

ro
Internationale Länderkennung in einer Internetadresse für *Rumänien*, wird auch schon mal als Abkürzung für den Ländernamen in chats benutzt.

roach (to ...)
das Zerstören von Daten (Hackerslang)

roar with laughter (to ...)
schreien vor Lachen (Idiom)
Emoticon hierzu: **:-D**   (kann aber auch Auslachen bedeuten)

robot
Bezeichnung für Programme, die statt eines IRC-User erscheinen. Sie erledigen selbstständig Aufgaben, beispielsweise gibt es robots, die verhindern, dass →nicknames doppelt belegt werden. Andere robots versenden automatisch Nachrichten, was oftmals als störend

empfunden wird. Solche nennt man annoybots (siehe annoying behavior) oder nervbots.
Robots auch „spider" genannt sind Web-Programme, die regelmäßig das WWW nach vorgegebenen Suchkriterien (beispielsweise bestimmte →URL oder Schlüsselwörter in HTML-Dokumenten) durchforsten.

rock bottom price (the ...)
der niedrigste Preis (Idiom)

rock the boat (to ...)
Unruhe stiften (Idiom)

rocks off
sich ausziehen

rococo
Hackerslang beispielsweise für Software, die „verschnörkelt" und „verziert" ist. Vergleiche auch „bells and wistles".

rofl
auf dem Boden wälzen vor Lachen, Abkürzung für „rolling on the floor laughing",. Beispiel: tnx for the explanation rofl – danke für die Erklärung, ich musste mich vor Lachen krümmen.

roflgo
Abkürzung für „rolling on the floor laughing guts out", zu deutsch:
rolle gerade auf dem Boden und lache mir die Eingeweide raus

roflmao
Abkürzung für „rolling on the floor laughing my ass off", zu deutsch:
rolle gerade auf dem Boden und lache mir den Arsch ab,

Roger
Wort für den Buchstaben „R" im amerikanischen Buchstabieralphabet (Phonetic Alphabet). Im deutschen Buchstabieralphabet ist dies „Richard" und international sagt man „Roma". Auch schon mal verwendet wird „Romeo", was aus der Zivilluftfahrt kommt.

rogue
Name eines Simulationsspieles (MUD), welches für viele Rechner verfügbar ist.

Roland for an Oliver (to give a ...)
eine passende Antwort geben (Idiom)

roll call
Namensaufruf (Idiom)

rollover
Bezeichnung für das gleichzeitige Drücken von zwei oder mehr Tasten einer Tastatur.

Romeo
siehe Roger

room to swing the cat (not enough ...)
es ist sehr eng (Idiom)

root
die Wurzel, gemeint ist beispielsweise die „erste Verzeichnisebene".

root mode
Hackerslang für den privilegierten Status einer Person oder eines Systemteils. Auch wizard mode (siehe wizard).

ropes (to know the ...)
die Spielregeln kennen (Idiom)

rose
die Rose, alternative Bezeichnung im Hackerslang für das Zeichen „@", siehe auch „commercial at".

ROT13
Bezeichnung für eine Kodiermethode, bei der alle Buchstaben (und nur diese) um 13 Zeichen rotiert kodiert werden. Diese Kodierung bietet natürlich keinerlei Sicherheit vor einem evtl. unbefugten Zugriff auf eine Nachricht – das ist auch nicht der eigentliche Sinn von ROT13. Es soll vielmehr eine Nachricht nicht unmittelbar lesbar sein,

wer sie dennoch entschlüsselt und liest, ist für die (evtl. kränkenden) Folgen selbst verantwortlich.

A	→	N
B	→	O
C	→	P
D	→	Q
E	→	R
F	→	S
G	→	T
H	→	U
I	→	V
J	→	W
K	→	X
L	→	Y
M	→	Z
N	→	A
O	→	B
P	→	C
Q	→	D
R	→	E
S	→	F
T	→	G
U	→	H
V	→	I
W	→	J
X	→	K
Y	→	L
Z	→	M

Rote Stunde (deutsch)
Begriff der Startreck-Gemeinde für die *Zeit zwischen 18^{00} und 6^{00}* auf dem Planeten Beta III, in der sich die Untertanen des Computers Landru gewalttätig und sexuell austoben.

rotfl
auf dem Boden wälzen vor Lachen, Abkürzung für „rolling on the floor laughing" (Akronym). Beispiel: tnx for the explanation rofl – danke für die Erklärung, ich musste mich vor Lachen krümmen. Emoticon hierzu:
  :-D   (kann aber auch Auslachen bedeuten)
„rotfl" kann als hohe Anerkennung für den Humor des Anderen ein-

gesetzt werden, aber eben auch verächtlich.
Die deutsche Fassung von „rofl" ist „GAdBw", was soviel heißt wie „Gröhl! Auf dem Boden, wälz!", siehe dort.

rough copy (the ...)
der Rohentwurf

Round - Robin
Name einer einfach zu verwaltenden Warteschlange

round the twist (to be ...)
bescheuert sein (Slang)

routing
Bezeichnung für das Transportieren von Daten innerhalb eines Netzes anhand eines Pfades, der im Header (siehe dort) der Daten enthalten ist (passives routing) oder durch Bestimmen des kürzesten, schnellsten billigsten oder nächstbesten Routweges (aktives routing).

RP
Abkürzung für „Relay Party". Gab es schon zu →BITNET-Zeiten, als einfach ein paar Leute aufeinander neugierig waren. Relay Parties finden etwa zwei mal pro Jahr jeweils in einer anderen deutschen Großstadt statt. Nicht zu verwechseln mit den so genannten Channel-Parties. Diese finden in der Regel in einem kleineren Rahmen statt.

rparen
Alternative Bezeichnung im Hackerslang für das *rechte Klammerzeichen* „ (", Abkürzung für „right paranthesis".

rqwf
Abkürzung für „right question, wrong forum", zu deutsch: *richtige Frage, falsches Forum*.

rsn
wirklich bald! (Akronym), Abkürzung für „really soon now", Beispiel: backup your files rsn – sichere möglichst bald deine Dateien.

rsn but don't hold your breath
so bald wird es schon nicht sein, es lohnt sich also nicht den Atem anzuhalten. Siehe auch „rsn".

rtbm
lies im Handbuch nach, eine höflichere Form von rtfm (Akronym), siehe dort. Abkürzung für „Read The Bloody Manual", ist als Vorstufe zu rtfm zu sehen.

rtfaq
schau dir gefälligst die FAQ an, in Anlehnung an das Akronym rtfm. Siehe FAQ.

rtfm
sieh im (verdammten) Handbuch nach, Abkürzung für „read the fucking manual" (Akronym).
rtfm ist eine der weniger feinen Akronyme, begegnet einem aber gerade in Support-Konferenzen für technische Fragen o.ä. sehr oft. Wenn jemand eine Frage stellt, deren Antwort in der dem Programm oder dem Gerät beiliegenden Dokumentation zu finden ist, ist die Reaktion schnell ein unwirsches „rtfm".

rtm
lies im Handbuch nach, die höflichere Form von rtfm (Akronym).

rubber
Gummi, Kondom (Slang)

rude
roh, bedeutet auch *nicht elegant, dilettantisch*. Schlechte Programme sind „rude". Deutsche Hacker sagen „gotisch" und wenn es noch schlimmer kommt „ostgotisch", siehe dort.

rule the roost (to ...)
das Sagen haben (Idiom), *der Chef sein*
Emoticon hierzu: **C=:-)**

rule-of-thumb
die Faustregel

rules
die Regeln. Hiermit ist die „Hausordnung" einer Mailbox gemeint. Aber nicht nur in einer Mailbox gibt es Rules, Verhaltensregeln gelten auch beim Chatten und anderswo im Internet. Jeder soll seine Meinung äußern dürfen, aber eben auch die anderen Teilnehmer und deren Meinung achten.
In der Regel gelten zwei Grundsätze:
1) Thou shalt not excessively annoy others – ärgere andere nicht zu sehr.
2) Thou shalt not be too easily annoyed – lass dich nicht zu leicht ärgern.
Desweiteren wird aktive Werbung überhaupt nicht gerne gesehen und in einer internationalen (in der Regel also englischsprachigen) Runde, sollte beispielsweise nicht in Deutsch geschrieben werden.

Rumpelstilzchen (deutsch)
Hackerslang für ein Programm, das im Hintergrund des Hauptspeichers arbeiten kann, also beispielsweise ein TSR-Programm (= Terminate and Stay Resident), während andere, ganz normale Programme wie gewohnt ablaufen. Diese speicherresidenten Programme braucht man nur einmal aufzurufen, sie verbleiben dann im Hauptspeicher. Neben diesen nützlichen Helfern gibt es natürlich auch andere, beispielsweise Virenprogramme.

rumpf
Abkürzung für „aRe yoU Male or Female?", *männlich oder weiblich?*

run an eye over something (to ...)
eine Auge darüber werfen, etwas überfliegen (Idiom)

run into debt (to ...)
Schulden machen (Idiom)

run like clockwork (to ...)
wie ein Uhrwerk laufen (Idiom)

run of the mill
herkömmlich

run somebody down (to ...)
jemandem Schlechtes nachsagen, jemanden runtermachen (Idiom)

run someone to earth (to ...)
jemanden ausfindig machen (Idiom)

runes
die Runen, Hackerslang für ASCII-Grafikzeichen. Siehe auch „ASCII-art", bzw. „boxology".

rush headlong (to ...)
sich kopfüber in etwas hineinstürzen (Idiom)

rusty iron
Hackerslang für *ältere Hardware* und auch für neuere Supercomputer, in jedem Fall aber für große, raumfüllende Maschinen.

ruthere
sind sie da? zu lesen als „are you there", Akronym.

rwl
schreien vor Lachen, Akronym für „roar with laughter". Emoticon hierzu: **:-D** (kann aber auch Auslachen bedeuten)

rys
Abkürzung für „read your screen", zu deutsch: *lies deinen Bildschirm*

S

sacred
geweiht; hiermit ist gemeint, dass etwas nur für eine bestimmte Sache reserviert ist. Ein anderer Gebrauch ist sündhaft.
Beispiel: This newsgroup is sacred for Pascal programmers – diese schwarze Brett ist für Pascal-Programmierer reserviert.

sad mac
Name eines Icons auf Macintosh-Rechnern, das einen „traurigen Macintosh" und entsprechende Fehlermeldungen anzeigt.

safe as houses (as ...)
ein sicherer Ort (Idiom)

sagan
Hackerslang für *eine besonders große Menge* von irgend etwas.

sail along the coast (to ...)
den sicheren Weg wählen (Idiom)

salescritter
Hackerslang für den *Computerverkäufer*, andere geläufige Bezeichnungen sind: salesdroid oder salesthing, siehe auch dort.

salsman (to ...)
Eine Newsgruppe (siehe dort) mit unnützen Meldungen und Nachrichten beschicken, Hackerslang. Der Begriff ist vom Namen eines Hackers abgeleitet, der eben hierdurch bekannt wurde.

salt substrate
Hackerslang für das „*Knabberzeug*", das man während des Hackens (vornehmlich Salzstangen, Brezel oder gesalzene Nüsse) zu sich nimmt.

same-day service
Hackerslang für *die langen Antwortzeiten* des Betriebssystems MS-DOS.

Sammy Cobol
Metaname im Hackerslang, eine Person, die es nicht gibt, die aber hervorragend geeignet ist, für evtl. Fehler verantwortlich gemacht zu werden. Cobol (siehe dort) ist im übrigen eine von Hackern ungeliebte Programmiersprache. Vergleiche auch J.Random.

sandbender
Hackerslang für jemanden, der Microchips entwirft.

Sanx. How R U ?
Thanks. How are you ?, zu deutsch: *danke und wie geht es Dir?*

Saturday night special
Hackerslang für ein schlecht gemachtes, ein *dilettantisches Programm*. Wahrscheinlich wurde es „nach Ladenschluss" programmiert.

Der deutsche Ausdruck „Montagsmodell" trifft hier nicht ganz zu. Der Begriff „Saturday night special" ist eigentlich ein Slangwort amerikanischer Cops für „ein billiges Schießeisen".

saugen (deutsch)
Hackerslang für das Downloaden (siehe dort) von Dateien. Daten werden dabei aus dem Netz gesaugt.

say (to ...)
sagen, im übertragenen Sinne also auch etwas *eintippen* (dem Computer sagen). Auch der Computer kann etwas „sagen", beispielsweise eine Meldung auf dem Bildschirm, Slang.

say the least of it (to ...)
gelinde gesagt (Idiom)

scanno
Hackerslang für einen Fehler in einem Dokument, verursacht durch einen Scanner. In Anlehnung an den Begriff →typo.

scared shitless
große Angst haben (Dirty Word)

schizo (deutsch)
Hackerslang: ein Computer ist „schizo", wenn er beispielsweise auf keine Eingaben mehr reagiert, wenn er abgestürzt ist.
Siehe hierzu auch catatonia (engl.). Katatonie ist die Bezeichnung für eine Krankheit: sprachlose Schizophrenie.

Schroedinbug
Hackerslang für einen Programmfehler, der im Betrieb nicht auffällt, bis jemand den Programmcode untersucht oder ein Anwender das Programm auf eine unverhältnismäßig ungewöhnliche Art und Weise bedient. Benannt nach dem Physiker Schroedinger. Vergleiche auch Heisenbug, Mandelbug und →bug.

Schwelbrand (deutsch)
Hackerslang für *langweilige Diskussion*, das Gegenteil eines Dauerbrandes. Siehe auch „flame session".

sci
Abkürzung für „science", Kurzbezeichnung einer Diskussionsgruppe zu Themen aus Wissenschaft und Forschung.

scnr
Abkürzung für „sorry, could not resist", zu deutsch: *Entschuldigung, aber ich konnte einfach nichtwiderstehen ...*

scnrdt
Abkürzung für „sorry, could not resist doing that", zu deutsch: *Entschuldigung, aber ich konnte einfach nichtwiderstehen das zu tun.*

scoolware
die Schulungssoftware

scores of peoples
Dutzende von Leuten (Idiom)

scram switch
der Netzschalter; Hackerslang, da der Begriff eigentlich aus der Atomtechnologie stammt. Alternative: „big red switch", siehe dort.

scratch (to ...)
zerstören, löschen (von Daten)

scratched team (a ...)
eine zusammengewürfelte Gesellschaft (Idiom)

scratchmark
seltene Bezeichnung für das Zeichen „#", siehe auch „mesh".

scratchpad
der Notizblock

scratchpad memory
der Zwischenspeicher

scream (to ...)
Wenn man einer Aussage besonderen Nachdruck verleihen will, schreibt man sie in Großbuchstaben. Auch kann man hiermit Laut-

stärke (Schreien) zum Ausdruck bringen. Sich in Chats gegenseitig anbrüllen ist jedoch nicht gewünscht UND VERSTÖSST GEGEN DIE NETIQUETTE.

screen dump
Ausgabe des Bildschirminhaltes auf einen Drucker (hardcopy).

screen shot
das „Einfangen" des Bildschirminhaltes, manchmal auch „*Einfrieren*" genannt. Der Bildschirminhalt wird zur späteren Auswertung oder zur Weiterbeabreitung in einer Datei zwischengespeichert. Siehe auch „screen dump".

screen-name
(Hackspeak) andere Bezeichnung für Pseudonym (siehe dort).

screw
ein Softwarefehler (Slang)

screw (to ...)
mit jemandem den Sexualakt vollziehen (Slang)

scribble (to ...)
Hackerslang für das zufällige, wahllose Verändern von Daten.

Script-Sprache (deutsch)
Bezeichnung für die *Steuersprache* eines Terminalprogramms. Diese ist in Form und Umfang abhängig vom eingesetzten Terminalprogramm.

scrog (to ...)
Hackerslang für das *Zerstören* von zufällig ausgewählten Daten, Alternativ: to scrok.

scrok (to ...)
Hackerslang für das *Zerstören* zufällig ausgewählter Daten, alternative Schreibweise: to scrog

scroll (to ...)
blättern am Bildschirm, Abkürzung für „screen roll". Man unterscheidet zwischen „scroll up" und „scroll down".

scrolling
Bezeichnung (Hackspeak) für die Eingabe unzusammenhängender Zeichenfolgen, grafischer Zeichen oder beispielsweise das ununterbrochene Drücken der Enter-Taste. Dadurch ist es anderen Teilnehmern an einem Chat unmöglich, eine fortlaufende Konversation zu führen.

scrool
veraltet, Bedeutung wie „scroll", siehe dort.

ScumOS
Hackerslang für das Betriebssystem SunOS.

scumsucker
ein verabscheuungswürdiger Mensch (Dirty Word).

scuzzy
Hackerslang für SCSI (Small Computer System Interface), ein Interface-Bus mit hoher Übertragungsrate und eigener Intelligenz. Siehe auch „sissy" oder „sexy".

se
Internationale Länderkennung in einer Internetadresse für *Schweden*, wird auch schon mal als Abkürzung für den Ländernamen in chats benutzt.

sealed book (a ...)
ein Buch mit sieben Siegeln (Idiom)

sec
eine Sekunde, Kurzform für „second". Gemeint ist: eine Sekunde Geduld bitte.

second thoughts (on ...)
oder lieber doch nicht (Idiom)

second thoughts (to have ...)
es sich anders überlegen (Idiom)

second-rate
zweitklassig

self-taught person (to be a ...)
ein Autodidakt sein (Idiom)

selvage
Bezeichnung im Hackerslang für die vom Endlospapier abgelösten *Perforationsstreifen*, diese werden auch chad oder perf (siehe dort) genannt.

semi
Abkürzung für „semicolon", das Zeichen *Semikolon*.

semi-
als Vorsilbe gebraucht: *halb...* (oftmals Slang)

semi-smiley
Der zwinkernde Smiley, siehe Emoticons. Auch: winkey-face oder half-smiley. Und so sieht er aus: ;-)

separator
das Trennzeichen

session
Definition aus dem Hacker-Lexikon: „eine Zusammenkunft von Hackern zu dem Zweck, einen Dauer-Hack von nicht unter zwölf Stunden Dauer zu veranstalten..."
Allen Hacker-Sessions ist gemeinsam: die Dauer, die Intensität und die roten Augen am nächsten Morgen". Siehe auch „night mode".

set a naught (to ...)
nicht beachten (Idiom)

settles the matter (that ...)
damit ist die Sache erledigt (Idiom)

seven words
Gemeint sind im Internet *nicht erlaubte Wörter*. Natürlich gibt es mehr davon, aber die folgenden sieben Stück werden von einigen Programmen konsequent herausgefiltert:
cocksucker, cunt, fuck, motherfucker, piss, shit, tits.

sew something up (to ...)
mit etwas fertig sein (Idiom)

sex
im Hackerslang ist sex die Abkürzung für „Software Exchange", *der Austausch von Programmen*.

sex changer
Hackerslang für ein *Kabel mit zwei gleichartigen Steckern* bzw. Buchsen an beiden Enden. Andere Bezeichnungen hierfür sind: gender mender, gender blender und homosexual adapter (siehe dort).

sexadecimal digit
die Hexadezimalzahl, die Sedezimalzahl, siehe auch „hex".

sexy
Hackerslang für SCSI (Small Computer System Interface), ein Interface-Bus mit hoher Übertragungsrate und eigener Intelligenz. Siehe auch „sissy" oder „scuzzy".

sfmji
Abkürzung für „Sorry for my jumping in", *Entschuldige die Einmische*.

sfx
eine komprimierte Datei, die sich selbst wieder dekomprimiert, Abkürzung für „self extracting file".

shadow something forth (to ...)
etwas nur andeuten (Idiom)

shaggy-dog story
der Witz ohne Pointe (Idiom)

share and share alike (to ...)
halbe-halbe (Idiom)

Shareware
Bezeichnung für Software, die zwar frei kopierbar ist, aber nach einem angemessenen Testzeitraum ist an den Autor eine sogenannte Registriergebühr zu entrichten.

sharp
Alternative Bezeichnung im Hackerslang für das Zeichen „#", siehe auch „mesh".

sheesh
Blödsinn, Quatsch

shelfware
Hackerslang für Programme, die man für sich selbst schreibt, obwohl man sie nicht braucht. In der Regel sind diese eigentlich überhaupt nicht brauchbar.

shift key
die Umschalttaste, beispielsweise zum Erreichen der Großbuchstaben auf der Tastatur.

shift left (right)
Hackerslang für: *beweg dich weg!* Oftmals auch in der Form „shift left (right) logical".

shilly-shally
Zeit vergeuden (Idiom)

shipshape and Bristol fashion
in bestem Zustand (Idiom)

shit
Scheiße, eines der im Internet nicht erlaubten „seven words", siehe dort.

shithouse
die Toilette (Slang)

shitogram
Hackerslang für eine wirklich üble E-Mail. Siehe hierzu auch „flame", bzw. „shit".

shoot off (to ...)
sein Maul aufreißen (Slang)

shoot the bull (to ...)
etwas übertreiben (Idiom)

shop (to talk ...)
fachsimpeln (Idiom)

short circuit
der Kurzschluss

short of cash (to be ...)
knapp bei Kasse sein (Idiom)

short work of .. (to make ...)
etwas schnell erledigen (Idiom)

short-lived
von kurzer Dauer, kurzlebig (Idiom)

shorthand
die Kurzschrift

shot across the bows
der Schuß vor den Bug, die Warnung (Idiom)

shot in the arm
die Geldspritze (Idiom)

shot in the dark
die bloße Vermutung (Idiom)

shotgun debugging
Hackerslang für das Austauschen zufällig ausgewählter Softwaremodule in der Hoffnung damit eine Fehlfunktion des Systems beseitigen zu können. Bei Hardware spricht man von „easter egging", (siehe dort).

shove off!
hau ab (Idiom)

shovelware
Hackerslang für Software, die beispielsweise auf einer CD zu finden ist und nur die eine Aufgabe hat, den Platz zu belegen, der sonst frei geblieben wäre.

show off (to ...)
angeben (Idiom)

show one's design (to ...)
seine Absichten offenlegen (Idiom)

show one's true colours (to ...)
sein wahres Gesicht zeigen (Idiom)

shriek
anstelle eines *Ausrufungszeichens* kann man das Wort „shriek" an einen Satz anhängen, um einer Aussage mehr Nachdruck zu verleihen. Siehe auch „bang".

shrinking violet
die schüchterne Person (Idiom)

shrug off a proposal (to ...)
einen Vorschlag ablehnen (Idiom)

shub-Internet
Hackerslang für *das Internet* (siehe dort) in Anlehnung an den Namen eines MUD-Spiels.

shut up!
halt den Mund!, halt's Maul (Slang)

sick as a parrot
speiübel (Idiom)

sick at heart (to be ...)
traurig sein (Idiom), Emoticons hierzu:
- **:-(** traurig
- **:-((** sehr traurig
- **:-C** sehr unglücklich
- **:-((((** todunglücklich

sics
Abkürzung für „sitting in chair snickering", zu deutsch: *kichernd auf dem Stuhl sitzend.*

side with somebody (to ...)
sich mit jemandem verbünden (Idiom)

Sie (deutsch)
Wegen der Deutschsprachigkeit der „de.*-Hierarchie" stellt sich die Frage, ob man andere Chat-Teilnehmer „duzen" oder „siezen" sollte. Es gilt normalerweise: Wer selbst siezt, will gesiezt werden – wer duzt, will selbst geduzt werden. Die meisten Teilnehmer der „de.*-Hierarchie" duzen sich jedoch, unabhängig von ihrer gesellschaftlichen Stellung. Und viele, die siezen, tun dies nur anfangs, weil sie noch nicht wussten, dass die meisten ein „Du" bevorzugen. Wird man gesiezt, sollte man nicht gleich mit dem „Du" beginnen, sondern vorher anfragen, wie man es in Zukunft halten will.

Sierra
siehe Sugar

SIG
Abkürzung für „Special Interest Group", Bezeichnung für abgeschlossene Bereiche beispielsweise in Mailboxen, die nur bestimmten Benutzern zugänglich sind. Siehe auch „conference".

sig
Kurzform für „signature", siehe dort.

Sigmund Droid
siehe *droid*.

sign
das Vorzeichen, also + oder – .

signatory
der Unterzeichner, unterzeichnend

signature
Bezeichnung am Ende einer E-Mail für einige Zeilen Text, Name, Adresse, Beruf usw. sowie meistens ein Spruch des Autors oder auch eine ASCII-Grafik (vergleiche ASCII-art). Die Konventionen setzen als Grenze vier Zeilen fest. Man spricht auch von der digitalen Unterschrift.

significant other
gemeint ist *die „bessere Hälfte"*, also der Lebens- oder Ehepartner.

silicon
Bedeutet im Slang soviel wie: *Hardware* (im Gegensatz zur Software) oder *Mikrocomputer* (im Gegensatz zu „iron").

sincerely (yours ...)
hochachtungsvoll

single blow (at a ...)
auf einmal (Idiom)

single handed
selbständig, ohne Hilfe

sinix
Name eines Mehrbenutzer-Betriebssystems.

sink or swim
friß oder stirb (Idiom)

siso
wer Mist eingibt (in den Computer), erhält auch Müll zurück, Abkürzung für „Shit in, shit out", (Akronym).

sissy
Hackerslang für SCSI (Small Computer System Interface), ein Interface-Bus mit hoher Übertragungsrate und eigener Intelligenz. Siehe auch „sexy" oder „scuzzy".

sit on somebody (to ...)
jemandem Vorwürfe machen (Idiom)

sit on the fence (to ...)
zwischen den Stühlen sitzen (Idiom)

sitd
immer noch im Dunkeln, immer noch nicht klar, (Akronym). Abkürzung für „still in the dark". Beispiel: tnx for your explanation, but it's sitd – danke für deine Erläuterung, aber es ist mir immer noch nicht klar.

site
Name einer Mailbox im SubNet.

site admin
der Site-Administrator, siehe auch „admin".

sitename
Als Bestandteil beispielsweise einer Internet-Adresse der eindeutige Name eines Computersystems.

sitting in clover
auf der Sonnenseite sein (Idiom)

situation normal, all fouled up
entspricht etwa der Redewendung: *Operation gelungen – Patient tot* (Idiom).

six feet under (to be ...)
tot sein (Idiom),
Emoticon hierzu **8-#**

sixes and sevens (to be at ...)
unorganisiert sein (Idiom)

skinflint (to be a ...)
kleinlich sein (Idiom)

skirting the issue (don't keep ...)
rede nicht um den heißen Brei herum (Idiom)

sl!
bis dann, auf Wiedersehen, Akronym für „so long".

slacker
der Herumhänger (Slang)

slak
seltene Bezeichnung für das Zeichen „ / ", den Slash (siehe auch dort).

slash
das Zeichen „ / ", wird beispielsweise in Internetadressen benötigt zur Bereichstrennung.

slate off (he has a ...)
er ist bescheuert (Idiom)

sleazy
unappetitlich (Slang)

sleep like a dog (to ...)
schlafen wie ein Murmeltier (Idiom)
Emoticon hierzu: I-I

sleep on a matter (to ...)
eine Nacht über etwas schlafen (Idiom)

slip a cog (to ...)
einen großen Fehler begehen (Slang)

slip is showing (his ...)
mit einer unbedachten Bemerkung hat er seine Schwächen verraten (Idiom)

slip of the pen
der Schreibfehler (Idiom)

slope off (to ...)
sich davonschleichen (Idiom)

slopsucker
Hackerslang für ein Programm, dessen Priorität auf unterster Stufe anzusiedeln ist.

slosh
seltene Bezeichnung für das Zeichen „ \ ", der *Backslash* (siehe dort). Vergleiche auch „slash".

slow on the uptake (to be ...)
eine lange Leitung haben (Slang)

slurp (to ...)
Hackerslang für der Vorgang, bei dem ein Computer erst Unmengen von Daten einliest, bevor er zu arbeiten beginnt.

smack calf-skin (to ...)
heuchlerisch sein (Slang)

smackers
Geld (Dollars)

small grin
lächeln, belächeln, grinsen, im Gegensatz zum „big grin", siehe dort. Es kann sowohl die Aussage eines anderen Teilnehmers belächelt, werden, als auch die eigene. Im letzten Fall kann man einen Kommentar als humorvoll, oder ironisch kennzeichnen.

small hours (in the ...)
in den frühen Morgenstunden (Idiom)

smart ass
jemand der immer alles besser weiß.

smash and grab raid
die Blitzaktion (Idiom)

smash to bit (to ...)
kurz und klein schlagen (Idiom)

smileys
lächelnde Gesichter. Diese sind aber keinesfalls immer freundlich, sondern können zum Ausruck verschiedenster Emotionen eingesetzt werden. Das besondere hieran ist, dass sie nur aus ASCII-Zeichen zusammengesetzt sind und daher in fließenden Text eingefügt werden können. Man spricht auch von emoticons (emotional icons, siehe dort). Neben den „lächelnden Gesichtern" gibt es natürlich auch andere:

:-(	traurig
:-((	sehr traurig
:-((((	todunglücklich usw.

smop
Abkürzung für „small matter of programming". Ein smop-Programm ist sein Geld nicht wert, es ist nicht einmal wert programmiert worden zu sein (Hackerslang).

SMTP
Abkürzung für „simple mail transfer protocol", ein *Übertragungsprotokoll*, speziell für den Austausch von Mails. Auf dem Internet ist SMTP das Standardprotokoll für diesen Zweck. Es legt beispielsweise fest, wie zwei Mailsysteme interagieren und wie die Steuermeldungen zu diesem Zweck aussehen müssen.

smurf
der Schlumpf, ein wirklich goldiger Kerl.

snafu
Abkürzung für „situation normal, all fouled up", entspricht etwa der Redewendung: *Operation gelungen – Patient tot.*

snail
die Schnecke, alternative Bezeichnung im Hackerslang für das Zeichen „@ ", das „commercial at", siehe dort.

snail (to ...)
etwas mit der (gelben) Post schicken, im Gegensatz zum Versenden einer E-Mail, Hackerslang.

SnailMail
die Schneckenpost, gemeint ist die Briefpost (gelbe Post), die im Gegensatz zu einer E-Mail natürlich „schneckenlahm" ist. Siehe auch „to snail".

snappy come-back
die bissige Erwiderung (Idiom)

snarf
schnappen, etwas schnell wegnehmen. Das kann beispielsweise auch bedeuten, dass man so schnell snarfed, dass der Besitzer es nicht bemerkt.

snark
Hackerslang für einen *Systemfehler*

sneaker
die Turnschuhe, der Turnschuhträger, gemeint sind Schleicher; übrigens auch solche, die sich in Datennetze einschleichen.

sneakernet
Hackerslang für das Übertragen von Daten auf elektronischen Datenträgern (Band, Diskette, CD o.ä.) von einem System zum anderen mit herkömmlichen Mitteln, also beispielsweise das persönliche Überbringen einer Diskette (Sneaker sind *Turnschuhe*) oder das Versenden per Post, siehe auch „Snailmail".

snert (to ...)
anmachen (Slang)

sniff (to ...)
Synonym für „to poll", siehe dort; Hackerslang.

Sniffer
Bezeichnung für ein Programm, das heimlich Datagramme abfängt, die über ein Netzwerk versendet werden. Ursprünglich zu Diagnose-

zwecken entwickelt, kann es auch dazu benutzt werden, Benutzernamen und Passwörter auszuspähen.

snivitz
Hackerslang für einen *Hard- oder Softwarefehler* unbekannten Ursprungs.

snooper
der Schnüffler, jemand der fremde Nachrichten liest (Hackerslang).

Snoopy
beliebtes Pseudonym

snooze
langweilige Nachrichten, Wortspiel mit „news", to snooze heißt eigentlich schlafen.

so
Abkürzung für „significant other", gemeint ist *die „bessere Hälfte",* also der Lebens- oder Ehepartner.

so bang goes something
und dann war es aus (Idiom)

so long 4 2day
Zu lesen als: So long for today, zu deutsch: *bis denn für heute.*

sobber as a judge (as ...)
nüchtern wie ein Richter (Idiom)

sober somebody (to ...)
jemanden auf den Boden der Tatsachen herunterholen (Idiom)

soc
Abkürzung für „social", Kurzbezeichnung einer Diskussionsgruppe zu den Themen Politik und Soziales.

Soc.
die Gesellschaft, der Verein, Abkürzung für „Society".

social engineering
Sozialarbeit. Hiermit ist im Hackerslang gemeint, sich ganz subtil in die Denkweise und das soziale Umfeld eines Users zu versetzen, um herauszubekommen, wie dieser wohl seine Passwörter wählen könnte. Beispielsweise könnte der Tierfreund den Namen seines Hundes verwenden. Mit „social engineering" ist aber auch gemeint, durch geschicktes Taktieren und Befragen, Fakten zu sammeln, die Rückschlüsse beispielsweise auf das Passwort (siehe dort) zulassen.

soft error
ein Fehler, der mal auftaucht und ein andermal wieder nicht. Der soft error ist nicht zu verwechseln mit einem Softwarefehler. Soft errors treten beispielsweise durch schlechte Verbindungsleitungen bei der Datenübertragung auf.

soft-soap someone (to ...)
jemandem Honig ums Maul schmieren (Idiom)

softcopy
Kopie von Daten auf einem Datenträger, im Gegensatz zur Hardcopy (siehe dort) auf Papier, Hackerslang.

software decay
die „Programmfäule", wenn ein Programm aus irgendwelchen Gründen nicht mehr läuft, obwohl es zuvor einwandfrei arbeitete und keine Änderung vorgenommen wurde, sagt man, dass es am verfaulen ist (Hackerslang).

software rot
die „Programm-Verrottung", wenn ein Programm aus irgendwelchen Gründen nicht mehr läuft, obwohl es zuvor einwandfrei arbeitete und keine Änderung vorgenommen wurde, sagt man, dass es am verfaulen ist (Hackerslang). Alternativer Begriff: „software decay".

softwarily
Kunstwort, bedeutet soviel wie: *die Software betreffend* (Computerlingo).

solid ground (to be on ...)
recht haben, rechtschaffen sein (Idiom)

solid hour (a ...)
eine geschlagene Stunde, die volle Stunde

solidus
Alternative Bezeichnung im Hackerslang für das Zeichen „ / ".

Solomon (to be no ...)
kein Dummkopf sein (Idiom), Emoticons hierzu:
<:I   Dummkopf
:-]   noch ein Dummkopf

someone's good books (to be in ...)
bei jemandem gut angeschrieben sein (Idiom)

song and dance about it (make a ...)
viel Aufhebens über etwas machen (Idiom)

sort somebody out (to ...)
jemanden zurechtweisen (Idiom)

sos
Abkürzung für „subtract one and do no skip", zu deutsch: *eins abziehen und nichts dabei auslassen* (überspringen), Hackerslang.

sos
Akronym für „sink or swim", *friß oder stirb* (Idiom)

sound a matter (to ...)
einer Sache auf den Grund gehen (Idiom)

sound a sour note (to ...)
etwas unangenehmes sagen (Idiom)

sound fishy (to ...)
spanisch klingen (Idiom). Alternative Redewendung: „it is all Greek to me", es kommt mir spanisch vor.

soup to nuts (from ...)
von A bis Z (Idiom)

sour note (to sound a ...)
etwas unangenehmes sagen (Idiom)

source
die Quelle, Daten- und Nachrichtenübertragungen erfolgen immer von einer Quelle zu einem Ziel.

sow
Abkürzung für „speaking of which?", zu deutsch: *wir sprechen über was?*

soy!
schäme dich, Abkürzung für „shame on you" (Akronym).

Sozialarbeit (deutsch)
Hiermit ist im Hackerslang gemeint, sich ganz subtil in die Denkweise und das soziale Umfeld eines Users zu versetzen, um herauszubekommen, wie dieser wohl seine Passwörter wählen könnte. Beispielsweise könnte der Tierfreund den Namen seines Hundes verwenden. Mit Sozialarbeit ist aber auch gemeint, durch geschicktes Taktieren und Befragen, Fakten zu sammeln, die Rückschlüsse beispielsweise auf das Passwort zulassen. Siehe auch „social engineering".

SP
Abkürzung für „Space", *das Leerzeichen*, siehe auch „blank".

sp?
zu lesen als: „spelling correct ?", was soviel bedeutet wie: *stimmt diese Schreibweise, ist das richtig buchstabiert?*
Oftmals auch in der Schreibweise **<sp?>**

space bar
die große *Leerzeichentaste* auf der Tastatur.

Space Cadet Keyboard
Begriff aus der Hackerwelt für übermäßig komplizierte Tastaturen, beispielsweise mit vielen Spezial-, Kombinations- und Funktionstasten. Siehe auch bucky bits.

space suppression
die Leerstellenunterdrückung. Zur Einsparung von Speicherplatz, beispielsweise bei Datenkompression, ist es oftmals sinnvoll vorhandene Leerstellen (z.B. in Tabellen) auszublenden.
Bei der DFÜ dient die Leerstellenunterdrückung einer Beschleunigung der Datenübertragung. Siehe auch Datenkompression.

spaghetti code
Hackerslang für eine unübersichtliche, *unstrukturierte Programmierung*.

spam
Eine uninteressante Nachricht, Werbepost. „Spam" war der Name einer geschmacklosen, rosafarbenen und wässrigen Büchsenfleischsorte die in den 30er Jahren in den USA sehr bekannt war (Specially Prepared Assorted Meat).

spamming
Das „Bombardieren" von unterschiedlichen Newsgroups mit identischen Artikeln (cross posting). Nicht gerne gesehen entspricht das spamming der herkömmlichen Massenpostsendung und wird schon mal zu Werbezwecken eingesetzt. Vergleiche →spam.

sparks of wit (a few ...)
witzige Bemerkungen (Idiom)

spazz (to ...)
Bezeichnung für *„einen großen Fehler machen"*, etwas verpatzen (Hackerslang).

speak off the cuff (to ...)
aus dem Stegreif sprechen (Idiom)

speak one's mind (to ...)
frei von der Leber reden (Idiom)

special character
das Sonderzeichen, hiermit sind alle Zeichen eines Zeichensatzes gemeint, die weder Ziffern noch Buchstaben sind. Zu den Sonderzeichen gehören demnach auch Punkt, Komma usw.

speek through a hole in his heat (to ..)
großen Unsinn daherreden (Idiom)

spelling
die Rechtschreibung, die Orthographie

spelling checker
das Orthographieprüfprogramm

spelling flame
Es gilt als unhöflich, andere auf ihre Schreibfehler aufmerksam zu machen. Eine spelling flame – also *die Verbesserung der Fehler anderer* – soll diesen als Inkompetent outen. Spelling flames widersprechen der Netiquette (siehe dort).

spend a penny (to ...)
zur Toilette gehen (Slang)

spiffy
Hackerslang für Programme mit einem gut programmierten Interface. Kann aber auch genau das Gegenteil bedeuten, der Begriff „spiffy" ist also stark kontextabhängig.

spill the beans (to ...)
ein Geheimnis lüften (Idiom)

spin (to ...)
herumschwirren. Bezogen auf ein Programm meint man damit, dass es umständlich ein Problem zu lösen versucht, es schwirrt erst herum, bevor man merkt, was eigentlich passieren soll. Generell ist aber zu sagen, dass dieser Vorgang relativ lange dauert. Siehe auch „to buzz".

spin yarns (to ...)
Jägerlatein erzählen, Seemannsgarn knüpfen (Idiom)

spinach (I say it's ...)
Unsinn! (Idiom)

spinner
der Datenbankbetreiber

spirit off somebody (to ...)
jemanden vergraulen (Idiom)

spitting image of (to be the ...)
das Ebenbild sein von (Idiom)

splash 2
Name eines Supercomputersystems.

splat
Bezeichnung für alle möglichen *Zeichen*. „Splat" lässt sich für alles verwenden (# § * usw.)

split
Bezeichnung für den Zustand, dass sich die miteinander verbundenen IRC-Server „verlieren". Die Teilnehmer der Channels werden dabei auseinander gerissen. Manchmal entstehen dadurch zwei Channels gleichen Namens, die beim Wiederaufbau der Verbindung beider Server wieder zusammengefügt werden.

split a secret (to ...)
ein Geheimnis verraten (Idiom)

split on somebody (to ...)
jemanden verraten (Idiom)

split screen
der geteilte Bildschirm (Fenstertechnik)

split the difference (to ...)
sich auf halbem Wege treffen, entgegenkommen (Idiom)

splitt-speed
Bezeichnung für eine asymmetrische Vollduplex-Datenübertragung mit *zwei verschiedenen Geschwindigkeiten*.

splitting hairs (that's ...)
das ist Haarspalterei (Idiom)

spoiling for a fight
Streit suchen (Idiom)

spoilt for choice (to be ...)
die Qual der Wahl haben (Idiom)

Spoofing
Hacker verwenden dieses Verfahren, um mit einer falschen IP-Adresse (d.h. Vortäuschung er sei ein anderer Internet Host) die Herkunft ihrer Attacke zu verwischen und dadurch unerkannt bleiben. Spoofing wird auch oft verwendet, um Datenverkehr über den Host des Hackers umzuleiten, was ihm erlaubt Informationen zu registrieren oder zu manipulieren, bevor er sie an die Zielstation weitergibt.

spooge
Hackerslang für zufälligen und in der Regel falschen Output. Siehe auch „output".

sport at somebody (to ...)
mit jemanden seinen Spott treiben (Idiom)

sport death
Hackerslang für *das exzessive Arbeiten am Computer* mit der billigenden Inkaufnahme von Erschöpfungszuständen (siehe night mode) und körperlichen Schäden wie Kopfweh, Augenbrennen, Haltungsschäden usw. Vergleiche hierzu auch „mouse elbow" und „raster burn".

spring a mine (to ...)
einer Gefahr aus dem Wege gehen (Idiom)

spring chicken (to be no ...)
nicht mehr jung sein (Idiom)

spring something on one (to ...)
jemanden mit etwas überraschen (Idiom)

sprite
Ein Sprite ist eine zusammengehörende Gruppe einzelner Pixels, wie beispielsweise der Mauspfeil auf dem Bildschirm. Der Mauspfeil ist im Gegensatz zum Cursor (siehe dort) kein Sonderzeichen, sondern eine kleine Grafik, welche sich zusammenhängend über den Bildschirm steuern lässt, eben ein Sprite. Das Sprite stammt ursprünglich von Spielcomputern. Hier konnte man mit ihrer Hilfe „bewegte Bilder" erzeugen.

Squeezing
das Quetschen, Methode zur Datenkompression. Das Squeezing verschlüsselt die Zeichen einer Datei entsprechend ihrer Häufigkeit. Zunächst werden alle Zeichen einer Datei gezählt und deren Häufigkeit festgestellt. Normalerweise verschlüsselt man in unkomprimierten Dateien alle Zeichen mit jeweils acht Bit (= 1 Byte). Weist man den häufiger vorkommenden Zeichen kleinere Einheiten zu, also beispielsweise lediglich 2 oder 3 Bits, so spart man auch dann noch Platz in der Datei, wenn man seltener vorkommenden Zeichen Bitfolgen zuordnet, die dann auch länger als 8 Bits sein können. Siehe auch „to huff".

squiggle
seltene Bezeichnung für das *Tildezeichen*.

ST
(1.) Abkürzung für „Star Treck", in der Regel in folgenden Kombinationen gebraucht:

ST-DS9	Star Trek, Deep Space 9
ST-TNG	Star Trek, The Next Generation
ST-TOS	Star Trek, The Original Series
ST-VOY	Star Trek, Voyager
STI / ST-TMP	Star Trek, first movie / The Motion Picture
STII / ST-WOK	Star Trek, second movie / 'Wrath Of Khan'
STIII / ST-SFS	Star Trek, third movie / 'Search For Spock'
STIV / ST-TVH	Star Trek, fourth movie / 'The Voyage Home'
STV / ST-TFF	Star Trek, fifth movie / 'The Final Frontier'
STVI / ST-TUC	Star Trek, sixth movie / 'The Undiscovered Country'

(2.) Abkürzung für „Sixteen/Thirtytwo" (16/32) Kürzel für eine Baureihe von Homecomputern der Fa. Atari.

stack
Im Hackerslang ist der Stack eines Users das, was er noch zu erledigen hat. Man könnte auch sagen: *das Kurzzeitgedächnis.*

stand a chance (to ...)
eine Möglichkeit haben (Idiom)

stand alone solution
die Insellösung

stand aloof (to ...)
sich im Hintergrund halten (Idiom)

stand on ceremony (to ...)
förmlich sein (Idiom), siehe auch „red tape"

stand one's ground (to ...)
seinen Standpunkt vertreten (Idiom)

stand the test of time (to ...)
die Zeit überdauern (Idiom)

stand to reason (to ...)
selbstverständlich sein (Idiom)

StarLink
Familienfreundliches kleines →IRC-Netzwerk ohne Sex- und →Warez-Channels, mit derzeit 12 Servern in Amerika, Europa und Australien.
Adresse: *www.starlink.org*

start a ball rolling (to ...)
etwas in Gang bringen (Idiom)

start from scratch (to ...)
ganz von vorne anfangen (Idiom)

stay one's hands (to ...)
aufhören etwas zu tun (Idiom)

stay put (to ...)
an Ort und Stelle bleiben (Idiom)

stay the course (to ...)
durchhalten bis zum Ende (Idiom)

steam powered
dampfbetrieben, Hackerslang für ältere oder zu schwach ausgelegte Hardware.

steamy
sexuell anregend (Slang)

Steganographie (deutsch)
Bezeichnung für *das Verstecken von Nachrichten* in andere Nachrichten. Dies können beispielsweise auch Bilder sein.

stich of clothing (not a ...)
keinen Fetzen am Leibe tragen (Idiom)

stick it on (to ...)
mächtig angeben (Idiom)

stick on the rules (to ...)
sich an die Regeln halten (Idiom), siehe auch „rules".

stick out a mile (to ...)
augenfällig sein (Slang)

stick to facts
sei sachlich, sachlich bleiben! (Idiom)

stick to one's guns (to ...)
seinen Standpunkt hartnäckig vertreten (Idiom)

stiffy
Hackerslang für eine *3,5" Diskette*, Alternative hierzu „firm", siehe dort.

stir a finger (he won't ...)
er rührt keinen Finger (Idiom)

stir up a hornet's net (to ...)
in ein Wespennest stechen (Idiom)

Sto-Vo-Kor
Begriff der Startreck-Gemeinde für das klingonische Jenseits.

stomach the offence (to ...)
eine Beleidigung schlucken (Idiom)

stomp on (to ...)
Hackerslang für *etwas versehentlich überschreiben*.

stop-gap solution
die vorübergehende Lösung (Idiom)

stoppage
der totale Zusammenbruch, also schlimmer als ein Systemabsturz, z.B. die Zerstörung eines Hardwarebauteils.

storm in a teacup
der Sturm im Wasserglas (Idiom)

stow your gab
halt die Schnauze, halt's Maul (Slang)

straddle a question (to ...)
eine nichtssagende Antwort geben, ausweichen (Idiom)

straight as a die
Kerzengrade (Idiom)

straight from the hourse's mouth
direkt von der Quelle (Idiom)

straighten out (to ...)
in Ordnung bringen

strain a point (to ...)
eine Ausnahme von der Regel machen (Idiom)

strain at a gnat (to ...)
aus einer Mücke einen Elefanten machen (Idiom)

strangle a yawn (to ...)
ein Gähnen unterdrücken (Idiom)
Emoticon: User gähnt **I-O**

streamroller away the problem (to ...)
das Problem einfach beiseite schieben (Idiom)

strech the truth (to ...)
es mit der Wahrheit nicht zu ernst nehmen (Idiom)

streets apart (to be ...)
unterschiedlich sein (Idiom)

streetwise (I am ...)
ich weiß wo es lang geht (Idiom)

stress on something (to lay ...)
etwas besonders betonen (Idiom)

stretch the point (to ...)
etwas übertreiben (Idiom)

strictly off the record (this is ...)
das ist absolut vertraulich zu behandeln (Idiom)

strictly speaking
genaugenommen

strike a false note (to ...)
Unruhe stiften (Idiom)

strike rich (to ...)
Glück haben (Idiom)

strike somebody's eye (to ...)
jemandes Aufmerksamkeit erregen (Idiom)

strike the right note (to ...)
die richtigen Worte benutzen (Idiom)

string
Alternative Bezeichnung im Hackerslang (von der Basic-Programmierung) für das *Dollarzeichen* „$ ".

strings to one's bow (to have ...)
Eisen im Feuer haben (Idiom)

stroke
seltene Bezeichnung für das Zeichen „ / ", den Slash, siehe dort.

struck the right note (he ...)
er benutzte die richtigen Worte (Idiom)

strudel
englische Bezeichnung für das Zeichen „@", siehe auch *„commercial at"*.

studlycaps
Hackerslang für *Großbuchstaben innerhalb Produktnamen* wie beispielsweise CompuServe, NetWare, NeXt, FrameMaker.
Im Gegensatz zu „BiCapization" (siehe dort) werden studlycaps jedoch mehr oder weniger wahllos verwendet: eiNFach Zum spaSS. Vergleiche mit „upper case" und „versalien".

study for the bar (to ...)
Jura studieren (Slang), Emoticons hierzu:
:-)8   User trägt Fliege
:-X   User trägt elegante Fliege

stuff somebody up (to ...)
jemanden hinters Licht führen (Idiom)

stumped me altogether (he ...)
er hat mich aus dem Konzept gebracht (Idiom)

stunning
bombenmäßig, im Hackerslang meist negativ besetzt, im Sinne von *idiotisch*.

su
Internationale Länderkennung in einer Internetadresse für *Rußland (soviet union)*, wird auch schon mal als Abkürzung für den Ländernamen in chats benutzt.

sub.
der Ersatz, Abkürzung für „substitute".

subdomain
die Domain (siehe dort) unter einer Domain (SubNet).

subject
das Thema

Subject:
Schlüsselwort der Zusatzinformation in einer E-Mail. Hier steht das „Betreff", einer Nachricht.
Andere Schlüsselwörter sind: Return-Path:, Date:, From:, To:, Content-Length:, Comments:, Organization:, Reply-To:, Priority:, X-Info:, X-Mailedby:, X-List: und X-Sender.

SubNet
Name eines privaten Netzwerks, welches die gleiche Software und Technik benutzt, wie das Internet (siehe dort), aber administrativ nicht zum DNet gehört, weil man sich der Monopolstellung der UniDo (Universität Dortmund, bundesdeutscher Backbone für das DNet) nicht unterwerfen wollte.

subscribe
unterschreiben, abonnieren

subscriber line
die Amtsleitung (Telefonanschluss)

subscription
das Abonnement (z.B. einer Zeitschrift)

suck (to ...)
Fellatio vollziehen (Slang)

sucker
gutgläubiger, harmloser Mensch

Sugar
Wort für den Buchstaben „S" im amerikanischen Buchstabieralphabet (Phonetic Alphabet). Im deutschen Buchstabieralphabet ist dies „Samuel" und international sagt man „Santiago". Auch schon mal verwendet wird „Sierra", was aus der Zivilluftfahrt kommt.

suit one's book (to ...)
gut ins Konzept passen (Idiom)

suit the purpose (to ...)
den Anforderungen genügen (Idiom)

sum up (to ...)
zusammenfassen

sunoilty
Abkürzung für „shut up, no one is listenig to you", *sei still, niemand hört dir zu!*

sunspots
die Sonnenstrahlen, gemeint ist im Hackerslang etwas, was beispielsweise für auftretende Fehler verantwortlich gemacht werden kann. Siehe auch „cosmic rays".

sup off broth (to ...)
die Suppe auslöffeln (Idiom)

SuperChat
Kleines, aber feines und mit modernster Software ausgestattetes →IRC-Netzwerk mit 5 Servern in Nordamerika.
Adresse: *www.superchat.org*

suppl.
der Nachtrag, Abkürzung für „supplement".

Surfen
Bezeichnung für das *Umherschweifen* im Internet (siehe dort).

Suzie Cobol
Metaname im Hackerslang, eine Person, die es nicht gibt, die aber hervorragend geeignet ist, für evtl. Fehler verantwortlich gemacht zu werden. Cobol ist eine Programmiersprache (siehe dort). Vergleiche auch J.Random.

swap (to ...)
Bezeichnung für: *schnell etwas austauschen, wechseln* (vornehmlich Daten). Daten werden in Speichern „geswapt".
User können aber auch alles möglich untereinander „swappen":
Bücher, CD's, Disketten, Programme usw.

sweat hog
dicke, unangenehme Person

sweeping statement
die verallgemeindernde Darstellung (Idiom)

swim between to waters (to ...)
zwischen Stühlen sitzen (Idiom)

swinging the land
übertreiben (Idiom)

swmbo
Abkürzung für „she who must be obeyed", zu deutsch: *„ihr muss gehorcht werden"* (Akronym).
In diesem Zusammenhang benutzte Emoticons:
- \>   weiblich
- :-}   User benutzt Lippenstift
- :-)-{8   großes Mädchen

swung dash
seltene Bezeichnung für das *Tildezeichen*.

Sybok
Begriff der Startreck-Gemeinde für den Halbbruder des Vulkaniers Spock. Entgegen diesem hat er der „reinen Logik" entsagt und lebt seine animalischen Triebe aus.

Syn Flooding
Ein Verfahren, mit dem Hacker Systeme zum vollständigen Zusammenbruch bringen. Der Hacker überschwemmt dabei den Zielrechner mit Verbindungsanfragen ohne mit dem Rest der →Handshake-Informationen zu antworten. Dadurch können keine weiteren Anfragen bearbeitet werden und der Server stellt seine Dienste ein.

sync (to ...)
synchronisieren, in Übereinstimmung bringen, Abkürzung für „synchronize".

synchronous
synchron, der Gleichlauf oder zeitliche Übereinstimmung von Vorgängen.

sysadmin
Abkürzung für System-Administrator, siehe auch „admin" und „sysop".

sysape
Hackerslang für *„System-Operator"*, statt →sysop.

sysfrog
Hackerslang für *„Systemprogrammierer"*.

sysoma (deutsch)
die weibliche Form des sysops (Hackerslang).
Emoticons hierzu:

>-	weiblich
:-}	User benutzt Lippenstift
:-)-{8	großes Mädchen

sysop
Akronym für „System Operator". In größeren Systemen und vor allen Dingen in Netzwerken und Mailboxen sind spezielle Leute für die Organisation zuständig, die Systemoperatoren.

SYSOP
Befehl in vielen Mailboxen, der den Sysop zum Chat auffordert.

sysprog
Kurzform von „Systemprogrammierer".

system mangler
Synonym für „System Manager", Hackerslang.

T

T
hat im Hackerslang verschiedene Bedeutungen:
1.) Ein einsames eingetipptes „T" bedeutet oftmals „Yes", also *JA*.
(Bloß nicht mehr eintippen als dringend notwendig – man spart Zeit und Telefonkosten.)
2.) im Zusammenhang mit einer Zahl bedeutet T soviel wie *Zeit* (Time) oder einen Zeitpunkt. „T + 1" bedeutet dann soviel wie „etwas später".
3.) Kurzform für die Vorsilbe *Tera* (= 10^{12}), also 1.000.000.000.000. In der Bedeutung von Terabytes sind dies allerdings 1.099.511.627.776 Bytes.

T (to ...)
Synonym für „to tee", *etwas aufheben, etwas vorhalten* (Hackerslang).

T (to fit to a ...)
etwas perfekt passend machen (Slang)

table a motion (to ...)
einen Antrag stellen (Idiom)

table of contents
das Inhaltsverzeichnis

tabyas
Abkürzung für „thinkin' all but you are stupid?", zu deutsch: *denkst du, alle außer dir sind blöde?*

taf
Akronym für „that's all, folks!", *das wars, Leute.*

Tag-Modus (deutsch)
Im Gegensatz zu normalen Menschen, die tagsüber arbeiten, blühen Computerfreaks meist in der Nachtschicht auf (siehe auch „night mode").

taggen
Hiermit ist *das Markieren* beispielsweise von Dateien zum Anzeigen oder Downloaden (siehe dort) gemeint.

tagline
die Unterschrift einer E-Mail, meist ein Spruch oder BBS-Werbung.

take a back seat (to ...)
zurückhaltend sein (Idiom)

take a broad view (to ...)
eine großzügige Auffassung vertreten (Idiom)

take a dim view (to ...)
mit etwas unzufrieden sein (Idiom)

take a leak (to ...)
urinieren (Slang)

take a peek (to ...)
mal schauen! (Idiom)

take a powder (to ...)
abhauen (Slang)

take issue (to ...)
nicht einverstanden sein (Idiom)

take shit (to ...)
etwas aushalten

take the chair (to ...)
den Vorsitz übernehmen (Idiom)

take the mickey out of someone (to ...)
sich über jemanden lustig machen (Idiom)

take the plunge (to ...)
also nichts wie hinein (Idiom)

take the rise out of someone (to ...)
jemanden auf den Arm nehmen (Idiom)

talk
1.) Bezeichnung für einen „chat" mit genau zwei Teilnehmern. Ein chat (siehe dort) ist die Unterhaltung über Tastatur und Bildschirm.
2.) Kurzbezeichnung einer öffentlichen Diskussionsgruppe über allgemeine Themen im Usenet.

talk at large (to ...)
zu allgemein sprechen (Idiom)

talk big (to ...)
große Töne spucken (Idiom)

talk mode
Allgemeine Abkürzung für *Kommunikationsmodus*, Slang. Siehe auch „comm mode".

talk shop (to ...)
fachsimpeln (Idiom)

talk turkey
heraus mit der Sprache (Idiom)

tall story (a ...)
eine unglaubwürdige Geschichte (Idiom)

tangent (to go off at a ...)
vom Thema abweichen (Idiom)

Tango
siehe Tare

tanj
Abkürzung für „there ain't no justice", (Akronym). Zu deutsch: *es gibt eben keine Gerechtigkeit*.

tanked
Synonym für „down", siehe dort; Hackerslang.

tanstaafl
Abkürzung für „there ain't no such thing as a free lunch". Hackerslang, zu deutsch: *„nichts auf der Welt ist umsonst"* (Akronym).

Tapete (deutsch)
Hackerslang. Wer unnötig umfangreiche Ausdrucke verfasst, produziert „Tapeten".

Tare
Wort für den Buchstaben „T" im amerikanischen Buchstabieralphabet (Phonetic Alphabet). Im deutschen Buchstabieralphabet ist dies „Theodor" und international sagt man „Tripoli". Auch schon mal verwendet wird „Tango", was aus der Zivilluftfahrt kommt.

tart
eine promiskuitive Frau (Dirty Word)

tayste
Hackerslang für *zwei Bits*.

tba
angekündigt sein, Abkürzung für „to be announced" (Akronym). Beispiel: A new program release is tba – eine neue Programmversion wurde angekündigt.

tbd
zu veranlassen, Abkürzung für „to be determined" (Akronym).

tbyb
vor Kauf zu prüfen, Abkürzung für „try before you buy" (Akronym).

tcb
Akronym für „trouble came back", *der Ärger ist wieder da.*

TCP/IP
Abkürzung für „Transmission Control Protocol/Internet Protocol". Eine Anzahl ursprünglich vom US-Verteidigungsministerium entwickelte Protokolle, um Computer in verschiedenen Netzwerken miteinander zu verbinden.
Das File Transfer Protocol (FTP) und das Simple Mail Transfer Protocol (SMTP) sind für die Dateiübertragung und die E-Mail zuständig. Telnet Protokolle unterstützen die Terminal-Emulation und erlauben den interaktiven Zugriff auf einen anderen Netzwerk-Computer. Das TCP-Protokoll übernimmt den Transport der Daten (3. Ebene des Schichtenmodells), während sich das IP-Protokoll um die Zustellung kümmert (4. Ebene des Schichtenmodells).

tea and scandals (to have ...)
der Kaffeeklatsch (Idiom)

teach someone a lesson (to ...)
jemanden einen Denkzettel verpassen (Idiom)

tear down (to ...)
abbrechen

TechRef
Hackerslang für „Technical Reference Manual", *das Referenzhandbuch* eines Computers.

techspeak
die technische Sprache, Hackerslang für die Kennzeichnung von *Fachausdrücken*.

tee
Hackerslang für die „carbon copy" (siehe dort), einer elektronischen Datenübertragung.

tee something (to ...)
etwas aufheben, etwas vorhalten (Hackerslang), auch : „to T", siehe dort.

telecopying equipment
das Telefaxgerät

Telematik
Kunstwort aus „Telekommunikation" und „Informatik".

teleprocessing
Datenfernübertragung, bei uns hat sich jedoch die Abkürzung DFÜ durchgesetzt.

Telix
Name eines weit verbreiteten Terminalprogrammes.

tell the story without mincing matters
sprich offen mit mir (Idiom)

telling me porkies (you are ...)
du erzählst mir Märchen (Idiom)

telling me porkies? (are you ...)
willst du mich an der Nase herumführen? (Idiom)

Telnet
Name des Standard-Protokolls im Internet für sogenannte Remote Logins.

Tempest Monitoring
Lauschangriff auf Computer durch Abhören der kompromittierenden Strahlung. Diese lässt sich unter bestimmten Umständen abfragen und auswerten. Versuche haben gezeigt, dass sich hieraus leicht Daten rückgewinnen lassen. Der Lauschangriff auf den Computer ist also möglich.

ten finger interface
Hackerslang für das Interface zwischen zwei Netzwerken, die aus Sicherheitsgründen nicht miteinander verbunden werden (können). In früheren Zeiten wurden zwei Terminals nebeneinander gestellt und ein Operator las auf dem einen Monitor und gab per Hand in das andere Terminal ein – wird jedenfalls behauptet.

ten-digit keyboard
die Zehnertastatur, das Zifferntastenfeld.

tense
dicht, ein Programm beispielsweise ist genau dann dicht, wenn es sehr kompakt und pfiffig programmiert ist (Hackerslang).

tera -
Vorsilbe für Größen: 10^{12} (z.B. Terabyte), im Hackerslang: *etwas besonders großes* (siehe auch „big num").

terminal illness
Hackerslang für die *Augenschmerzen*, die entstehen, wenn man stundenlang auf einen möglicherweise schlechten Monitor gestarrt hat. Auch „raster burn", siehe dort.

terminate and stay resident
speicherresident; Programme, die im „Hintergrund" arbeiten können, während andere, ganz normale Programme wie gewohnt ablaufen. Diese speicherresidenten Programme braucht man nur einmal aufzurufen, sie verbleiben dann bis zu ihrer Deinstallation, bzw. einem System-Neustart im Hauptspeicher
Die gängige Abkürzung hierfür ist TSR.

terrible twenty
die schreckliche Zwanzig. Um Zahlenangaben mehr Gewicht zu geben erhalten sie beispielsweise solche Adjektive. Andere Beispiele sind: dirty dozen – dreckiges Dutzend, threatening thirties – bedrohliche Dreißig, fornicible fifties – unzüchtige Fünfzig, usw.

test log
das Prüfprotokoll, siehe auch „protocol"

test of time (to stand the ...)
die Zeit überdauern (Idiom)

tftt
danke für den Gedanken, für die Idee, Abkürzung für „thanks for the thought".

tgif
Abkürzung für „Thanks God, it's Friday", zu deutsch: *Gott sei Dank – Wochenende.*

thanks a bunch
tausend Dank (Idiom)

thanks in advance
Die letzte Zeile einer Anfrage, bedeutet: *Danke im Voraus.* Alternative Schreibweise im Hackerslang: „advTHANKSance" oder „aTdHvAaNnKcSe", siehe dort.

thanx
danke, Abkürzung für „thanks". Gebräuchlich sind auch thnx und tnx. (Slang)

that's mere child's play
das ist ein reines Kinderspiel (Idiom)

that's none of your business
das geht dich nichts an (Idiom)

that's not my cup of tea
dies ist nicht nach meinem Geschmack (Idiom)

that's the way the cookie crumbles
so ist es nun mal (Idiom)

that beats everything
da hört sich alles auf (Idiom)

that just takes the biscuit
das ist der Gipfel (Idiom)

that tickled my fancy
hiervon war ich sehr angetan (Idiom)

the net
das Netz der Netze, das Internet (siehe dort).

The Palace
Name eines Chat-Programmes, siehe Palace.

Thesaurus
Synonymwörterbuch innerhalb eines Textverarbeitungsprogrammes.

they will cotton on
mit der Zeit werden sie es kapieren (Idiom)

thick as two short planks (as ...)
dumm wie Bohnenstroh (Idiom), Emoticons hierzu:
<:I Dummkopf
:-] noch ein Dummkopf

thin time (to have a ...)
eine gute Zeit haben (Idiom)

things are humming
die Sache läuft gut (Idiom)

think to be the dog's dinner (to ...)
sich etwas einbilden (Idiom)

thinko
der Denkfehler (Slang), Vergleiche mouse, typo, braino.

this is in apple-pie order
dies ist aufgeräumt (Idiom)

thnx
danke, Abkürzung für „thanks". Gebräuchlich sind auch thanx und tnx (Slang).

those who pay the piper call the tune
wes' Brot ich esse, des' Lied ich sing (Idiom)

thrashing
Bezeichnung für die *Überlastung eines Systems*; wenn ein Computersystem nicht mehr auf Benutzeranfragen reagieren kann, weil es mit internen Aufgaben ausgelastet ist.

thread
der Faden, gemeint ist der „rote Faden" in einem Chat, einer Unterhaltung.

Threaded Nut Coupling
ein Stecker für Koaxialkabel (Techspeak)

threatening thirties
die bedrohlichen Dreißig. Um Zahlenangaben mehr Gewicht zu geben erhalten sie beispielsweise solche Adjektive. Andere Beispiele sind: dirty dozen – dreckiges Dutzend, terrible twenty – schreckliche Zwanzig, fornicible fifties – unzüchtige Fünfzig, usw.

three-finger salute
Hackerslang für den Warmstart eines Systems mit einer Tastenkombination (z.B. <Strg><Alt><Entf>). Im deutschen hat sich der Begriff „Affengriff" etabliert, siehe dort.

thrilled to bits (to be ...)
entzückt sein (Idiom)

throw a fit (to ...)
einen Wutanfall bekommen (Slang)

throw up (to ...)
sich übergeben (Slang).

thru
alternativer Name für das Sonderzeichen „ | ", Hackerslang, siehe auch „bar".

thud
seltene Bezeichnung für das Zeichen „#".
Thud wird aber auch als metasyntaktische Variable wie beispielsweise foo benutzt (Hackerslang). Siehe auch meta-character.

tia
Vielen Dank im voraus, Abkürzung für „thanks in advice" (Akronym).

tic
ironisch, unaufrichtig sein, Akronym für „tongue in cheek", (Idiom)

tickled my fancy (that ..)
hiervon war ich sehr angetan (Idiom)

tickled pink (to be ...)
sich riesig freuen (Idiom)

ticklist feature
Hackerslang für Features, die die meisten Anwender wollen, aber dennoch niemals benutzen, wie beispielsweise der Taschenrechner unter Windows.

tictactoe
Alternative Bezeichnung im Hackerslang für das Zeichen „#", in Anlehnung an das Kinderspiel „Tic Tac Toe".

tie up in knots (to ...)
verwirren (Idiom)

tiefschwarz (deutsch)
bedeutet in Computerlingo etwa soviel wie: *unverständlich, unbegreiflich, unbekannt* usw.
Das englische Äquivalent ist übrigens „obscure".

tight assed
sehr steif, formell, geizig

time
Akronym für „tears in my eyes", oft in Kombination gebraucht: *Tränen in den Augen.*

time and again
immer wieder, wiederholt (Idiom)

time crunch
Hackerslang für *Zeitnot*.

time displacement
die Zeitverschiebung

time sink
Hackerslang, beispielsweise für ein Projekt, das unverhältnismäßig viel Zeit verschlingt.

time T
Hackerslang, „time T" ist *eine bestimmte Uhrzeit* (beiden Gesprächspartner bekannt). Wird gerne auch in der Form „Time T + 1" gebraucht, was dann soviel bedeutet wie „etwas später". Siehe auch „T".

time to flash
es ist Zeit Schluss zu machen.

time to flush
Zeit aufzuhören (Slang), siehe auch „flush".

time will tell
es wird sich zeigen (Idiom)

timebomb
Die Zeitbombe. Im Hackerslang ist hiermit ein Programm (→Virus) gemeint, das auf ein bestimmtes Datum oder eine bestimmte Uhrzeit wartet, um in Aktion zu treten.

timeout
Bezeichnung für eine abgelaufene Zeitperiode. Timeouts dienen zur Sicherung von Verbindungen gegen andauerndes „Nichtsenden".

timeware
Bezeichnung für *zeitlich begrenzt lauffähige Software*

tinar
Abkürzung für „this is not a recommendation", zu deutsch: *das ist keine Empfehlung.*

tinker about (to ...)
herumtrödeln (Idiom)

tinwis
Abkürzung für „that is not what I said", zu deutsch: *das ist nicht was ich gesagt habe.*

tip of the iceberg (only the ...)
nur die Spitze des Eisberges (Idiom)

tired iron
Hackerslang für Hardware, die zwar technisch längst überholt, aber dennoch funktionsfähig (und möglicherweise noch in Gebrauch) ist.

tissue of lies (a ...)
von A bis Z erfunden (Idiom)

tits
Titten, eines der im Internet nicht erlaubten „seven words", siehe dort. Im Hackerslang werden auch die kleinen Erhebungen auf bestimmten Tasten der Tastatur („F" und „J") so bezeichnet (siehe „tits on a keyboard").

tits and ass
Bezeichnung für *Striptease* (Slang)

tits on a keyboard
Bezeichnung für die kleinen Erhebungen auf bestimmten Tasten der Tastatur (zur „blinden" Orientierung).
In der Regel gibt es auch bei normalen QWERTZ bzw. QWERTY-Tastaturen (siehe dort) folgende „tits": ein Punkt auf der „5" des Zahlenblockes (findet sich beispielsweise auch auf Handy-Tastenfeldern) und jeweils eine kleine waagrechte Erhebung auf den Tasten „F" und „J".

TLA
ein Akronym, das aus drei Buchstaben besteht, Abkürzung für „three letter acronym". Ein Akronym (siehe dort) ist eine Abkürzung, die ein neues Wort ergibt, wie beispielsweise BASIC (Beginners All purpose Symbolic Information Code). Hingehen ist PL/1 nur eine Abkürzung für „Programming Language Nr. 1".

tlts
etwas erleben, Akronym für „to live to see".

TM
das Warenzeichen, Abkürzung für „trademark". Oftmals als hochgestellte Abkürzung angehängt, Beispiel Microsoft^{TM}
Auch: Abkürzung für „Talk Mode".

tml
das ist eher möglich, Akronym für „that's more likely".

tnii!
diese Nachricht ist wichtig!, Abkürzung für „this news is important", (Akronym).

tnx
danke, Abkürzung für „thanks". Gebräuchlich sind auch thnx und thanx (Slang).

tnx 1.0E6
zu lesen als „thanks a million". 1.0E6 ist die Schreibweise für 10^6 (eine Million). Im Deutschen ist man eher bescheidener: *„tausend Dank"* reichen hier auch schon mal (Slang).

to FTP
hiermit ist ganz allgemein ein *Datentransfer* gemeint. FTP ist eigentlich die Abkürzung für „file transfer protocol". Allerdings wird dieser Ausdruck gerne auch bei der Benutzung anderer Protokolle gebraucht. Beispiel: plz ftp me that prog – bitte schicke mir dieses Programm. Siehe auch „protocol".

to have got a basinful
eine Menge Probleme haben (Idiom)

To:
Schlüsselwort der Zusatzinformation in einer E-Mail. Hier steht der Adressat einer Nachricht.
Andere Schlüsselwörter sind: Return-Path:, Date:, From:, Subject:, Content-Length:, Comments:, Organization:, Reply-To:, Priority:, X-Info:, X-Mailedby:, X-List: und X-Sender.

toast
Bezeichnung im Hackerslang für ein nicht mehr zu bedienendes
System oder eine Komponente, auch als Verb gebraucht (to toast):
ein System zum Absturz zu bringen.

toaster
Hackerslang für einen wirklich *„dummen" Computer.*
Ältere Macintosh-Modelle (Classic) werden oftmals auch so bezeichnet. Alternative für letzteres „beige toaster".

tobal
Abkürzung für „there oughta be a law", zu deutsch: *da sollte es eigendlich ein Gestz geben.*

tobg
Abkürzung für „this oughta be good", zu deutsch: *dies sollte gut sein.*

today of all days
ausgerechnet heute (Idiom)

Todesgriff der Vulkanier
Die Tastenkombination ALT+STRG+DEL zum System-Neustart.

toi
Akronym für „transfer of information", Bezeichnung für den Vorgang, wenn jemand zu einem Thema alles erzählt, was er weiß (auch wenn es niemand hören will).

toing and froing
etwas ohne Sinn und Zweck durchführen (Idiom)

Toll Free Service
Sprachmehrwertdienst (auch Freephone) der Deutschen Telekom zur Weiterleitung von Anrufen aus dem In- und Ausland. Die für den Anrufer kostenlose Verbindung (Nulltarif) ist unter der bundesweit einheitlichen Zugangsnummer 0130 erreichbar. Der Einsatz einer 0130-Service-Rufnummer durch ein Unternehmen erfolgt immer dann, wenn der Anrufer durch das für ihn kostenlose Anrufen motiviert werden soll, mit dem Unternehmen Kontakt aufzunehmen.

tommy rot (a lot of ...)
ganz schöner Blödsinn (Slang)

tongue-tied (he was ...)
er rang nach Worten (Idiom)

tongue-tied (to be ...)
nicht gesprächig sein (Idiom)

too clever by half
ausgezeichnet (Idiom)

too far fetched (this is ...)
dies ist an den Haaren herbeigezogen (Idiom)

took someone down a peg or two (to ...)
jemanden herunterputzen (Idiom)

tool
Bezeichnung für „*ohne Freude arbeiten*", Streber, Malocher. Ein Softwaretool ist jedoch ein Hilfsprogramm (Werkzeug).

top flight (in the ...)
von bester Güte, Qualität (Idiom)

top of my head (on the ...)
zu aller oberst, zu aller erst

TOP-Domain
X.400-Adressierungselement (siehe dort) zur Länderkennzeichnung (Country Code). Deutschland hat z.B. die Kennung: de.

topic drift
die Abweichung vom Thema, das Verlieren des Roten Fadens.

topic group
Synonym für „Forum", siehe dort.

topic thread
der rote Faden in einem Chat, in einer Unterhaltung *beim Thema bleiben*.

topsy-turvy
kunterbunt durcheinander (Idiom)

total loss
Begriff für „*total schiefgegangen*".

toto
eine metasyntaktische Variable wie „foo" oder „foobar", Hackerslang (aus dem französischen?). Siehe auch meta-character.

touch of the jitters (to get a ...)
das große Bibbern haben (Idiom)

touch the spot (to ...)
etwas erraten (Idiom)

touchy (to be ...)
überempfindlich sein (Idiom)

tourist information
Hackerslang für die meist einzeiligen Informationen wie beispielsweise die Zeile „...Bytes free" am Ende jedes DIR-Befehls unter MS-DOS oder die Uhrzeitangabe in der Taskleiste von Windows. Ganz allgemein sind Informationen gemeint, die ein Computersystem ungefragt ausgibt und die im Moment nicht unbedingt von Nutzen sind.

tourists
Bezeichnung für Hacker, die sich in friedlicher Absicht in einem System umschauen, Computerlingo. Negativer besetzt ist „turists" in Anlehnung an den Begriff „luser", siehe dort.

toy
das Spielzeug, ein Hacker meint hiermit natürlich seinen Computer. Ist er sehr zufrieden mit dem Modell, ist es ein „nice toy".

TP
Abkürzung für „Turbo Pascal", eine höhere Programmiersprache von der Firma Borland.

TPW
Abkürzung für „Turbo Pascal for Windows", ein Pascal-Compiler für Windows, von der Firma Borland.

tqc
Abkürzung für „Total Quality Commitment", *der umfassenden Qualität verschrieben*; oder „Total Quality Culture", *Kultur der vollkommenen Qualität.*

tradeprice
der Händlerpreis

traffic
der Verkehr. In CompuServe bezeichnet „traffic" beispielsweise welche Menge an Daten transportiert wird (viel traffic = viele Daten).

trail one's coat (to ...)
Streit suchen (Idiom)

trap door
Bezeichnung für ein „Loch" in einem Sicherheitssystem (Hackerslang), Alternative zu „back door", siehe dort.

trash
der Mülleimer (umgangssprachlich)

trash (to ...)
das Zerstören von Daten, Hackerslang.
Zweite Bedeutung: *viel Wind machen*, Hackerslang für die Tatsache, eine Arbeit mit größtmöglichem Aufwand zu betreiben mit minimalen Ergebnissen.

Trashcan-Futter
Bezeichnung einer „schwarzen Liste" von Lusern, die sich zum Beispiel ständig mit „Donald Duck" oder „Frankenstein" in der Mailbox anmelden.

trdmc
Abkürzung für „tears running down my cheeks", zu deutsch: *Tränen laufen mir die Wangen runter.*

tree-killer
der Baumkiller, Hackerslang für einen Drucker, da er unter Umständen Papier verschwendet, wird auch auf solche Personen angewendet.

treeware
Hackerslang für Bücher und allgemein für auf Papier Gedrucktes. Siehe auch tree-killer.

trial and error (by ...)
durch Ausprobieren (Idiom)

trial-and-error
das Ausprobieren

Trickle Server
Bezeichnung für Computer im Internet, die Public Domain Software vorhalten (siehe dort).

trip over one's words (to ...)
sich versprechen (Idiom)

Trojan Horse
(Trojanisches Pferd) Name eines Computervirus und einer Methode mit der Hacker Systeme zum vollständigen Zusammenbruch bringen. Nach dem Eindringen in ein System hinterlässt der Hacker ein unsichtbares Programm. Dieses registriert sämtliche Eingaben, welche mittels Tastatur erfolgen, inklusive Passwörtern und Benutzer-Identifikationen. Damit stehen dem Hacker zu einem späteren Zeitpunkt Tür und Tor offen für die Einsicht in ein System.

troll
der Köder, gemeint ist eine falsche oder (leicht) provozierende Nachricht, die bewußt plaziert wird um eine Reaktion anderer heraufzubeschwören. Wenn jemand hierauf reagiert erhält er ein YHBT (= you have been trolled).

trouble shooting
die Fehlerbeseitigung, die Fehlersuche. Hiermit ist die Suche, und zugleich auch die Behebung der Fehler gemeint, unabhängig davon ob es sich um Software- oder Hardwarefehler handelt.

true color
die Echtfarbdarstellung, hierzu sind 2^{24} = 16.777.216 unterschiedliche Farben notwendig.

true colors (in one's ...)
wie man wirklich ist (Idiom)

true colors (to show one's ...)
sein wahres Gesicht zeigen (Idiom)

truncate error
der Abbruchfehler

try one's hand (to ...)
etwas versuchen (Idiom)

try-out
die Erprobung

Tschernobilogramm (deutsch)
Wenn ein Datenpaket (siehe dort) derart verstümmelt beim Empfänger ankommt, dass das Empfangssystem abstürzt, spricht man von einem Tschernobilogramm. Hacker gehen noch weiter und sprechen von einer „Kernschmelze".

TSR
Abkürzung für „Terminate and stay resident", bezeichnet Programme, die im „Hintergrund" arbeiten können, während andere, ganz normale Programme wie gewohnt ablaufen. Diese speicherresidenten Programme braucht man nur einmal aufzurufen, sie verbleiben dann bis zu ihrer Deinstallation, bzw. einem System-Neustart im Hauptspeicher

ttfn
Akronym für „ta-ta for now", Hackerslang, entspricht in etwa dem deutschen *„tschüss"*.

ttl
das ist die Höhe, das ist obere Grenze, Akronym für „that's the limit".
Auch: Abkürzung für „time to live", Zeit zum Leben.

ttul
Abkürzung für „talk to you later", zu deutsch: *wir unterhalten uns später.*

tty
veraltete Bezeichnung im Hackerslang für ein Terminal. Auch TTY, Abkürzung für „TeleTYpe".

ttyl
Abkürzung für „talk to you later", zu deutsch: *wir unterhalten uns später.*
Auch: „type to you later", zu deutsch: *ich schreibe Dir später.*

tube
Hackerslang für einen *Bildschirm*. Als Verb gebraucht, meint „to tube" das Versenden einer Nachricht auf den Bildschirm eines anderen Users.

tube time
Hackerslang für *die Zeit, die am Bildschirm verbracht wird.*

turbo geek
Schimpfwort für einen Hacker / Cracker, Alternative: „turbo nerd", oder „computer geek", siehe dort.

turd
ein Stück Exkrement (Dirty Word)

turists
Bezeichnung für Hacker, die sich in friedlicher Absicht in einem System umschauen, Hackerslang. Die Bezeichnung ist eine Anlehnung an das Wort tourists, jedoch mit dem Beigeschmack eines „lusers", siehe auch dort.

turkey (a ...)
ein Misserfolg (Idiom)

turkey! (talk ...)
heraus mit der Sprache (Idiom)

turn a blind eye on something (to ...)
ein Auge zudrücken (Idiom), Emoticons hierzu:
.-)   einäugiger Smiley, oder
.-]

turn a deaf ear (to ...)
einfach ignorieren (Idiom)

turn the corner (to ...)
den kritischen Punkt überwinden (Idiom)

turn the dice (to ...)
das Blatt wenden (Idiom)

turn the tables (to ...)
den Spieß herumdrehen (Idiom)

turncoat (to be a ...)
sein Mäntelchen nach dem Wind hängen (Idiom)

tw
Internationale Länderkennung in einer Internetadresse für *Taiwan*, wird auch schon mal als Abkürzung für den Ländernamen in chats benutzt.

tweak
zwicken. Wenn ein Text nur kleine Schönheitsfehler aufweist, muss er nicht gleich neu geschrieben werden, es genügt ihn zu „zwicken", also ein wenig zu überarbeiten (Hackerslang).

twiddle
seltene Bezeichnung für das *Tildezeichen*.

twiddle (to ...)
Bezeichnung für: *etwas geringfügig verändern* (z.B. ein Programm).

twilight zone
Hackerslang für den Ort, wo sich der IRC-Operator befindet.

twink
Synonym für „read-only user", Bezeichnung im Hackerslang für einen Computernutzer oder Chat-Teilnehmer, der nur E-Mails und Bulletin Boards liest und nichts aktiv dazu beisteuert.

twinkle
seltene Bezeichnung für das Zeichen „*".

twist somebody's tail (to ...)
jemanden belästigen (Slang)

twit
Bezeichnung für einen in Ungnade gefallenen User. Gemeint ist: *Idiot, Nichtswisser, Loser*. Emoticon hierzu **:-]**

twltn
das führt zu nichts, Akronym für „that will lead to nothing".

two a penny
etwas wertloses (Slang)

two adapter
der Doppelstecker

two pi
zweimal Pi, Hackerslang für eine bestimmte, aber unbekannte Zeitspanne. Siehe auch „T".

two-spot
der Doppelpunkt, alternative Bezeichnung im Hackerslang.

twt
Abkürzung für „time will tell", *die Zeit wird es zeigen.*

tyam
Abkürzung für „there you are mistaken", *da irrst du dich* (Akronym)

tyclo
Abkürzung für „turn your CAPS LOCK off! (Quit Shouting!)" zu deutsch: *mach' CAPS LOCK aus! (Hör' auf zu schreien!)*.

typed mistake
der Schreibfehler

typo
der Tippfehler (Slang), Vergleiche mouse, thinko, braino bzw. typed mistake.

tyvm
Abkürzung für „thank you very much", zu deutsch: *danke vielmals!*

U

U
Abkürzung für „Universal" zur Kennzeichnung von Filmen. „Suitable for all ages" heißt es im Originaltext weiter. Zu deutsch: *Für alle Altersstufen geeignet*.
Vergleiche hierzu auch: X, G, R und PG.

U R L8 !
You are late !, zu deutsch: *Du kommst spät!*

u.U. (deutsch)
unter Umständen

u.v.a. (deutsch)
und vieles andere

U2
auch du, zu lesen als „you too", (Kunstwort).

U2?
du etwa auch? zu lesen als „you too ?". Beispiel: I'm workin' with windows 98 U2? – Ich arbeite mit Windows 98, du etwa auch?

UC
Abkürzung für „upper case", *der Großbuchstabe*.
Wenn ganze Wörter oder sogar Sätze in einer Nachricht in Großbuchstaben geschrieben werden, so entspricht das dem Schreien bei der „normalen Unterhaltung", was nicht nur dort sehr unhöflich ist. Vergleiche mit „upper case", „BiCapitalization", „versalien" und „studlycaps".

UG
die Benutzergruppe, Abkürzung für „user group", siehe dort.

Ugh, bletch
siehe bletch

UI
die Benutzerschnittstelle, Abkürzung für „user interface". Siehe auch „interface".

Umbrella-Anbieter
Bezeichnung für einen Informationsanbieter im BTX (T-Online), der seine Seiten anderen Anbietern für deren Zwecke zur Verfügung stellt.

umpteenth time (for the ...)
zum X-ten Mal (Idiom)

UMUK
Akronym für „Unendliche Mannigfaltigkeit in unendlicher Kombination", ein Begriff der Startreck-Gemeinde; die vulkanische Lebensphylosophie von Mr. Spock.

unbracket
seltene Bezeichnung für die *„eckige Klammer zu"*, im Gegensatz zu „bracket".
[bracket
] unbracket

Uncle
Wort für den Buchstaben „U" im amerikanischen Buchstabieralphabet (Phonetic Alphabet). Im deutschen Buchstabieralphabet ist dies

„Ulrich" und international sagt man „Upsala". Auch schon mal verwendet wird „Uniform", was aus der Zivilluftfahrt kommt.

undated
ohne Datum, nicht datiert

undecipherable
unentzifferbar, nicht zu entziffern

under
seltene Bezeichnung für das *Unterstreichungszeichen* „ _ ".

under a cloud (to be ...)
in Ungnade sein, eine Pechsträhne haben (Idiom)

under age (to be ...)
minderjährig sein

underbar
seltene Bezeichnung für das *Unterstreichungszeichen* „ _ ", geläufiger ist „underline".

Undernet
Andere Bezeichnung für das *IRC-System*. Eigentlich ist das Undernet jedoch vom IRC-Standardsystem getrennt zu betrachten. Das Undernet entstand durch die Initiative einiger IRC Operatoren, die sich bemühten die Schwachstellen des vorhandenen Systems zu korrigieren.
Adresse: www.undernet.org

underscore
seltene Bezeichnung für das *Unterstreichungszeichen* „ _ ", geläufiger ist „underline". Siehe auch „under".

undocumented feature
das undokumentierte Feature, Im Hackerslang ist hiermit ein bug (siehe dort), ein Fehler im Programm gemeint.

unfriendly overtake
die feindliche Übernahme, gemeint ist der Aufkauf einer Firma durch eine andere gegen deren Willen. Dies ist dann möglich, wenn es sich um Aktiengesellschaften handelt und die Konkurrenzfirma die Aktienmehrheit erlangen kann.

UniDo (deutsch)
Akronym für die *Universität Dortmund*, bundesdeutscher Backbone (siehe dort) für das DNet.

Uniform
siehe Uncle

universal language
die Weltsprache

unix
Name eines Mehrbenutzer-Betriebssystems.

unparanthesis
das Klammerzeichen „) ", im Gegensatz zu paranthesis „ (".

unparenthisey
Alternative Bezeichnung im Hackerslang für das *rechte Klammerzeichen „) "*, das Gegenteil ist „parenthisey" für die linke Klammer.

until further notice
bis auf weiteres (Idiom)

until kingdom comes (to wait ...)
warten bis man schwarz wird (Idiom)

untranslatable
nicht übersetzbar

uok?
Alles klar bei Dir?, Akronym für „are You OK?".

up and coming
vielversprechend (Idiom)

up and doing
schnell, schnell (Idiom)

up in arm, (to be ...)
alarmiert sein, aufgeregt sein (Idiom)

up the creek without a paddle (to be ...)
in einer ausweglosen Situation sein (Idiom)

up the gum-tree (to be ...)
mit einem Problem stecken bleiben (Idiom)

up to one's eyes in dept (to be ...)
bis über beide Ohren verschuldet sein (Idiom)

up yours!
Ausdruck starker Verachtung

up-and-coming
vielversprechend

uparrow
seltene Bezeichnung für das Zeichen „^ ". Siehe auch „hat".

update (to ...)
bedeutet soviel wie „auf ein höheres (aktuelles) Datum bringen", also die aktuelle Versions-Nummer eines Programmes installieren. Auch Datenbestände lassen sich updaten.

updaten (deutsch)
siehe update

upload
das Aufladen, gemeint ist hier das Laden (Schreiben) von Daten auf einen anderen Computer, also beispielsweise bei der Datenfernübertragung. Die Vorsilbe „up" deutet darauf hin, dass meist von einem kleineren Computer auf einen größeren (Host) geladen wird. Das Gegenteil hier von ist der „download".

upper case
der Großbuchstabe. Wenn ganze Wörter oder sogar Sätze in einer Nachricht in Großbuchstaben geschrieben werden, so entspricht das dem Schreien bei der „normalen Unterhaltung", was nicht nur dort sehr unhöflich ist.
Vergleiche mit „BiCapitalization", „versalien" und „studlycaps".

UpperNet
Name eines →IRC-Netzes. Das UpperNet wurde 1996 in den Niederlanden ins Leben gerufen und besteht aus derzeit 14 Servern, davon 9 in Europa, die restlichen 5 in den USA. Neben dem →IRC-Net ist es das zweite mit sehr europäischem Einschlag.

upset the apple-cart (to ...)
etwas durcheinander bringen (Idiom)

upthread
weiter oben, oberhalb, Slang beispielsweise für einen Diskussionsbeitrag in einem Chat, der in der „thread" (siehe dort) weiter oben steht.

UR
Zu lesen als „You are...", *Du bist ...*
Auch: „YouR", zu deutsch: *Dein*

UR YY 4 me ...
You are to wise for me., zu deutsch: *Du bist zu klug für mich.*

URL
Abkürzung für „Uniform Ressource Locator", Adressenangabe innerhalb einer Web-Seite auf andere Web-Seiten (pages). Es handelt sich dabei entweder um einen Verweis (→hyperlink) zu einer Web-Seite oder einem anderen Ort im →WWW. Bei der URL-Adressierung ist immer zwischen Groß- und Kleinschreibung zu unterscheiden. Beispiel:
seite://Internetname des Rechners/Unterverzeichnisse/Dateiname.html

urlcm
Abkürzung für „yoU aRe weLCoMe", *du bist willkommen.*

us
Internationale Länderkennung in einer Internetadresse für die *Vereinigten Staaten von Amerika (United States)*, wird auch schon mal als Abkürzung für den Ländernamen in chats benutzt.

use a low-key approach
eine Sache langsam angehen, sich Zeit lassen (Idiom)

use your loaf
benutze deinen Kopf, denk mal nach (Idiom)

Usenet
In der ursprünglichen Bedeutung ist das Usenet ein reines NEWS-Netz, also nur für öffentliche Nachrichten. Mittlerweile wird Usenet aber mehr im Sinne eines weltweiten Mail- und Newsnetzes verwandt, dessen administrative Ebenen u.A. auch das EUNet und DNet umfassen. Das Usenet ist nicht mit dem Internet (siehe dort) gleichzusetzen. Es ist vielmehr eine Art riesiges Bulletin Board, das natürlich auch über Internet erreichbar ist.

user
der Benutzer, der Anwender

User Datagram Protocol
Bezeichnung eines zu TCP (siehe dort) alternativen Übertragungsprotokolls im Internet. Siehe auch „protocol".

user manual
das Handbuch

userid
andere Schreibweise für „User ID", *der Username* (siehe dort)

USnail
die Schneckenpost, gemeint ist die Briefpost (gelbe Post), die im Gegensatz zu einer E-Mail natürlich „schneckenlahm" ist. Siehe auch „to snail". USnail ist die Abwandlung von U.S. Mail. Bei uns ist SnailMail oder snail mail gebräuchlicher.

UUCP
Abkürzung für „Unix to Unix CoPy" – ein Protokoll zur Datenübertragung.

uups
hoppla, Emoticon hierzu: **:-*** (= Ich glaube das hätte ich wohl besser nicht gesagt). Vergleiche auch „^H^H^H".

V

V V
„Was auch immer" a la Clueless' Alicia Silverstone.

v v
umgekehrt, Abkürzung für „vice versa", lateinisch, doch im englischen Sprachgebrauch durchaus üblich.

v-bar
alternativer Name für das Sonderzeichen „ | ".

v.
gegen, Abkürzung für „versus", lateinisch, doch im englischen Sprachgebrauch durchaus üblich. Kann auch für lateinisch „vide" stehen, was soviel bedeutet wie: siehe.

Value Added Tax
die Mehrwertsteuer (VAT)

vanilla
Bezeichnung für *stinknormal, langweilig*; wird auf alles angewendet: Hardware, Software, User, Essen usw.
Vanille ist u.A. die Standardgeschmacksrichtung von Eiskrem in den USA.

vanish into thin air (to ...)
von der Bildfläche verschwinden (Idiom)

vaporware
Bezeichnung für Software, die schon mehrfach angekündigt, aber immer noch nicht erschienen ist. Eine von Herstellern zum Leidwesen der User gängige Praxis. (Hackerslang).

var
Abkürzung für *„Variable"*, Slang.

VAT
Abkürzung für „Value Added Tax", *die Mehrwertsteuer*.

vaxherd
Hackerslang für den Operator eines VAX-Rechners (DEC).

VB
Abkürzung für „Visual Basic", Name eines Basic-Compilers von der Firma Microsoft.

vdiff
Abkürzung für „visual difference", *der sichtbare Unterschied*, Hackerslang. Gemeint ist beispielsweise der Unterschied zwischen zwei Dateien, der ohne weitere Hilfsmittel mit bloßem Auge sichtbar ist. Siehe hierzu auch →eyeball search.

veg out
sich erholen

vent one's feeling (to ...)
aus sich herauskommen (Idiom)

Veronica
Abkürzung für „Very Easy Rodent-Oriented Net-wide Index to Computerized Archives". Teil des Gopher-Protokolls um anhand von Stichworten die Gopher-Server durchsuchen zu können. Das Gopher-System ist ein Dienst im Internet (siehe dort) zum Auffinden von Dateien und Texten. Veronica ist also die Suchhilfe eines Suchsystems.

versalien
die Großbuchstaben, auch „upper case".
Wenn ganze Wörter oder sogar Sätze in einer Nachricht in Großbuchstaben geschrieben werden, so entspricht das dem Schreien bei der „normalen Unterhaltung", was nicht nur dort sehr unhöflich ist. Vergleiche mit „upper case", „BiCapitalization" und „studlycaps".

vexed question
die vieldiskutierte Frage (Idiom), sie auch FAQ.

VI
Im Zusammenhang mit Zahlungsverkehr: Abkürzung für „Visacard", *die Visa-Scheckkarte.*

vice versa (lateinisch)
umgekehrt, im englischen Sprachgebrauch durchaus üblich

Victor
Wort für den Buchstaben „V" im amerikanischen Buchstabieralphabet (Phonetic Alphabet). Im deutschen Buchstabieralphabet ist dies „Viktor".

viewdata
englischer Begriff für „Videotext".

virgule
Alternative Bezeichnung im Hackerslang für das Zeichen „ / ", siehe auch slash.

virtual Friday
der virtuelle Freitag, gemeint ist der Tag vor einem „verlängerten Wochenende". Wenn beispielsweise Donnerstags ein Feiertag ist, nehmen viele den Freitag auch noch frei, um so ein langes Wochenende genießen zu können. Der Mittwoch vor dem Feiertag ist dann ein sogenannter „virtueller Freitag", Slang.

virtual places previews
Name eines Chat-Programmes von AOL (siehe dort) im WWW (World Wide Web), bei dem man den oder die Gesprächspartner sehen kann (oder zumindest das Bild, das sie sich ausgesucht haben). Zusätzlich zum AOL-Namen sucht man sich in den virtual

places noch einen sogenannten „Avatar" aus, also ein Bild für sich selbst. Dies kann ein Photo oder eine Person, sein, die man gerne verkörpern möchte. Es gibt hier jedoch auch Standard-Avatare. In einem Fenster sieht man die Bilder aller Teilnehmer in einem chatroom (siehe dort). Die Chat-Beiträge sind als Sprechblase neben dem entsprechenden Bild zu sehen. Zusätzlich lassen sich noch sogenannte „Gestures" einsetzen, die nichts anderes als animierte Smilies sind.

Virus
Der Hauptcharakter eines Computervirus ist – neben seinen oft zerstörerischen Absichten – dass er sich selbst vermehren kann. Die ersten Versuche mit einem Code, der sich selbst duplizieren kann, wurden in den USA 1983 von Fred Cohen durchgeführt. Er bewies damit, dass es möglich ist, Programme zu schreiben, die in der Lage sind, ihren eigenen Programmcode zu reproduzieren und zwar ohne Hilfe eines Anwenders. Seitdem wird ein Programm als Virus bezeichnet, wenn es genau diese Eigenschaft besitzt. Die ersten in Umlauf geratenen Viren waren eigentlich als Scherz gedacht: sie erschraken den Anwender durch Aktionen, die beispielsweise durch ein Datum ausgelöst wurden. Pünktlich am 24.12. erscheint ein Weihnachtsbaum auf den Bildschirm. Bei uns bekannt und gefürchtet sind aber eine andere Sorte von Viren, die vor allem eines vorhaben: die Schädigung des Anwenders, bzw. seines Computersystems und der darauf gespeicherten Datenbestände. Die ursprünglich als Gag am 24.12. ausgelöste Aktion, tritt nun beispielsweise in Form einer Formatierungsanweisung für die Festplatte an einem Freitag, den 13. auf. Die neuesten Virenprogramme vermögen nicht nur sich selbst zu reproduzieren, sondern gehen noch einen Schritt weiter. Durch das Aufkommen vielfältiger Antivirensoftware auf die Idee gebracht, haben es Viren-Programmierer geschafft, einen Code zu entwerfen, der sich selbst verschlüsseln kann und somit von den Viren-Scannern (in den Antivirenprogrammen) unentdeckt bleiben.

visualize (to ...)
sich ein Bild machen, vor Augen stellen

vl
Abkürzung für „virtual life", *das virtuelle Leben* (Cyberworld) im Gegensatz zum realen Leben, →rl.

voice (to ...)
anrufen, die Benutzung eines Telefons im Gegensatz zu einer E-Mail oder eines Chat (Slang).

Voice Chat
Multimediale Anwendung im Internet, bei der zwei Teilnehmer mit Hilfe eines speziellen Voice-Programms (z.B. VoiceChat) einen telefonähnlichen Sprachdialog abwickeln. Voraussetzung ist eine Soundkarte mit angeschlossenem Mikrofon, um Sprache zu übertragen und die empfangene Sprache hörbar zu machen. Bei den derzeit realisierten Lösungen wird die digitalisierte Sprache komprimiert übertragen, wodurch Laufzeitverzögerung auftreten. Weitere Laufzeitverzögerungen (bis zu einigen Sekunden) können durch den speichervermittelten Übertragungsmodus in Zeiten hoher Verkehrslast auftreten. Wegen der akkumulierenden Laufzeiten setzt der Dialog bei den kommunizierenden Gesprächspartnern eine gewisse Übung und ein diszipliniertes Telefonverhalten voraus.

voice communication
die Sprechverbindung (im Gegensatz zur Datenverbindung)

voice in the matter
das Recht mitzureden (Idiom)

voice mail
Sprache lässt sich auch in gespeicherter Form auf Datenträger (z.B. Diskette) als Nachricht an andere Benutzer verschicken, man spricht dann von einer „voice-mail".

voice-net
das Telefonnetz, Hackerslang.

vorb(ei) is (deutsch)
die Fa. Vobis

vortex
Alternative Bezeichnung im Hackerslang für das Zeichen „@ ", siehe auch „commercial at".

vote down (to ...)
überstimmen

vow
Hackerslang für das Ausrufungszeichen „!", gängig ist auch wow.
Vergleiche auch „bang".

VR
die virtuelle Realität – Gegenteil von →RL (siehe dort)

vulcan nerve pinch
Hackerslang für den *Warmstart* eines Systems mit einer Tastenkombination (z.B. <Strg><Alt><Entf>). Der Ausdruck ist eine Anlehnung an die Star-Treck-Filme.

W

W.O.R.M.
Kultzeitschrift der Cyberpunks (siehe dort). In diesem Blättchen rühmen sie sich wie Gangster ihrer Einbrüche in Telefonnetze, Banken und Börsen. In der Regel sind diese anonymen Prahlereien jedoch schlecht nachzuprüfen.

w/o
zu deutsch: *without*

W2K
Kurzform für *Windows 2000.*

W3
andere Schreibweise für WWW (world wide web). Name eines Informationssystems im Internet, siehe auch WWW.

W4
Steht für „What Works with What", *was funktioniert womit?*

W8
oder W8ING, zu lesen als „wait" oder „waiting".

W95
Kurzform für *Windows 95.*

W98
Kurzform für *Windows 98*.

wacky
Ausdruck für *„verrückt, komisch"*, (Hackerslang)
Emoticon hierzu: >:-<   (crazy)

wad
funktioniert wie beschrieben (Akronym), Abkürzung für „works as designed".

waef
wenn sonst alles schiefgeht, wenn sonst nichts mehr hilft, Abkürzung für „when all elses fails", Akronym.
Beispiel: waef, brs – wenn sonst nichts hilft, schalte aus. Siehe auch brs.

wag one's tongue (to ...)
lästern (Idiom)

Wais
Abkürzung für „Wide Area Information System", Name eines Informations-Suchsystems im Internet (siehe dort). WAIS ermöglicht die Volltextsuche.

wait until kingdom comes (to ...)
warten bis man schwarz wird (Idiom)

wait until the cows come home (to ...)
lange auf etwas warten (Idiom)

waiting game (to play a ...)
Zeit gewinnen (Idiom)

waldo
eine weitere metasyntaktische Variable wie „foo". Siehe auch metacharacter.

walk into somebody (to ...)
jemanden rein zufällig treffen (Idiom)

wall time
Hackerslang für die „*reale Zeit*", die von der Wanduhr (daher wall) angezeigt wird.

wall!
hilfesuchender Ausdruck, wenn man nicht mehr weiterkommt. Man steht *vor einer Wand* (= wall).
Beispiel: A virus has killed my harddisk wall! – Hilfe ein Virus hat meine Festplatte zerstört. Siehe auch „Virus".

wallpaper
die Tapete, Hackerslang. Wer unnötig umfangreiche Ausdrucke verfasst, produziert „Tapeten".

WAN
Abkürzung für „Wide Area Network" Im Gegensatz zu den lokal begrenzten Netzen, den „Lokal Area Networks" erstrecken sich WAN´s über größere Distanzen. Dabei werden oftmals einzelne Netzwerke über Hochleistungsverbindungen zu einem großen Netzwerk zusammengefügt.

wanker
jemand der onaniert (sehr abfällig, Dirty Word), in der Regel als Schimpfwort gebraucht.

wanna?
willst Du...?, Kunstwort für „do you want to ...". Kann gefolgt von einem Angebot unverfänglich sein. Steht „wanna?" allein da, ist Vorsicht geboten. Hier handelt es sich nicht selten um sexuelle Anmache.

wannabee
der Möchtegern, nicht nur Hackerslang.

Ward-Christiansen Protokoll
anderer Name des X-Modem-Protokolls zur Übertragung von Binärdateien. Das X-Modem hat eine unangenehme Eigenschaft, da es in der Regel die Länge eines Files ändert. Y- und Z-Modem übertragen den Filenamen mit, das Z-Modem kann zusätzlich eine unterbrochene Übertragung wieder aufnehmen. Siehe auch „protocol".

WarDialer
Bezeichnung für ein Programm, das alle Telefonnummern einer Organisation anwählt, um beispielsweise eine Modemleitung zu finden. Diese erkennt das Programm an den zurückgegebenen Signaltönen.

warez
Hackerslang für „Raupkopien". Es gibt auch gleichnamige ICR Channels in denen solche illegale Software zum Tausch angeboten wird.

warez dude
jemand der Raupkopien anbietet oder mit ihnen handelt. „Dude" ist ein Typ, ein Macker.

warm the cockles of the heart (to ...)
das Herz erfreuen (Idiom)

WarpedNet
Name eines →IRC-Netzes. Netz mit 10 Server, davon einer in Europa (Großbritannien).
Adresse: *www.warped.net*

wash my hands of it (I ...)
ich wasche meine Hände in Unschuld (Idiom)

washed out (to be ...)
völlig fertig sein (Idiom)

washing machine
Synonym für „disk farm", siehe dort (Hackerslang)

watch one's step (to ...)
keinen Fehler machen (Idiom)

watchdog
der Wachhund, Bezeichnung für einen Mechanismus bei größeren Computeranlagen, der erkennen soll, wenn ein Prozess unzulässig viel Zeit in Anspruch nimmt (beispielsweise durch einen Fehler).

water down the language
die Ausdrucksweise mäßigen (Idiom)

water under the bridge
eine längst vergessene Sache (Idiom)

ways and means
Mittel und Wege

wb
Willkommen!, schön dass du wieder da bist, Abkürzung für „welcome back". Begrüßung für bekannte Chat-Partner.

wdymbt
Abkürzung für „what do you mean by that?", zu deutsch: *was hast Du damit gemeint/ wie meinst Du das?*

we
Abkürzung für „WeekEnd", das *Wochenende*.

weasel
der Fehler machende Anfänger, Hackerslang.
Gegenteil: dumbass attack: Hackerslang für einen fatalen Anfängerfehler, der einem Profi passiert.

web
gemeint ist das *World Wide Web*.

web addict
der WWW-Süchtige (siehe World Wide Web), auch Webaholic.

Webaholic
der WWW-Süchtige (siehe World Wide Web), auch „web addict".

Webland
gemeint ist das *World Wide Web* (siehe dort).

Webweiber (deutsch)
Selbstbezeichnung *weiblicher Web-Nutzer*.

Webzine
eine Art e-zine (siehe dort) im WWW.

wedged
Ausdruck beispielsweise für ein festgefahrenes Programm. Wird aber auch auf Personen angewendet.

wedgie
der Fehler, der Bug (siehe dort), Hackerslang

weenie
Alternative Bezeichnung im Hackerslang für das *Semikolon*.

weenix
Hackerslang für *das Betriebssystem UNIX*.

wegblasen (deutsch)
das (versehentliche) Löschen von Dateien, beispielsweise durch ein ungewolltes Formatieren des Datenträgers.

weight the options (to ...)
die Möglichkeiten genau prüfen (Idiom)

weirdo
ein Sonderling

Weishaupt, Adam
Gründer der Illuminatoren, siehe Illuminatus!

WELL
Abkürzung für „Whole Earth 'lectronic Link". Name einer amerikanischen Kult-Mailbox in San-Francisco, gegründet von Ex-Hippies.

well read (to be ...)
belesen sein (Idiom)

well-lined purse
eine Menge Geld (Idiom)

welltimed
rechtzeitig

went to pot (he ...)
er ist ruiniert (Idiom)

went to the dogs (to ...)
unter die Räder kommen (Idiom)

wet behind the ears (to be ...)
Anfänger sein, feucht hinter den Ohren sein (Idiom)

wet blanket (to be like a ...)
völlig lustlos sein (Idiom)

wetware
der Anwender, Menschen, im Gegensatz zum Computer (Hardware). Siehe auch liveware oder meatware.

whab
was für ein Prachtexemplar, Abkürzung für „what a beauty" (Akronym)

whacked to the wide (to be ...)
fix und fertig sein (Idiom)

whale at English (to be a ...)
sehr gut im Englischen sein (Idiom)

whalesong
der Waalgesang, Hackerslang für die von einem besonderen Modemtyp erzeugten Töne (High-Speed PEP-Modem). Diese unterscheiden sich deutlich von der sonst üblichen zwei-Ton Synchronisation zwischen Modems.

what's cooking?
ist etwas passiert? (Idiom)

what a load of tripe
was für ein Unsinn (Idiom)

what line is he in?
in welcher Branche ist er? (Idiom)

what mark
das Fragezeichen, alternative Bezeichnung im Hackerslang. Vergleiche auch „ques".

what the heck
zu deutsch: *was zum Teufel.*

wheel
eine starke Persönlichkeit, (Hackerslang) siehe auch „big wheel".

when doubt, dike it out
im Zweifelsfall entfernen (Idiom)

Whetstone
Name eines Testverfahrens. Um die Prozessorleistungen verschiedenartiger Computer miteinander zu vergleichen, setzt man Benchmarktests (siehe dort) ein, die typische Funktionen von Anwendungsprogrammen nachbilden. Diese Testprogramme sind in einer höheren Programmiersprache geschrieben. Auf dieser Ebene spielen unterschiedliche Prozessoren keine Rolle mehr. Es gibt eine ganze Reihe von Benchmarktests, eines davon ist der Whetstone-Test.

whia
worum handelt es sich, Abkürzung für „what's it about ?" (Akronym)

whimp
ein Weichling

whip hand (to have the ...)
das Sagen haben (Idiom), der Chef sein
Emoticon hierzu: **C=:-)**

whirlpool
Alternative Bezeichnung im Hackerslang für das Zeichen „@ ", siehe auch *„commercial at".*

Whiskey
siehe William

whistle for your money (you can ...)
dein Geld bekommst du niemals (Idiom)

white at the lips (to be ...)
extrem verärgert sein (Idiom)

white lie
die fromme Lüge (Idiom)

white pages
Bezeichnung für die amerikanischen Telefonbücher im Gegensatz zu den sogenannten Yellow Pages, dem Branchenverzeichnis (wie bei uns).

white pages server
Name des Server-Rechners, der Adressen verwaltet

whitewash his opponent (to ...)
seinem Gegner keine Chance geben (Idiom)

who pulled you chain?
wer hat dich denn gefragt? (Idiom)

Whois
zu lesen als „who is ...". Das WHOIS ist eine Art Telefonbuch im Internet (siehe dort) und gibt Auskunft über E-Mail Adressen, Postadressen und Telefonnummern von Internet-Teilnehmern.

whole hog (to go the ...)
auf's Ganze gehen (Idiom)

whole skin (in a ...)
unbeschädigt (Idiom)

whorehouse
Bordell (Slang)

whorl
Alternative Bezeichnung im Hackerslang für das Zeichen „@ ", siehe auch „*commercial at*".

why certainly!
aber sicherlich (Idiom)

whynotter
Bereits 1984 erschien im Wall Street Journal eine Anzeige der Fa. General Electric, die Menschen in zwei Lager aufteilte: die yesbutters und die whynotters.
Die einen bremsen Neues immer ab mit „Yes but ...". Die anderen geben Gas mit der Antwort „Why not?". Yesbutter machen nicht nur Ideen zunichte, sie bringen ganze Unternehmen zum Erliegen. Whynotters wagen hingegen zu träumen und zu handeln. Indem sie handeln, erreichen sie das, was andere für unerreichbar halten.

wibble
Hackerslang für etwas Nichts-sagendes; auf Personen angewandt bedeutet es soviel wie: *Schwätzer*.

wibni
es wäre schön wenn ... , Abkürzung für „wouldn't it be nice if ..." (Akronym)

widget
Hackerslang, ein metaphysischer Gegenstand, eine Variable für alles mögliche.

wig
siehe big-wig

wiggle
seltene Bezeichnung für das *Tildezeichen*.

wild and woolly
ohne Zusammenhang (Idiom)

wild goose chase (to be on a ...)
auf dem Holzweg sein (Idiom)

wildcard
Bezeichnung für das Zeichen „*".

wildcards
auch Joker genannt – sind *Platzhalter*, welche eines oder mehrere Zeichen ersetzen. Unter MS-DOS gibt es zwei verschiedene Wildcards: den Stern (*) und das Fragezeichen (?). Das Fragezeichen an einer Stelle in einem Befehl oder einem Namen bedeutet, dass an seiner Stelle jedes beliebiges Zeichen stehen darf.

William
Wort für den Buchstaben „W" im amerikanischen Buchstabieralphabet (Phonetic Alphabet). Im deutschen Buchstabieralphabet ist dies „Wilhelm" und international sagt man „Washington". Auch schon mal verwendet wird „Whiskey", was aus der Zivilluftfahrt kommt.

wimp
veraltete Abkürzung für „Window, Icon, Menu, Pointing device", also eine *grafische Benutzeroberfläche* (aber nicht zwingend Windows). Wird auch in der Form „WIMP-environment" gebraucht.

win win
Hackerslang, Ausdruck größter Freude bei einem Erfolg (a win). Typisches Beispiel für die Unterstreichung durch Wortwiederholungen. Dies kann auch mehr als nur zweimal sein. Hat mit Windows übrigens überhaupt nichts zu tun, wenn auch „win" (nur einmal) als Abkürzung für Windows gebräuchlich ist.

WinApp
Anwendungsprogramm für Windows, Abkürzung für „Windows Application".

Winchester
andere Bezeichnung für eine gewöhnliche *Festplatte*. Der Name stammt von einem amerikanischen Gewehrhersteller, der mit einem bestimmten Gewehrtyp, eben der „Winchester 3030" bekannt wurde. Durch einen ungewöhnlichen Zufall kam dieser Name mit der Festplatte in Verbindung: die ersten Festplattenlaufwerke, die größere Verbreitung fanden, wurden von IBM hergestellt mit der Typennummer IBM 3030. Obwohl die Gleichheit der Typennummern zufällig ist (frühere Entwicklungen wurden mit 3010 und 3020 bezeichnet) und

eine Festplatte nun gar nichts gemeinsam hat mit einem Repetiergewehr, hat sich der Name Winchester auch für Festplatten hartnäckig gehalten.

Windoze
Hackerslang für das Botriebssystem *Windows*. Auch: „Microsloth Windows".

winkey face
Der zwinkernde Smiley, siehe Emoticons. Auch: semi-smiley oder half-smiley. Und so sieht er aus: ;-)

winnage
Hackerslang für den Zustand, wenn eine „lossage" behoben wurde (siehe dort).

WinPMail
Name eines freien E-Mail Programmes für Personalcomputer.

wirehead
Hackerslang für einen Netzwerkspezialisten, der sich besonders in der Hardware sehr gut auskennt. Der Begriff wird auch für andere Hardwareprofis benutzt.

wise man of Gotham
Dummkopf (Idiom), Emoticons hierzu:
<:l   Dummkopf
:-]   noch ein Dummkopf

with flying colours
mit Glanz und Gloria (Idiom)

with regard to
mit Bezug auf

within an ace (to be ...)
drauf und dran sein (Idiom)

within living memory
seit Menschengedenken (Idiom)

without effect
wirkungslos

without fail
ganz bestimmt, unbedingt (Idiom)

without further ado
ohne Umschweife (Idiom)

without notice
fristlos (Idiom)

without saying (that goes ...)
das versteht sich von selbst (Idiom)

wizard
der Zauberer, Hackerslang für eine Person, die sich sehr gut mit Hardware und Software auskennt. Ein wizard ist vor allen Dingen eine Person, die in Notsituationen schnell einen Fehler findet und ihn beheben kann.
Ursprünglich wurden lediglich UNIX-Experten als „wizards" bezeichnet.

WizOp
der „Obersysop", Kurzform von „Wizard Sysop".

wlm
Abkürzung für „within living memory", *seit Menschengedenken* (Akronym)

wn?
was nun, wie weiter?, Abkürzung für „what next?", (Akronym).

wnohgb
Abkürzung für „where no one has gone before", zu deutsch: *wo noch niemand gewesen ist* (StarTrek-Intro).

wombat
Akronym für „waste of money, brain and time", *die Verschwendung von Geld, Intelligenz und Zeit*.

wonky
kaputt, Slang

wops
Abfällige Bezeichnung von Amerikanern für Italiener, vergleichbar mit dem kaum besseren deutschen Begriff „Spaghettis".

word of mouth (by ...)
mündlich (Idiom)

word wrap
der Textumbruch, das automatische Erkennen des Zeilenendes und Fortführen des Textes in der folgenden Zeile.

words fail me
mir fehlen die Worte (Idiom)

work dough (to ...)
etwas manipulieren (Idiom)

work full time (to ...)
ganztägig arbeiten (Idiom)

work someone into a fenzy (to ...)
jemanden provozieren (Idiom)

worked up (he got ...)
er regte sich auf (Idiom)

world wide web
das weltweite Spinnwebsystem. Das „world wide web" ist ein Informationssystem im Internet (siehe dort) mit dem die Benutzer ihre eigenen Hypertextdokumente aufbauen können. Hypertexte besitzen ausgewählte Wörter, die Verbindungen zu anderen Hypertexten herstellen.

worm
der Wurm, siehe Würmer.

worm a secret out of someone (to ...)
jemandem ein Geheimnis aus der Nase ziehen (Idiom)

wormwhole
Bezeichnung für ein *„Loch"* in einem Sicherheitssystem (Hackerslang), Alternative „trap door" oder „back door", siehe auch dort. Backdoors werden in der Regel bewusst von Programmieren in Software eingebaut um in bestimmten Situationen Sicherheitsabfragen umgehen zu können.

worse than this word (he was ...)
er hielt nicht Wort (Idiom)

wow
Ausruf in einer E-Mail oder beim chatten anstelle des *Ausrufungszeichens*. Beispiel: that's great wow – das ist toll !!
Vergleiche auch „bang".

wrapped in mist (to be ...)
rätselhaft sein (Idiom)

wring water from a flint (to ...)
ein Wunder vollbringen (Idiom)

write lock
der Schreibschutz

write the word out in full
schreibe das Wort aus! (Idiom), statt dauernd mit Abkürzungen und Akronymen (siehe dort) zu operieren.

wrong line (to go on ...)
sich nicht korrekt benehmen (Idiom)

wrongheaded (to be ...)
verdreht, verschoben

wrt
mit schönem Gruß an ..., Abkürzung für „with regards to ..." (Akronym).

wru
Zu lesen als „Who are You?", *Wer da?*

WSIRC
Name eines Chatprogrammes für den PC, das unter Windows läuft.

wt
Abkürzung für „Without Thinking", zu deutsch: *ohne Nachdenken*

wtf
was zum Teufel ..., Abkürzung für „wat the fuck".

wth
Akronym für „what the hell?", *was um alles in der Welt?*

wttm
Abkürzung für „without thinking too much", zu deutsch: *ohne langes Nachdenken.*

Würmer (deutsch)
Im Zusammenhang mit Computern ist hierbei eine besondere Form von Computerviren gemeint. Die Anzahl der Viren ist in den letzten Jahren so dramatisch angestiegen, dass man begonnen hat sie in verschiedene Gruppen und Familien zu unterteilen. Das erleichtert zum einen die Identifikation von Viren und hilft präventive Maßnahmen zu entwickeln.
Die Eigenschaft der sogenannten „Würmer" ist in erster Linie sich selbst zu reproduzieren und sich entweder an andere Programme anzuhängen oder unzählige Kopien von sich selbst zu erzeugen, bis die Kapazität der Festplatte erschöpft ist. Harmlose Würmer lassen sich wieder von der Festplatte löschen, andere hingegen „verstecken" sich (belegen aber dennoch immer größere Mengen an Speicherplatz).

WWFIN
Name eines →IRC-Netzes. Abkürzung für „World Wide Free-Net IRC Network". Trotz des Namens ein kleines Netzwerk mit sechs Servern in Nordamerika. Sex, Drogen, Gewalt und →Bots jeder Art sind hier mit Bann belegt.
Adresse: *www.afn.org/~wwfin/*

WWP
Abkürzung für „White Pages Project", Name eines Verzeichnisses einzelner Internet-Benutzer. Hier ist der Name und die E-Mail Adresse vermerkt und ggfls. die Organisation, der diese Person angehört.

WWW
Abkürzung für „World wide web" zu deutsch etwa: *weltweites Spinnwebsystem*. Das WWW ist ein Informationssystem im Internet (siehe dort) mit dem die Benutzer ihre eigenen Hypertextdokumente aufbauen können. Hypertexte besitzen ausgewählte Wörter, die Verbindungen zu anderen Hypertexten herstellen.

Wyber (deutsch)
Selbstbezeichnung *weiblicher Web-Nutzer*.

WYGIWYS
sie bekommen genau das, was sie sehen (und nichts anderes), z.B. „gekauft wie besehen". Abkürzung für „what you get is what you see".

wyp
Akronym für „what's your point?", *was meinst du dazu?*

WYSIAYG
Abkürzung für „what you see is all you get", *man bekommt nicht mehr als man sieht,* humorvolle Variante von WYSIWG.

WYSIWIS
Abkürzung für „what you see is what I see", *ich sehe das, was du siehst,* humorvolle Variante von WYSIWG.

WYSIWYG
Abkürzung für „what you see is what you get". Gemeint ist hier, dass der Ausdruck (auf dem Drucker) dem Erscheinungsbild auf dem Monitor entspricht.

WYSIWYG(MOL)
Abkürzung für „what you see is is what you get (more or less)", *was man sieht, bekommt man auch – mehr oder weniger,* humorvolle Variante von WYSIWG.

X

X
Kennzeichnung von Filmen in den USA. Bedeutung: „no one under 17 admitted". Zu deutsch: Nicht freigegeben für Jugendliche unter 17 Jahren.
Vergleiche hierzu auch: U, G, R und PG.

X-Info:
Schlüsselwort der Zusatzinformation in einer E-Mail. Hier kann eine beliebige Zusatzinformation stehen. Andere Schlüsselwörter sind: Return-Path:, Date:, From:, To:, Subject:, Content-Length:, Comments:, Organization:, Reply-To:, Priority:, X-Mailedby:, X-List: und X-Sender:.

X-List:
Schlüsselwort der Zusatzinformation in einer E-Mail. Hier stehen die Angaben zur Mailinglist.

X-Mailedby:
Schlüsselwort der Zusatzinformation in einer E-Mail. Hier schreibt der Listserver seine Informationen ein. Andere Schlüsselwörter sind: Return-Path:, Date:, From:, To:, Subject:, Content-Length:, Comments:, Organization:, Reply-To:, Priority:, X-Info:, X-List: und X-Sender.

X-Modem
Name eines Protokolls (siehe protocol) zur Übertragung von Binärdateien. Das X-Modem hat eine unangenehme Eigenschaft, da es in der Regel die Länge eines Files ändert. Y- und Z-Modem hingegen übertragen den Filenamen mit, das Z-Modem kann zusätzlich eine unterbrochene Übertragung wieder aufnehmen.

X-ray
die Röntgenstrahlen, als Verb gebraucht: *durchleuchten, röntgen*

X-Sender:
Schlüsselwort der Zusatzinformation in einer E-Mail. Hier steht die genaue Adresse des Absenders, falls sie von der „From:" – Zeile abweicht. Andere Schlüsselwörter sind:

Return-Path:, Date:, From:, To:, Subject:, Content-Length:, Comments:, Organization:, Reply-To:, Priority:, X-Info:, X-Mailedby: und X-List:.

X.25
Standard für die Schnittstelle zwischen DEE's und DÜE für Endeinrichtungen, die im Paketmodus in öffentlichen Datennetzen arbeiten (Datex-P), Computerlingo.

X.400
Standard, aus dem Bereich der elektronischen Post. So wie bei der traditionellen Briefpost soll auch bei der elektronischen Post eine eindeutig definierte Adresse genügen, um Nachrichten und Daten sicher ans Ziel zu bringen. Verschiedene Computer, die mit unterschiedlichen Betriebssystemen und Programmen arbeiten, müssen dazu kommunizieren können. Am besten wäre es, wenn jeder mit jedem könnte: der PC mit dem Unix-Rechner, der Großrechner mit dem Novell-Netzwerkrechner und so weiter. Darüber hinaus sollte es dem Anwender überlassen bleiben, ob er z.B. Datex, ISDN oder einen anderen Transportdienst nutzen möchte. Genau dies ist der Ansatz von X.400. Es soll die Anwender von allem technischen Ballast befreien. In der Praxis kann das dann so aussehen, dass der Absender einer Botschaft mit einem Mausklick den Empfänger auswählt und damit den Versand einer vorbereiteten Nachricht startet, ohne zu wissen, was für eine Art Rechner sein Kommunikationspartner nutzt und ohne umständlich eine Datex-P oder ISDN-Nummer eingeben zu müssen.

X.500
Weltweiter ISO-Standard zum Zusammenschluss lokaler Datenbestände zu einem globalen Adressverzeichnis (directory service). Die Adressbestände werden zwar lokal verwaltet, so dass jede Domain für die Vollständigkeit und die Aktualität verantwortlich ist. Jedoch erhält jeder Eintrag in der Datenbank eine Kennung, die ihn weltweit einmalig macht. Aus diesem Grunde kann der Anwender sich in einem quasi weltweiten Verzeichnis bewegen. Dieses ist in Form eines Baumes strukturiert, wobei von der ersten Verzeichnisebene (Welt) die einzelnen Länderverzeichnisse abgehen und diese wiederum z.B. in Regionen und Organisationen unterteilt sind. Die Suche nach einer beliebigen Adresse beginnt also immer auf der obersten Ebene und wird dann entsprechend verzweigt. Ist die ge-

suchte Adresse gefunden, baut die lokale X.500-Datenbank eine
Verbindung zu dem entsprechenden Verzeichnis auf und überträgt
die gesuchten Daten.

xab
übermäßig verärgerndes Verhalten, Abkürzung für „excossively
annoying behavior" (Akronym), kann zum Ausschluss führen.
Siehe auch „rules".

xenix
Name eines Mehrbenutzer-Betriebssystems.

Xmas
Weihnachten (Christmas).

XOFF
Synonym für „control-S", siehe dort; Hackerslang. XOFF lässt sich in
etwa so übersetzen: *Stop für eine Sekunde*, kurze Unterbrechung
(danach kann es weitergehen).

XON
Synonym für „control-Q". siehe dort; Hackerslang. Aufforderung zur
Wiederaufnahme, beispielsweise nach „control-S", siehe dort.

xor ...
das exklusive Oder, Begriff aus der boole'schen Algebra, wird im
Hackerslang aber gerne umgangssprachlich benutzt.
Beispiel: „Are you coming xor going?"

xref
Hackerslang für „crossreference", *der Querverweis*.

xtalk
Name eines Kommunikationsprogrammes, auch „Crosstalk".

XWindow
Grafische Benutzeroberfläche für das Betriebssystem Unix (siehe
dort).

Xworld
Name eines →IRC-Netzes mit insgesamt 15 Servern, davon zwei in Europa (Großbritannien und Deutschland).
Adresse: *www.xworld.org*

xxx
Der Schreiber dieses „Wortes" will sagen, dass es sich dermaßen vertippt hat, dass eine Korrektur nicht lohnt. Er fängt nochmal von vorne an. Dabei muss es nicht bei lediglich drei x-Zeichen bleiben. Nicht selten sieht man so etwas:
xxxxxxxxxxxxxxxxxxxxxxxxxxxxxxxxxxxxxxxxxxxx

xyz
Akronym für „eXamine Your Zipper", *pass auf Deinen Reißverschluss auf!*

xyzzy
Bezeichnung für *„absolute Spitze"* (Hackerslang).

xz
Im Deutschen angewendete Form von „xyzzy", siehe dort.

#

Y not ?
Why not ?, zu deutsch: *warum nicht ?*

Y-Modem
Name eines Protokolles zur Übertragung von Binärdateien. Sowohl Y- als auch Z-Modem (siehe dort) übertragen den Filenamen mit, das Z-Modem kann zusätzlich eine unterbrochene Übertragung wieder aufnehmen.

Y2K
Abkürzung für „Year 2000", das „K" steht für Kilo (= 1.000).

ya
noch eines, noch was (Akronym), Abkürzung für „yet another".
Auch: *das haben wir schon öfter gehört ...*

yaaltg
es steht Dir frei, zu gehen, Akronym für „you are at liberty to go".

yads
Abkürzung für „yet another DOS Shell", zu deutsch: *„schon wieder eine DOS-Oberfläche"*, meist abfällig, jedoch kaum noch zu finden (weil es keine neuen DOS-Shells mehr gibt).

Yahoo!
Dies ist kein Freudenschrei oder ähnliches, sondern der Name einer Suchmaschine im Internet.

yama
Abkürzung für „yet another Multivendor Announcement", zu deutsch: schon wieder eine Ankündigung für Offenheitsabsichten von Softwareherstellern (wer's glaubt!).

Yankee
siehe Yoke

Yankee Arroganz
Begriff der Startreck-Gemeinde. Gemeint ist die totale Amerikanisierung (sogar nichtirdischer Bereiche). Die Yankee-Arroganz drückt sich u.A. in der Weigerung aus, das metrische System als das am weitesten verbreitete anzusehen. Siehe „inch".

yaotm
Abkürzung für „yet another off-topic message", zu deutsch: *einfach eine andere Message, die nicht zum Thema passt.*

yard
englische Maßeinheit, 1 yard entspricht 3 foot (siehe dort), was demnach 3 x 30,48 = 91,44 cm ergibt.

yd.
Abkürzung für „yard", siehe dort.

YELL
Befehl in vielen Mailboxen, der den Sysop zum Chat (siehe dort) auffordert.

yell blue murder (to ...)
Zeter und Mordio schreien (Idiom)

yellow pages
die gelben Seiten (Telefonbuch)

yesbutter
Bereits 1984 erschien im Wall Street Journal eine Anzeige der Fa. General Electric, die Menschen in zwei Lager aufteilte: die yesbutters und die whynotters.
Die einen bremsen Neues immer ab mit „Yes but ...". Die anderen geben Gas mit der Antwort „Why not?". Yesbutter machen nicht nur Ideen zunichte, sie bringen ganze Unternehmen zum Erliegen. Whynotters wagen hingegen zu träumen und zu handeln. Indem sie handeln, erreichen sie das, was andere für unerreichbar halten.

yglt
Abkürzung für „you're gonna love this ...", zu deutsch: *du wirst dies lieben bzw. drauf stehen ...*

yhbt
reingefallen!, Abkürzung für „you have been trolled". Eine „troll" ist eine falsche oder (leicht) provozierende Nachricht, die bewusst platziert wird um eine Reaktion anderer heraufzubeschwören.

yhbw
Du wurdest gewarnt!, Akronym für „you have been warned".

YiffNet
Ein →IRC-Netzwerk speziell für Furry-Fans. „Furry" ist in diesem Zusammenhang ein unübersetzbarer Ausdruck und bezeichnet Comic-Figuren nach dem Vorbild von Tieren. Wenn man den großen bösen Wolf und die drei Schweinchen mag, ist man ein Furry-Fan. Derzeit 5 Server in den USA, Australien und Schweden.
Adresse: *www.yiff.net*

ykiyei
Akronym für „You Killed It, You Eat It", was soviel bedeutet: *Du musst die Suppe auch auslöffeln, die Du Dir eingebrockt hast.*

ymmv
Abkürzung für „your mileage may vary", gemeint ist: *Du kannst zu einem anderen Ergebnis kommen, Du kannst hieraus eine andere Schlussfolgerung ziehen (als ich).*
Diese Abkürzung ist in den USA in Prospekten von Autoherstellern geläufig. Sie steht oftmals hinter dem angegebenen Durchschnittsverbrauch des Motors (miles per gallon). Bei uns wird der Treibstoffverbrauch in Litern pro 100 km angegeben, verläßlich sind diese Werte bekanntlich auch nicht.

Yoke
Wort für den Buchstaben „Y" im amerikanischen Buchstabieralphabet (Phonetic Alphabet). Im deutschen Buchstabieralphabet ist dies „Ypsilon" und international sagt man „Yokohama". Auch schon mal verwendet wird „Yankee", was aus der Zivilluftfahrt kommt.

you asked for it
du hast es so gewollt, es geschieht dir ganz recht (Idiom)

you better keep your nose clean
halt dich da bitte raus (Idiom)

you have mail
„Sie haben Post". Mit diesem Satz begrüßt AOL seine Kunden, wenn e-Mails eingegangen sind. Interessant an diesem Satz ist, dass die Firma AOL versuchte, diesen als sein „geistiges Eigentum" zu betrachten und ihn schützen lassen wollte. Allerdings wurde dieses Anliegen gerichtlich abgeschmettert.

your mileage may vary
siehe ymmv

yours respectfully
hochachtungsvoll

yours sincerely
hochachtungsvoll

yow!
Hackerslang, ein Ausdruck für *freudige Überraschung*.

yoyo
Akronym für „You're On Your Own", *du bist allein* (mit deiner Meinung).

yoyo mode
Begriff für einen Zustand, in dem ein System sehr instabil arbeitet. Zu deutsch Jojo-Modus: mal hoch mal runter. Wird auch auf Personen angewendet.

YU
Zu lesen als „Why You", *warum Du?*

Z

Z-Modem
Name eines Protokolls (siehe protocol) zur Übertragung von Binärdateien. Das Z-Modem überträgt den Filenamen mit und kann zusätzlich eine unterbrochene Übertragung wieder aufnehmen. Vergleiche auch X-Modem.

Z-Netz
Anderer Name für das „Zerberusnetz", siehe dort.

zap
Im Zusammenhang mit „crunch", also crunch/zap sind die Zeichen „ < > " gemeint.

zap (to ...)
würzen, Hackerslang. Wird in allen erdenklichen Situationen benutzt, auf Essen wie auch auf Software o.Ä.

zapped
gewürzt, Hackerslang, das Gegenteil hiervon ist „vanilla", siehe dort.

Zebra
Wort für den Buchstaben „Z" im amerikanischen Buchstabieralphabet (Phonetic Alphabet). Im deutschen Buchstabieralphabet ist dies „Zacharias" und international sagt man „Zürich". Auch schon mal verwendet wird „Zulu", was aus der Zivilluftfahrt kommt.

Zeilensterben (deutsch)
Hiermit ist gemeint, dass man eine Zeile zurückspringt z.B. um die vorhergehende zu überschreiben. Ebenfalls gebräuchlich ist „Zeilenfressen". Vergleiche auch „^H^H^H".

Zeitbombe (deutsch)
Im Hackerslang ist hiermit ein Programm (→Virus) gemeint, das auf ein bestimmtes Datum oder eine bestimmte Uhrzeit wartet, um in Aktion zu treten.

Zerberusnetz (deutsch)
Ein Mailboxnetz, welches auf der Zerberus-Software basiert. Es gibt unter dem Sammelbegriff Zerberus noch einige kleinere Netze, wie z.B. das LinkSys, das T-Netz, das WWM-Netz.

zero (to ...)
etwas auf Null setzen, etwas löschen, Hackerslang.

zero-content
Hackerslang für *inhaltslose Aussagen*, auch „content-free", siehe dort.

zeroise (to ...)
nullstellen, das Auffüllen mit Nullen

zeroth
das „nullte" Element, also noch eins vor dem ersten, Hackerslang. Die Einleitung bzw. das Vorwort eines Buches beispielsweise steht in der Regel vor dem ersten Kapitel, ist folglich also das „nullte Kapitel".

zig zag inline package
Bezeichnung einer bestimmten Bauart für Speicherchips (ZIP), der Name kommt von den zwei gegeneinander versetzten (Zick-Zack-Linien) Pinreihen an der Kante ihres Gehäuses.

Zimmerbrand (deutsch)
Hackerslang für *eine heftige Dauerdiskussion*, bei der alle aufeinander einreden. Siehe auch „flame session".

ZIP
Abkürzung für eine bestimmten Bauart für Speicherchips (zig zag inline package), der Name kommt von den zwei gegeneinander versetzten (Zick-Zack-Linien) Pinreihen an der Kante ihres Gehäuses.
ZIP ist aber auch die Abkürzung für „Zone Improvement Plan", einem Code in den USA, der unseren Postleitzahlen entspricht.

zip (to ...)
das Komprimieren von Dateien z.B. mit Hilfe des Programmes PKZIP, Hackerslang. Siehe auch „to huff".

zipperhead
jemand mit einem beschränkten Horizont (Slang)

zone improvement plan
die amerikanischen *Postleitzahlen* (ZIP)

Zulu
siehe Zebra

Zweierkanal (deutsch)
Wer nur mit einem Partner chatten möchte wählt einen sogenannten Zweierkanal.

Hanser - Fachbücher für Computer, Technik und Wirtschaft

Die Revolution in der Netzwerktechnik

Das Buch setzt sich mit den Grundlagen und dem Praxiseinsatz von Verzeichnisdiensten auseinander. Neben der notwendigen Grundlagenvermittlung verschafft es dem Leser einen Überblick über den Einsatz von verzeichnisbasierten Netzwerksystemen.
Der Leser wird so in die Lage versetzt, sich ein Urteil über die verfügbaren Verzeichnisdienste zu bilden. Als weiteren wesentlichen Punkt beschreibt der Autor detailliert das praktische Umsetzen einer Planung in ein entsprechendes System, wobei sich der Autor auf die beiden zur Zeit bekanntesten Systeme – Novell Directory Services und Microsoft Active Directory Services – bezieht.

Dirk Larisch
Verzeichnisdienste im Netzwerk
NDS, Active Directory und andere
622 Seiten. Gebunden. 2000
ISBN 3-446-21290-6

Aus dem Inhalt:
- Grundlegendes zu Verzeichnisdiensten
- Standard X.500
- LDAP als Integrator
- Meta-Verzeichnisdienste
- Verzeichnisdienste im Praxiseinsatz
- Novell Directory Services
- Microsoft Active Directory Services

Carl Hanser Verlag

Postfach 86 04 20, D-81631 München
Tel. (0 89) 9 98 30-0, Fax (0 89) 9 98 30-269
eMail: info@hanser.de, http://www.hanser.de

HANSER